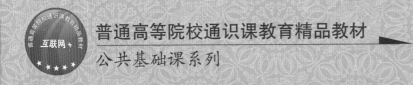

普通高等院校通识课教育精品教材

公共基础课系列

互联网+

创业解码

CHUANGYE JIEMA

主编◎陆连国　倪　坚　魏立强

首都师范大学出版社

CAPITAL NORMAL UNIVERSITY PRESS

图书在版编目（CIP）数据

创业解码 / 陆连国，倪坚，魏立强主编 . — 北京：
首都师范大学出版社，2017.6
ISBN 978-7-5656-3621-9

Ⅰ.①创… Ⅱ.①陆…②倪…③魏… Ⅲ.①创业—
高等职业教育—教材 Ⅳ.① F241.4

中国版本图书馆 CIP 数据核字（2017）第 136712 号

CHUANGYE JIEMA
创业解码
陆连国 倪 坚 魏立强 主编

责任编辑 赵自然
首都师范大学出版社出版发行
地 址 北京西三环北路 105 号
邮 编 100048
电 话 68418523（总编室） 68982468（发行部）
网 址 http://cnupn.cnu.edu.cn
印 刷 北京荣玉印刷有限公司
经 销 全国新华书店
版 次 2017 年 6 月第 1 版
印 次 2017 年 6 月第 1 次印刷
开 本 787mm×1092mm 1/16
印 张 17.5
字 数 357 千
定 价 42.00 元

Preface

前　言

　　创新是人类社会发展与进步的永恒主题，创业是检验创新价值的重要环节。创业离不开创新型创业人才，创业人才的培养离不开创新创业教育。2015年5月4日，国务院发布《关于深化高等学校创新创业教育改革的实施意见》，2015年12月11日，教育部印发《教育部关于做好2016届全国普通高等学校毕业生就业创业工作的通知》，2018年9月26日国务院发布《关于推动创新创业高质量发展打造"双创"升级版的意见》，2019年7月10日教育部《国家级大学生创新创业训练计划管理办法》，这些政策措施要求各高校都要设置创新创业教育课程，对全体学生开发开设创新创业教育必修课和选修课，并纳入学分管理。这标志着中国的创业教育由精英教育转向了通识教育。为实现李克强总理提出的"大众创业、万众创新"目标，将国务院、教育部关于高校创业教育的相关文件精神落到实处，我们编写了本教材。

　　本书贯彻教育部关于大学生创新创业教育的最新精神，立足高校实际，对大学生创新创业的基本知识、基本理论、实务操作进行了系统分析和全面讲解。本书共设置了八个项目模块。在内容编排上，注重系统性、全面性和实用性。书中具体内容包括开启创业思维、捕捉创业机会、寻找创业伙伴、编制创业计划、筹集创业资金、创建新企业、新企业运营与管理、"互联网+"与创业。本书既有理论概括，又有案例分析，融理论、知识、趣味和思维创新于一体。全书正文中收入了大量的典型案例，且为拓展学生视野，设置了拓展阅读模块；在每章的章后，设置了习题回顾、实践练习和广角视点等模块，以期让学生更多地参与课程学习和实践，体现以学生为主体的指导思想。

　　鉴于"互联网+"、5G的发展和新冠肺炎疫情的影响，本书紧跟时代发展变化，在项目八中对如何在后疫情时代创业提出了建议，希望能对创业者有所启发。

本教材建议总学时数为 32 学时，具体安排如下。

项目名称	任务名称	学时	必修/选修
项目一　开启创业思维	任务一　创业概述	1	必修
	任务二　认识创业者	1	
	任务三　了解创业所需资源	2	
项目二　捕捉创业机会	任务一　创业机会概述	1	
	任务二　创业机会的识别	1	
	任务三　创业机会的评估	2	
项目三　寻找创业伙伴	任务一　创业团队概述	1	
	任务二　创业团队的类型与特征	1	
	任务三　创业团队的组建	1	
	任务四　创业团队的运行	1	
项目四　编制创业计划	任务一　创业计划书概述	2	
	任务二　创业计划书的撰写	2	
项目五　筹集创业资金	任务一　创业融资	1	
	任务二　创业贷款	1	
项目六　创建新企业	任务一　了解创业政策	1	
	任务二　确定企业类型	1	
	任务三　设计经营模式	1	
	任务四　创办企业流程	1	
项目七　新企业运营与管理	任务一　人力资源管理	1	
	任务二　成本与财务管理	1	
	任务三　风险管理	1	
	任务四　营销管理	1	
项目八　"互联网＋"与创业	任务一　"互联网＋"创业	2	
	任务二　大学生与互联网创业	2	
	任务三　后疫情时代的"互联网＋"创业	2	
合计		32	

本书的出版得到了教学同行及出版社编辑的大力支持和帮助，教材在编写过程中广泛参考了国内外相关文献资料，借鉴多位专家和学者的研究成果，或未能在文献中一一列出，如有遗漏，敬请谅解，在此一并向各位表示诚挚的谢意！

囿于编者水平，书中难免存在疏漏及不足之处，敬请各位读者和广大同行不吝赐教。

此外，本书作者还为广大一线教师提供了服务于本书的教学资源库，有需要者可致电 13810412048 或发邮件至 2393867076@qq.com。

编　者

Contents

目录

业思维 开启创

一

任务一 创业概述	…… 4
一、创业的内涵	…… 4
二、创业的要素	…… 5
三、创业的特征	…… 6
四、创业的类型	…… 6
五、创业的价值	……14
任务二 认识创业者	……20
一、创业者素质	……20
二、提升创业者素质	……25
任务三 了解创业所需资源	……28
一、创业资源的内涵	……28
二、创业资源的分类	……28

业机会 捕捉创

二

任务一 创业机会概述	……41
一、创业机会的定义	……41
二、创业机会的特征	……43
三、创业机会的类型	……44
四、创业机会的来源	……45
任务二 创业机会的识别	……47
一、识别创业机会的影响因素	……47

二、识别创业机会的方法 ·················· 49

三、识别创业机会的过程 ·················· 52

四、识别和把握创业机会的原则 ·········· 54

任务三　创业机会的评估 ·················· 55

一、创业机会的评估标准 ·················· 55

二、创业机会的评估方法 ·················· 59

任务一　创业团队概述 ·················· 68

一、创业团队的内涵 ·················· 68

二、创业团队的作用 ·················· 69

三、创业团队的构成要素 ·················· 70

任务二　创业团队的类型与特征 ·········· 72

一、创业团队的类型 ·················· 72

二、高绩效创业团队的特征 ·············· 76

任务三　创业团队的组建 ·················· 79

一、创业团队组建的基本步骤 ·········· 79

二、创业团队组建的基本原则 ·········· 82

三、影响创业团队组建的因素 ·········· 83

任务四　创业团队的运行 ·················· 84

一、团队组合问题 ·················· 84

二、建立有效的激励制度 ·················· 87

任务一　创业计划书概述 ·················· 97

一、创业计划书 ·················· 97

二、创业计划书的作用 ·················· 98

三、创业计划中的信息搜集 ·············· 99

任务二　创业计划书的撰写 ·············· 102

一、执行摘要 ·················· 103

二、产品或服务 ·················· 103

三、市场及竞争力分析 ·················· 104

四、营销策略 ·················· 111

五、公司管理 ·················· 115

三　寻找创业伙伴

四　编制创业计划

六、财务分析 …………………………… 117

七、风险预测 …………………………… 118

八、附录 ………………………………… 121

任务一　创业融资 ……………………………… 130

一、股权融资与债权融资 …………………… 131

二、风险投资 ………………………………… 139

任务二　创业贷款 ……………………………… 147

一、个人创业贷款的申请 …………………… 147

二、农村创业贷款介绍 ……………………… 149

任务一　了解创业政策 ………………………… 157

一、国家对大学生创业的具体优惠政策 ……… 157

二、《广东省进一步支持大学生创新创业的
若干措施》 ……………………………… 159

任务二　确定企业类型 ………………………… 163

一、独资企业 ………………………………… 164

二、合伙企业 ………………………………… 164

三、公司企业 ………………………………… 165

任务三　设计经营模式 ………………………… 168

一、经营模式概述 …………………………… 168

二、几种可行的大学生创业模式 …………… 173

任务四　创办企业流程 ………………………… 176

一、注册成立个体工商户需要的材料和办理
流程 ……………………………………… 176

二、创办个人独资企业需要的材料和办理
流程 ……………………………………… 178

三、创办合伙企业需要的材料和办理流程 …… 178

四、创办农民专业合作社需要的材料和办理
流程 ……………………………………… 179

五、创办有限责任公司需要的材料和办理
流程 ……………………………………… 180

创
业
资
金
筹
集

五

新
企
业
创
建

六

营与管理 新企业运 七

任务一　人力资源管理 ……………………………… 187
　一、初创企业人力资源预测 ……………………… 187
　二、新员工的招聘与定岗 ………………………… 190
　三、企业人力资源绩效管理 ……………………… 191
任务二　成本与财务管理 …………………………… 194
　一、成本管理 ……………………………………… 195
　二、财务管理 ……………………………………… 196
任务三　风险管理 …………………………………… 197
　一、初创企业的风险 ……………………………… 198
　二、初创企业风险管理 …………………………… 202
　三、初创企业风险预防 …………………………… 205
任务四　营销管理 …………………………………… 206
　一、企业目标市场选择与定位 …………………… 206
　二、企业的销售与定价 …………………………… 209
　三、企业不同阶段的营销组合策略 ……………… 214

与创业 "互联网+" 八

任务一　"互联网+"创业 …………………………… 221
　一、"互联网+"的概念 …………………………… 222
　二、"互联网+"创业的趋势 ……………………… 223
任务二　大学生与互联网创业 ……………………… 229
　一、大学生互联网创业的主客观优势 …………… 229
　二、大学生互联网创业的发展对策 ……………… 230
　三、大学生互联网创业的起步选择 ……………… 232
　四、大学生互联网创业的商业模式 ……………… 235
任务三　后疫情时代的"互联网+"创业 …………… 239
　一、新市场需求 …………………………………… 239
　二、新业务机会 …………………………………… 243
　三、新技术应用 …………………………………… 245
　四、新战略机会 …………………………………… 245
　五、新政策支持 …………………………………… 247

附录一　创业计划书参考模板 ……………………… 254
附录二　SYB创业培训和KAB创业教育项目 ……… 267
参考文献 ……………………………………………… 271

项目一 开启创业思维

> 当今的时代是一个挑战和机遇并存的时代，机遇总是垂青于那些有准备的人。一个善于规划自我的人，总能把握自己的命运。
>
> ——任正非（华为技术有限公司主要创始人）

📍 学习目标

1. 知道什么是创业。
2. 认识到创业的价值。
3. 了解作为一个创业者所需的基本素质。
4. 了解创业所需资源。

⚙ 项目结构

开启创业思维

- 创业概述 01
- 认识创业者 02
- 了解创业所需资源 03

粤港澳大湾区跨境电商先行者——广东科技学院蔡杭艇

蔡杭艇，男，出生于广东汕头，就读于广东科技学院机电工程学院2018级汽车服务工程专业，同时他也是跨境电商企业航特猎人电商科技有限公司的创始人。他的身高约一米八，梳着时尚的大背头，穿着西装，言谈举止老练，俨然一副公司老板的派头。不深入交流，很难相信他是一名1999年出生的年轻大学生。

2018年9月，蔡杭艇考入广东科技学院。2019年5月，在学校的帮助下，他注册了公司——东莞市航特猎人电商科技有限公司，成为"学生老板"。公司主营跨境电商业务，定制"加多米"智能手机品牌，通过"JUMIA"跨境电商平台（又被称为非洲的"亚马逊"）开设网店，将手机、手表、玩具飞机等电子产品销往非洲，开启了创业之路。

1. 因为热爱，遇见了跨境电商

蔡杭艇一直怀揣着创新创业的梦想，跨境电商创业之旅亦是他的圆梦之旅。"大一第二个学期开始创业时，自己很迷茫，后来找到了学校的老师，在老师的指引下开始涉足跨境电商行业"。他认为相较于已经饱和且竞争激烈的欧洲电商市场，非洲还是当下较少被人关注的蓝海市场。2019年上半年，他在校内组建了大学生跨境电商创业团队。

2. 因为坚持，看见了未来的曙光

2019年5月，蔡杭艇在学校的帮助下注册成立了东莞市航特猎人电商科技有限公司。万事开头难，即使团队成员每日奋战到凌晨两三点，公司成立的前两个月还是没有接到一笔订单。转机发生在暑假期间的一个夜晚，公司收到一封来自大洋彼岸的邮件——一位非洲客户购买了一双鞋子。团队收获了创业后的第一笔订单！小伙伴们兴奋得跳了起来。可惜因为发货时间问题，这笔订单最终被取消。"现在，那双鞋子还保留在我们办公室内。"提及此事，他的眼神中流露出一丝遗憾。好在学校为团队提供了200多平方米的办公室与仓库，租金、水电费全免，降低了团队的创业成本。他和团队的几个小伙伴坚持不懈，主动向同行前辈学习取经，不断总结经验，在暑假结束前，终于成交了第一笔业务——卖出了一台智能手机。

2019年底，他的公司每天销售手机超过100台。学校的创业指导老师建议他细分目标市场，定制个性化产品，精准满足特定市场需求，"品种要少，市场要大"。他随即注册了手机商标"加多米"，考察几十家手机生产企业后，选定了一家因销路受阻而濒临关门的手机厂商，以较低的成本，定制生产"加多米"品牌智能手机。他根据非洲消费者的喜好，给手机预装了自动美白美颜功能，把产品定位为"非洲青年的第一台智能手机"。"加多米"智能手机推向非洲市场后，受到了当地消费者的追捧，公司业务得到了跨越式增长。

他说现在的订单越来越多，但他一直记得接到第一个订单时的激动心情。在他看来，对于每个人而言，创业都是一场未知的暗夜旅程，无法预知何时才能捕获胜利的曙光，但只要坚定地向着有光的方向奔跑，这束光一定会指引你走向光明坦途。

3. 因为敏锐，构建了海外供应链

创业初期，蔡杭艇在恶补跨境电商知识之余，还兼顾货源选择、客户维护、订单处理，跨境交流等事务，快速提升自己的业务技能。起步阶段，货源是瓶颈。老师建议蔡杭艇尝试"零库存模式"——采集供应商的商品信息上传到自己店铺，整个过程不需要自己备货，不占用囤货的资金，不需要储货仓库和打包发货人员。这样一来，流动资金减少了，运营成本和经营风险降低了。接到客户订单后，直接让合作商家发货，省时省力，实现了轻资产运营。

实行零库存模式，减轻了初创企业的资金占用压力，蔡杭艇度过了创业瓶颈期。"跨境电商是一个需要创业者不断探索和积累的过程，"他说到，"慢慢积累了选品经验和资金后，看到自认为销路不错的产品，就直接下单；觉得某个产品能在非洲卖火的，就直接找到厂家面谈，批量购买，把采购成本降下来。"

他的团队现在建立了较为完整的供应链，仅东莞就有 60 多家企业与他们合作，如南城的口罩设备企业、长安的饰品企业、厚街的皮具商家、常平的玩具厂，还有江西的假发商、福建的鞋商等。学校也帮助他对接了 30 多家合作企业。

4. 敢为人先先行先试

随着业务的拓展，销售规模不断壮大，2020 年下半年，公司出现资金短缺。蔡杭艇对接供应链，吃过很多闭门羹，但最终他用自己积累的信誉和真诚的态度打动了供应商，获得了多家生产企业延长付款账期的支持。也就是在那个阶段，生意迎来了突破口，业务快速增长。"创业两年多，我从来没有拖欠过供应商的钱。"他凭借良好的信用积累，生意越做越大。很多供应商跟蔡杭艇从合作伙伴发展成为好朋友。2020 年，受疫情影响，很多企业陷入困境。凭借自己敏锐的眼光与清晰的经营思路，他在"一带一路"沿线的非洲、东南亚市场的跨境电商业务逆势增长。2020 年，全年销售额超过 2000 万元人民币。

经过一年风雨的洗礼，他确信自己的创业方向是正确的。2021 年，他加大了市场开拓力度，从非洲转战购买力更强的东南亚市场。2021 年 4 月，他在泰国曼谷建设了占地4000 多平方米的海外仓，把跨境电商业务从开店延伸到跨境物流与服务。在学校的支持下，他又招聘了 10 多名应届毕业生，采取老带新的方式加快团队成长。

"好风凭借力，送我上青云。"蔡杭艇将乘着"一带一路"国家战略的东风，带着永不褪色的创业梦想，乘风破浪，助力中国制造走向全球！

(资料来源：全国高等学校学生信息咨询与就业指导中心，2021-10-22，有删改)

点评

蔡航艇积极响应"大众创业、万众创新"与"一带一路"国家战略，依靠国家政策及学校创业平台的支持，怀揣着创新创业梦想，开始了跨境电商创业之旅。这期间，对跨境电商行业的热爱，在创业过程中的坚持不懈，能发现机会的敏锐眼光以及先行先试的果敢坚决，都为他的创业道路添砖加瓦。

任务一　创业概述

当今时代，关于创新创业的讨论一直是热点中的热点。"聚美优品"的创始人陈欧、"36氪"的创始人刘成城创造了中国大学生创业的新神话，也成为无数大学生的理想榜样和向往的对象，激励着他们迈出创业的步伐。那么，我们首先就要来明确，到底什么是创业，创业有哪些要素、特征和类型，创业的价值是什么，以对创业有基本的认知。

一、创业的内涵

什么是创业？

哲人们说：创业是人类最基本的生存方式。

创业者说：因为发现机遇，所以瞄准创业；因为不甘人后，所以才要创业。

老百姓说：创业是从被"冷眼相看"的个体户到被"刮目相看"的改革者、企业家。

关于创业的定义，不同的学者有不同的理解。熊彼特认为，创业是实现企业组织的新组合，包括新产品、新服务、新原材料来源、新生产方法、新市场和新的组织形式。哈特、史蒂文森和戴尔认为，创业是不受限于现在可控制的资源而寻求和利用机遇，但是受到创建者以前的选择和待业相关经验的限制。斯蒂文森认为，创业是个人（不管是独立的还是在一个组织内部）不拘泥于当时掌握资源的限制而追踪和捕获机会的过程。这一定义指出个人追逐机会的意愿、成功的信心是创业的重要因素。

我国一些学者对创业也提出了自己的理解。精细管理工程创始人刘先明认为，创业是指某个人发现某种信息、资源、机会或掌握的技术，以一定的方式，转化、创造出更多的财富、价值，并实现某种追求或目标的过程。郁义鸿、李志能在《创业学》一书中指出，创业是一个发现和捕捉机会，并由此创造出新颖的产品或服务，实现其潜在价值的过程。

综上，我们认为：创业是指创办事业，也就是愿意吃苦、有创造精神的人，通过整合资源，抓住商机，投入已有知识、技能和社会资本，调动并配置相关资源，创建新企业，为消费者提供产品或服务，具有创新或创造性的，以增加财富为目的的过程。

创业的内涵涉及以下几个方面。

（1）创业的主体是个人或小规模群体。

（2）创业的关键是商业机会的发掘和把握。

（3）创业者的身份是资源（知识、能力、社会资本等）所有者和资源（资金、技术、人员、机会等）配置者。

（4）创业需要创立新的社会经济单元。

（5）创业价值的实现有赖于企业将自身产品或服务在市场上转化为商品。

（6）创业是一个创造性的过程，具有创新性。

（7）创业具有明确的目的性——增加财富，包括个人和社会的物质和精神财富。

二、创业的要素

一般来说，创业的关键要素包括创业机会、创业团队、创业资源三个方面。

（一）创业机会

创业机会往往是一个新的市场需求，或者是一个需求大于供给的市场需求，或者是一个可以开辟新产品的市场需求，这样的市场需求并非只有创业者认识到了，其他竞争者也许很快就会加入竞争的行列。因此，并不是每一个创业机会都需要付出行动去满足它。关于创业机会的具体论述，详见本书项目二。

（二）创业团队

创业团队并不是一群人的简单相加，而是一个特殊群体的有机组合。它要求团队成员能力互补，拥有共同的愿景和价值观，通过相互信任、自觉合作、积极努力而凝聚在一起，并且团队成员愿意为共同的目标奉献自己，发挥自己的最大潜能。关于创业团队的具体论述，详见本书项目三。

（三）创业资源

创业资源是指新创企业在创造价值的过程中需要的特定的资产，包括有形的与无形的两个方面。它是新企业创立和运营的必要条件，主要涉及人力资源、物力资源、财力资源等多个方面。

三、创业的特征

（一）系统性

创业是一个由创业要素组成的有机的系统。它是由创业者个人或创业团队、组织、资源、环境、机会、网络等要素构成的一个有机的、不可分割的整体或过程，各要素之间既互相支持又互相影响，每个要素在系统中都处于一定的位置，起着特定的作用。从这种意义上来理解，创业是创业者与创业环境及其他各要素动态交互的过程和结果。

（二）创新性

创新是创业的主旋律。创业过程是一个不断创新的过程。创新人才要有创新动机、创新意识和创新精神。只有不断创新，企业才会有生命力。创业者若没有创新意识和创造性思维，不改变自己长期形成的思维模式，就难以捕捉良好的创意并进行创业机会识别。企业靠创新而立，靠创新而发展，创业企业在创新中成长。只有创新才有竞争力，只有创新才能使企业获得实质性的发展，这已经被众多通过创新获得成功的创业企业所证明。

（三）超前性

创业活动的机会导向特征决定了创业活动必须突出速度，超前行动。机会都具有很强的时效性，机会窗口从打开到关闭的时间是很短暂的，甚至可能稍纵即逝，持续存在的事件往往不是机会。在现实生活中，创业者一旦有了创业的想法，往往会在比较短的时间里快速付诸实施，并在实践中不断摸索、改进和发展。在许多情况下，进行周密的市场调查，制订严密的工作计划和严格的预算等，是大企业的做法，并不适合创业者。

四、创业的类型

按照不同的标准，可将创业分成不同的类型。了解创业类型是为了在创业决策中做比较，选择最适合自己条件的创业类型。我们可以从动机、渠道、项目、风险和周期五个不同的角度进行分类。

（一）基于创业动机划分

全球创业观察（Global Entrepreneurship Monitor，GEM）根据初始创业动机，把创业活动划分为生存型创业（即生存驱动型创业）和机会型创业（即机会驱动型创业）两种类型。

1. 生存型创业

生存型创业一般是指创业者出于生存目的，为获得个人基本生存条件不得已而选择创业的形态。

生存型创业有以下一些特点。

第一，创业者属于被动创业，创业只为谋生，即获得必要的生活来源。

第二，生存型创业一般可确保创业者及家人的生计，但绝无太大的发展空间。

第三，生存型创业主要解决的是创业者个人的就业问题，创业者一般不需要过多的劳动力，不会产生就业倍增现象。

因此，生存型创业也被称为就业型创业。

2. 机会型创业

机会型创业的出发点并非谋生，而是为了抓住并利用市场机遇。它以新市场、大市场为目标，因此能创造出新的需要，或满足潜在的需求。机会型创业会带动新的产业发展，而不是加剧市场竞争，一般是指创业者通过发现或创造新的市场机会，为追求事业有较大发展空间而选择创业的形态。

机会型创业有以下一些特点。

第一，机会型创业多属主动创业，创业者多为知识阶层，或拥有相当水平的职业技能，他们拥有的知识和技能在创业过程中发挥了巨大的作用。

第二，机会型创业要面临复杂和竞争激烈的市场环境，企业的生存能力和竞争能力必须不断提升才能确保自己在市场上站住脚并获得发展。

第三，机会型创业对扩大就业、拉动生产型消费的增长，以及增加国家税收的贡献非常大。

《全球创业观察中国报告：基于 2005 年数据的分析》显示，我国超过半数的创业活动属于生存型，而在美国，90% 以上的创业活动属于机会型。而经发展变迁，"中国的创业转型基本完成，创业者的创业动机从生存型为主导转变为以机会型为主导"[①]

---

① 李艳. 全球创业观察中国报告发布[N]. 科技日报，2013-01-09（8）.

因此，要想更好地发挥创业的作用，推动经济的发展，不仅要鼓励开展创业活动，还要设法改变创业活动的结构，提升机会型创业的比例。

生存型创业和机会型创业的选择，与主观意识有关，但并非完全由主观决定。创业者所处的环境及其所具备的能力对于创业动机类型的选择有决定性作用。因此，创造良好的创业环境，通过教育和培训来提高人的创业能力，就会增加机会型创业的数量，使新的市场不断增加，促进经济发展和生活改善，减少企业之间的低水平竞争。同时，学历越高，机会型创业的比例也越高。据清华大学经管学院中国创业研究中心发布的《全球创业观察报告（2014）》显示：青年创业中，学历是小学的创业者占机会型创业者的比重为22.2%，而学历是高中和大学的创业者占机会型创业者的比重为70%以上。因此，当前我国党和政府比任何时候都高度重视全民尤其是大学生的创新创业教育，只有这样，才能促进机会型创业的不断增加，真正实现"大众创业、万众创新"。

拓展阅读

广东省大众创业万众创新周正式启动

2021年全国"双创"活动周广东分会场暨松山湖创新创业大赛启动仪式于10月19日在国家双创示范基地东莞市松山湖高新区举行。

本次活动由广东省发展改革委、东莞市人民政府主办，东莞市发展和改革局、松山湖高新区承办，以"高质量创新创造，高水平创业就业"为主题，活动周采取线上线下相结合的方式举办，全方位、多渠道、立体式呈现大众创业万众创新的新作为、新成效。

据了解，2021年5月以来为迎接今年全国"双创"活动周，广东已陆续启动了2021年广东"众创杯"创业创新大赛、第十届中国创新创业大赛港澳台赛、广东"华炬杯"粤东西北创新创业大赛等预热活动。系列预热活动宣传推广了全国和广东省各类创业创新相关补贴政策，充分激发了各类群体创业创新的热情，促进了创业项目与创投资本、创业政策、创业服务的有效对接，有效推动了"双创"热潮向纵深发展。

"双创活动周，是展示双创成果、推介双创典型、汇聚双创资源的重要平台。"广东省委常委林克庆表示，广东将把促进大众创业万众创新作为推动创新驱动发展的重要举措，在政策支持、平台搭建、知识产权保护、金融服务等方面进一步加大支持力度，努力打造双创升级版。衷心希望世界各地的青年创客、科技精英、国际英才和投资者，借助活动周这一平台，充分展现创业创新者的才华和风采，促成更多务实有效的合作。

（资料来源：中国新闻网，方伟彬，2021-10-20，有删改）

（二）基于创业渠道划分

1. 自主型创业

自主型创业是指创业者个人或团队白手起家进行创业。自主型创业充满挑战和刺激，个人的想象力、创造力可得到最大限度的发挥；有一个新的舞台可供创业者表现和实现自我；创业者可多方面接触社会、各种类型的人和事，摆脱日复一日的单调、乏味的重复性劳动；创业者可以在短时期内积累财富，奠定人生的物质基础，为攀登新的人生巅峰做准备。然而，自主型创业的风险和难度也很大，创业者往往缺乏足够的资源、经验和支持。我们透过许多案例发现，自主型创业失败的原因主要表现在以下两个方面。

（1）创业者对自己所提供的产品或服务及进入的领域缺乏了解，准备不足，导致质量不稳，以致在竞争中失败。

（2）创业者被突如其来的成功冲昏了头脑，变得过于自信，甚至刚愎自用，把偶然当成了必然，继而进行盲目的脱离实际的战略决策，使企业迅速扩张，导致管理失控，产品和服务质量下降，出现信用危机，使企业陷入破产的危险中。

自主型创业有多种方式，大体上可归纳为如下三种。

（1）创新型创业。创新型创业是指创业者通过提供有创造性的产品或服务，填补市场需求的空白。

（2）从属型创业。从属型创业大致有两种情况：一是创办小型企业，与大型企业进行协作，在企业整个价值链中，做一个环节或者承揽大企业的外包业务。这种方式能降低交易成本，减少单打独斗的风险，提升市场竞争力，且有助于形成产业的整体竞争优势。二是加盟连锁、特许经营。这样可以利用品牌优势和成熟的经营管理模式，减少经营风险。

（3）模仿型创业。模仿型创业即根据自身条件，选择一个合适的地点，进入壁垒低的行业，模仿别人开办企业。这类企业投入少，且无创新，在市场上拾遗补阙，但逐步积累也有机会跻身于强者行列，创立自己的品牌。

2. 企业内创业

企业内创业是进入成熟期的企业为了获得持续的增长和长久的竞争优势，为了倡导创新并使其研发成果商品化，通过授权和资源保障等支持的创业。每一种产品都有生命周期，在不断变化的环境中，企业只有不断地创新，不断地将创新的成果推向市场，持续推出新的产品和服务，才能跳出产品生命周期的怪圈，使企业保持活力。成熟企业的增长同样需要创业的理念、文化，需要企业内部创业者利用和整合企业内部资源创业。

企业内创业是动态的，正是通过二次创业、三次创业乃至连续不断的创业，企业的生命周期才能不断地在循环中延伸。

（三）基于创业项目划分

1. 传统技能型创业

传统技能型创业有永恒的生命力，因为使用传统技术、工艺的创业项目（如独特的技艺或配方）都会拥有市场优势。尤其是在酿酒业、饮料业、中药业、工艺美术品业、服装与食品加工业、修理业等与人们日常生活紧密相关的行业中，独特的传统技能项目表现出了经久不衰的竞争力，许多现代技术都无法与之竞争。不仅中国如此，外国也如此。有不少传统的手工生产方式在发达国家至今尚保留着。

2. 高新技术型创业

高新技术项目就是人们常说的知识经济项目、高科技项目，知识密集度高，带有前沿性研究开发性质。1991年，国家科学技术委员会将中国高新技术分为11类：微电子和电子信息技术、空间科学和航空技术、光电子和机电一体化技术、生命科学和生物工程技术、材料科学和新材料技术、能源科学和新能源技术、生态科学和环境保护技术、地球科学和海洋工程技术、医药科学和生物医学工程技术、精细化工等传统产业新工艺新技术、基本物质科学和辐射技术。

拓展阅读

中国高新技术企业认定标准

（一）企业申请认定时须注册成立1年以上。

（二）企业通过自主研发、受让、受赠、并购等方式，获得对其主要产品（服务）在技术上发挥核心支持作用的知识产权的所有权。

（三）对企业主要产品（服务）发挥核心支持作用的技术属于《国家重点支持的高新技术领域》规定的范围。

（四）企业从事研发和相关技术创新活动的科技人员占企业当年职工总数的比例不低于10%。

（五）企业近3个会计年度（实际经营期不满3年的按实际经营时间计算，下同）的研究开发费用总额占同期销售收入总额的比例符合如下要求：

1. 最近一年销售收入小于5000万元（含）的企业，比例不低于5%。

2. 最近一年销售收入在5000万元至2亿元（含）的企业，比例不低于4%。

3. 最近一年销售收入在2亿元以上的企业，比例不低于3%。

其中，企业在中国境内发生的研究开发费用总额占全部研究开发费用总额的比例不低于60%；

（六）近一年高新技术产品（服务）收入占企业同期总收入的比例不低于60%。

（七）企业创新能力评价应达到相应要求。

（八）企业申请认定前一年内未发生重大安全、重大质量事故或严重环境违法行为。

（资料来源：科技部、财政部、国家税务总局《高新技术企业认定管理办法》）

3. 知识服务型创业

当今社会，信息量越来越大，知识更新越来越快。为了满足人们节省精力、提高效率的需求，各类知识性咨询服务机构不断细化和增加，如律师事务所、会计事务所、管理咨询公司、广告公司等。知识服务型项目是一种投资少、见效快的创业选择。例如，剪报创业就是一种知识服务型创业。北京有人创办剪报公司，专门为企业做剪报，把每天主要媒体上与该企业有关的信息全部收集、复印、装订起来。有的剪报企业年收入可达 100 万元，且市场十分稳定。

（四）基于创业风险划分

1. 依附型创业

依附型创业可分为两种情况：一是依附于大企业或产业链而生存，在产业链中确定自己的角色，为大企业提供配套服务，如专门为某个或某类企业生产零配件，或生产、印刷包装材料。二是特许经营权的使用，利用品牌效应和成熟的经营管理模式，减少经营风险。

2. 尾随型创业

尾随型创业即模仿他人创业，所开办的企业和经营项目均无新意，行业内已经有许多同类企业。尾随型创业的特点：一是短期内不求超过他人，只求能维持下去，随着学习的成熟，再逐步进入强者行列。二是在市场上拾遗补阙，不求独家承揽全部业务，只求在市场上分一杯羹。

3. 独创型创业

独创型创业可表现在诸多方面，归结起来主要有两个方面：一是填补市场需求内容的空白，二是填补市场需求形式的空白。前者是经营项目具有独创性，独此一家，别无分店，大到商品的独创性，小到商品的某种技术的独创性。例如，生产的洗衣粉比市场上已有的洗衣粉环保性好且去污力强，这就属于商品的某种技术的独创性。独创性也可以表现为一种服务，如搬家服务过去是没有的，改革开放后，搬家服务已形成市场，谁先成立搬家公司，谁的创业就具备独创性。当然，独创型创业有一定的风险性，因为消费者对新事物有一个接受的过程。独创型创业也可以是旧内容新形式，比如，销售的产品送货上门，经营的商品并无变化，但扩大了服务方式，从而更具竞争力。

4. 对抗型创业

对抗型创业是指进入其他企业已形成垄断地位的某个市场，与之对抗较量。这类创业必须在知己知彼、科学决策的前提下，决心大、速度快，把自己的优势发挥得淋漓尽致，把自己的劣势填平补齐，抓住市场机遇，乘势而上，避开市场风险，减少风险损失。希望集团就是对抗型创业的成功典型。20 世纪 90 年代初，面对外国饲料厂商进入中国市场、大量倾销合成饲料，希望集团建立西南最大的饲料研究所，起步即定位于与外国饲料厂商展开激烈的竞争。

（五）基于创业周期划分

1. 初始创业

初始创业是一个从无到有的过程。创业者经过市场调查，分析自己的优势与劣势、外部环境的机遇与风险，权衡利弊，确定自己的创业类型，履行必要的法律手续，招聘员工，建立组织，设计管理模式，投入资本，营销产品或服务，不断扩大市场，由亏损到盈利的过程就是初始创业。同时，初始创业也是一个不断学习的过程，创业者往往边干边学。在初始创业阶段的企业消亡率较高，风险来自多方面，创业者要承受更大的心理压力和经济压力。所以，初始创业要尽量缩短学习过程，善用忠实之人，减少失误，坚持到底。

2. 二次创业

传统的观念认为，新建企业为创业，老企业只存在守业问题，不存在创业问题。所谓"创业难，守业更难"，是一种小农意识。在当代社会，特别是进入知识经济时代，业是守不住的，纵然是存在银行里的钱，也可能贬值或遭受金融危机的"洗劫"。所以，创业是个动态的过程，伴随着企业全部的生命周期。企业的生命周期分为投入期（或称初创期）、成长期、成熟期和衰退期四个阶段。创业表现最明显的是在投入期和成熟期，没有投入期，就没有创业；成熟期若不再次创业，企业就会死亡。成熟期再创业的，就是二次创业。二次创业对企业的生存和发展有着举足轻重的影响。北京的电冰箱、洗衣机企业在全国曾经有过辉煌的历史，海尔冰箱、洗衣机只是白菊、雪花的"小兄弟"。但在二次创业中，北京家电业没有迈过去，最后消亡了，而海尔在张瑞敏的率领下成功地进行了二次创业，并成立了海尔企业集团。

 案例 1-1

海尔的二次创业

1984 年，两个濒临倒闭的集体小厂合并成青岛电冰箱总厂，由当时担任青岛市家电公司副经理的张瑞敏出任厂长。他第一次踏进这家亏损 147 万元、几乎一半人想调走的集体企业时，印象最深的就是满车间臭气熏天的大小便，上任后他制定的第一条规章制度就是"不准在车间随地大小便"。

在仔细分析市场形势后，张瑞敏发现，尽管市场上中国自己的冰箱品牌不少，但没有真正意义上的"名牌冰箱"，名牌几乎是"洋货"的代名词。于是他果断地提出："要么不干，要干就要争第一，创名牌。"从此，"名牌战略"成为贯穿海尔整个发展之路的核心战略。同时，张瑞敏决定引进国外高水平的生产技术，以"起点高"的优势来弥补"起步晚"的劣势。从 1984 年青岛电冰箱总厂成立到 1991 年，海尔在实施名牌战略的过程中坚持质量上的高起点，强化全员质量意识，坚持技术进步，通过狠抓产品质量创立了海尔电冰箱名牌。

1992 年，我国经济进入一个新的发展时期。张瑞敏首先感到了来自组织结构方面的压力，如何使集团"统而不死，活而不乱"，是他一直考虑的问题。张瑞敏看到，消费—服务—生产结构成为当时世界先进经营秩序的基本框架，服务在其中起到了沟通消费与生产中介的作用。因此，海尔提出了"服务重于利润"的战略思想，并据此制定了二次创业的核心目标：以开展星级服务成为中国家电第一品牌为中心，以市场份额的不断扩大和产品的不断创新为重点，把海尔建设成为国际化的企业和跨国集团公司。

自 1991 年海尔兼并青岛电冰柜总厂、青岛空调器厂后，海尔的规模不断扩张，成为一支"联合舰队"。海尔在二次创业、多元化发展的过程中，通过立足市场来发展名牌，通过技术创新和强化管理来巩固名牌，通过"联合舰队"来延伸名牌，最终确立了海尔的品牌地位。

二次创业的目的是使企业不要进入衰退期，恒久地保持成长期和成熟期的良好状态，彰显出长久的竞争优势，而保持长久的竞争优势必须依靠新技术、新产品和新服务。在企业成长期结束、成熟期开始时，就要进行二次创业，投入新产品（包括新技术和新服务）。

老产品处于成熟期，新产品处于投入期；老产品进入衰退期，新产品进入成长期。这样就能保证企业生命不衰，青春常驻。

3. 连续创业

创业其实是遵循着一条哲学法则运行的。创业，体现的是从无到有，"有"要完成它生命周期的四个阶段，这四个阶段是由"生"到"死"的阶段。那么，如何使其不"死"？唯一的办法是嫁接生命，把企业生命由原来所系的产品（包括服务、技术）嫁接到另一种新产品（包括新服务、新技术）上，由此产生二次创业。但是，新产品（包括新服务、新技术）的生命也是有限的，这就需要三次创业、三次嫁接。进入第三次创业的企业往往有了较大的实力和规模，抗风险能力比较强。

五、创业的价值

（一）创业的个体价值

当今是一个全球化的、充满变化和不确定性的时代，每个人都将不断面临新的选择。要想在 21 世纪的经济竞争中获胜，个体必须具备创新和创业精神。在现代工业史上，曾有过两次比较重要的个人创业浪潮。第一次创业浪潮发生在 19 世纪 60 年代至 19 世纪 80 年代的工业革命时期，创业的特征是大规模生产、有组织的劳动和一批跨国公司的兴起。该次创业浪潮影响地域极其有限，只集中在北美和西北欧。第二次个人创业活动的高峰是 1910 年至 1929 年期间，但随后爆发的世界经济危机将创业的进程打断。从 20 世纪 30 年代起，在危机中存活下来的大企业成为经济的主导，小企业完全丧失了地位。在 20 世纪 60 年代至 20 世纪 70 年代的《商业周刊》和《财富》杂志上只能见到大企业的身影，早期的创业家被淹没在现代管理时代，创业"消失"了。

20 世纪 80 年代起，情况发生了巨大的改变。由美国"硅谷"的小企业、新企业、年轻人、高科技、风险投资组合主导的各种变革，引发了新的创新和创业浪潮，带动了美国企业的创新和创业。进入 21 世纪，创业更是演变为一场全球范围的平民运动。草根阶层释放出巨大的创业热情，平民创业成为各国增强经济社会实力的重要力量。今天，创业已不再是遥不可及的梦想，不再是少数人的专利。接受了高等教育，拥有智力资本，具备创业知识、创业技能和创业精神的大学生将成为创业的主体。

1. 创业实现自我价值

实现自我价值是个体最高的需求层次，创业是实现自我价值的重要途径。经济学

家熊彼特（图1-1）认为，企业家从事创新工作的动机，固然是以挖掘潜在利润为直接目的，但不一定出自个人发财致富的欲望。企业家与只想赚钱的普通商人和投机者不同，个人致富充其量只是他的部分动机。企业家最突出的动机是"个人实现"的心理，即"企业家精神"。"企业家精神"包括：

（1）建立私人王国。企业家经常"存在有一种梦想和意志，要去找到一个私人王国，常常也是一个王朝"。对于没有其他机会获得社会名望的人来说，它的引诱力是特别强烈的。

图1-1　熊彼特

（2）对成功的渴望。企业家"存在有征服的意志，战斗的冲动，证明自己比别人优越的冲动，他求得成功不仅是为了成功的果实，还是为了成功本身"。利润和金钱是次要的考虑，而"作为成功的指标和胜利的象征才受到重视"。

（3）创造的快乐。企业家"存在有创造的快乐，或者只是施展个人的能力和智谋的欢乐。这类似于一个无所不在的动机"。企业家是典型的反享乐主义者。

（4）坚强的意志。企业家"在自己熟悉的循环流转中是顺着潮流游泳，如果他想要改变这种循环流转的渠道，他就是逆潮流游泳。从前的助力现在变成了阻力，过去熟悉的数据，现在变成了未知数"。这时就"需要有新的和另一种意志上的努力……去为设想和拟订出新的组合而搏斗，并设法使自己把它看作是一种真正的可能性，而不只是一场白日梦"。

 案例1-2

王继成：田间地头种植"创业梦"

　　1986年出生的王继成，大学毕业后选择做一名大学生村官，成了河北省平泉县梁后村的村助理。梁后村是一个贫困村，这里的农民祖祖辈辈靠种地为生。王继成也出生于农村，于是他决定要用自己的所学，带动大家共同致富。

　　他开始在县内四处考察学习，认真求教，并结合县情、镇情、村情，确定了首个创业目标，就是发展食用菌，然而这个决定受到了家人的反对、朋友的质疑以及群众的不支持。他没有放弃，也没有动摇。为了筹备资金，他整天奔走，东借西凑。在县组织部和镇党委的协调下，他贷款 10 万元建起了 10 亩食用菌园区。

在他的细心呵护和科学养殖下，他种植的食用菌丰收了，全年盈利 40 万元。这个成绩使得村里的群众对他刮目相看，曾经反对他的朋友、家人也信服了。

看到他成功后，不少村民纷纷上门求教经验。在他的带领下，许多村民开始搞食用菌种植，并筹资近百万元，建百亩食用菌园区 1 个，发展食用菌 40 万盘袋，年总产值达 150 万元，农民人均增收 1500 多元。随后，全村食用菌产业进一步实现了跨越式发展，食用菌生产总量达到了 60 万盘袋，年总产值 200 万元，农民进一步增收。

王继成用自己的实际行动，不仅赢得了村民的认可，也得到组织和大学生村官的认可，他当选为大学生村官联谊会秘书长。以大学生村官联谊会为载体，他经常组织大学生村官学习、交流，还专门成立了法律服务队和科技服务队，为村民提供服务。为更好地带动大学生村官创业，2010 年，王继成组织大学生村官筹资 24.6 万元，发展蔬菜大棚 28 个，成为承德市第一个大学生创业基地。目前，创业基地不仅是大学生村官们交流、学习、创业、发展的平台，热销的各种蔬菜也让参与投资的大学生村官年均获利近万元。

如今他正谋划建立食用菌专业合作社，帮助农民拓宽销售门路，保障持续增收，他的目标就是带领梁后村的所有村民摆脱贫困的生活，走上致富道路。

（资料来源：马鞍山职业技术学院创新创业服务中心，2014-3-21，有删改）

在知识经济时代，智力已经成为比土地、资金、劳动更有意义的关键性生产要素。因此，拥有稀缺知识和人力资本的大学生更有能力通过创业实现自我价值。而且，大学生创业的政策、金融、文化、基础设施等条件也日渐良好，借助知识和创意进行创业的梦想随时可以变为现实。

2. 创业带动个人就业

随着高等教育大众化发展，"学位＝工作"这个公式不再简单地成立，"毕业＝失业"的可能性大大增加。当前大学生就业形势严峻，创业是解决就业难题的一剂良药。在创业的语境下，传统意义上的就业具有了更多的"求职"和"创造新的就业岗位"的新内涵。"求职"不仅是被动地等待工作，也不再是在某一特定领域里寻找空缺，而是主动、全方位地探寻可能的岗位，以及通过施展才华使其成为自己的现实工作的过程[1]。大学生自主创业不仅解决了自身就业问题，还可以创造就业岗位，带动他人就业。如果社会上形成大学生创业的氛围，将大大缓解大学毕业生的就业压力。从这个意义上来说，高校创业教育为新产业、新行业的创建和就业岗位的出现提供了重要基础。

---

[1] 张玉利. 创业管理[M]. 北京：机械工业出版社，2008：229.

同时，创业不仅可以增加大量就业岗位，还能为大学生创业者提供更加公平的机会和通畅的上升通道，让青年人有更广阔的驰骋空间，让更多的人能通过自己的努力实现人生理想。

3. 创业是人生财富

创业是一个艰辛的过程，但它有利于最大限度地发挥个人潜能。在创业过程中，创业者能够逐步形成勤恳工作、不断学习、承担责任、勇于创新等创业品质。即便创业失败，这种创业经历也是人生中一次珍贵的学习机会，使创业者学会更好地应对失败和挑战，变得更加成熟。许多创业者都是在经历了最初或者多次的失败磨难之后，才发展成为真正的创业家。那些成功的创业家常常将第一次创业的失败当作日后功成名就的秘诀所在。马来西亚常青集团执行主席、著名华裔企业家张晓卿在接受凤凰卫视台《财智全攻略》节目专访时说："危机常常带来希望，失败让我重新站起来，最重要的是我们不要放松自己，不要以为一切都是唾手可得。"很多创业失败的年轻人，后来又到企业工作，依托公司的各种平台、资源，往往能把工作做得更为出色。所以说，创业是对人的一种非常有价值的训练，它对人才培养的意义甚至比课堂教育还要重要。

（二）创业的社会价值

1. 创业是经济增长的动力

创业对于保持国家经济活力和经济繁荣有着重要的贡献，创业活动是经济增长的主要推动力。

根据《创意阶层的崛起》（*The Rise of the Creative Class*）的作者理查德·佛罗里达的观点，没有新产品、新技术、新产业的巨大浪潮，国家经济就不可能繁荣。每一项'创新'都可以追溯到人类的创造力——那些具有新想法和找到更好做事方式的人[1]。保持经济的繁荣要靠"创造性破坏"和"非破坏的创造性"两种形式的变革，前者是指建设新的，破坏旧的；后者是指发现新的需求。正是不断创造和满足新需求的创业活动使经济保持运转。

中小微型企业是创新创业的排头兵，它们数量庞大，在经济发展中的重要性与日俱增，是经济持续稳定增长的坚实基础。相关数据显示，欧盟中小企业研发新成果是大企业的3~5倍，人均创新成果是大企业的2倍；德国2/3的专利技术是由中小企业研发并申请注册的；美国学者盖尔曼曾对美国进入市场的635项创新项目进行研究，发现相对其雇用人数而言，中小企业创新数量高于大企业2.5倍，将创新引入市场的速度比大企业快27%[2]。在引入风险投资基金后，大量高新技术项目更是以中小企业的形

---

① Florida，Richard. The new American dream: the economy will prosper again when more Americans can do the work they love. the party that realizes this first wins[J]. The Washington Monthly，2003，35（2）：84-89.

② 姜绍华. 发达国家提升中小企业创新能力的路径选择[J]. 理论学习，2008，（9）：42-43.

式出现，使其在创新速度与效率上进一步超过大企业。一旦中小企业的创新机制被激活，其所激发出的创新动力与活跃程度是大企业无法比拟的。中国人民银行、中国银行保险监督管理委员会联合发布的《中国小微企业金融服务报告（2018）》的数据也显示，我国中小微企业贡献了 50% 以上的税收、60% 以上的 GDP、70% 以上的技术创新、80% 以上的城镇劳动就业、90% 以上的企业数量，是大众创业、万众创新的重要载体。小微企业为中国经济腾飞做出巨大贡献，并带来强劲乘数效应和社会效益①。另外，小微企业在促进就业方面有着突出的贡献，是新增就业岗位的主要吸纳器。支持小微企业发展就意味着创造社会就业岗位，意味着使小微企业在解决民生问题、推进经济增长方面发挥更大的作用。

"今天的中国，需要开发活力的新源泉。活力来自多样性，多样性的碰撞产生智慧的火花，点燃创新发展的火炬。大众创业、万众创新不仅能释放民智民力，扩大内需和居民消费，增加社会财富，增进大众福祉。更重要的是，让所有人都有平等机会和舞台实现人生价值，推进社会纵向流动，实现社会公平正义。"当前，新一轮创业热潮已经形成，通过创业创新培育新的经济增长点，将成为稳定中国经济增长、推动产业转型升级的强大动力。

2. 创业精神是社会发展与变革的推动力

知识经济和全球经济一体化改变了世界经济发展模式和运行态势，新的产业不断涌现，原有的产业逐渐消亡或得到更新。这种社会变革所展现的特征需要人们不断进行探索，将各类新旧知识进行整合，以适应产业调整、更新和优化、升级的需要。面对快速的社会变革，创业精神和创业活动成为个体和组织获得竞争优势的重要来源。管理学大师彼得·德鲁克（又译彼得·杜拉克）坦承，美国经济的推动力已经越来越多地来自创业和创新型企业，社会由管理型经济（managed-economy）转向创业型经济（entrepreneurial economy）。社会也像经济、像公共服务机构以及商业机构一样需要创新和企业家精神。"在这个社会里，创新和企业家精神是正常、稳定而持续的行为；创新和企业家精神是社会、经济和组织维持生命活力的基本行为。"②个人、组织和国家的创业精神具有四项基本要点：使命感、顾客和产品愿景、高速创新和自我激励（图1-2）。一个国家要想在未来的

图1-2　彼得·德鲁克

---

① 利明献. 小微企业对国民经济和社会稳定意义巨大[EB/OL]. http://www.chinairn.com/news/20150106/ 184602336. shtml，2015−01−06.

② 彼得·杜拉克. 创新与企业家精神[M]. 彭志华，译. 海口：海南出版社，2000：345.

世界竞争中处于领先的地位，必须构建具有创业精神的社会文化，最大限度地激发整个社会的创新和创业热情，进而使创业精神成为推动社会繁荣和经济增长的动力（图1-3）。

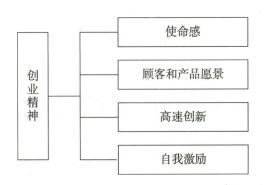

图1-3　个人、组织和国家的创业精神

具有创业精神的社会文化的建设受到多种因素的影响。社会的文化、历史、政策、商业环境等都会影响到社会对创业的态度，这又会反过来影响创业者的抱负，以及对创业活动的支持力度。在各种外部因素中，社会文化和社会价值观是决定个体是否创业的一个很关键的因素。GEM从三个方面评估一个社会是否具备创业的社会价值观[1]：

（1）人们是否认为创业是一项好的职业选择。

（2）创业者的社会地位是否较高。

（3）媒体对创业者的报道是否正面。《全球创业观察中国报告（2020/2021）》在对全球46个经济体的近14万人（年龄18～64岁）进行数据统计后得出以下结论：在43个经济体中，开办或经营新企业的倾向随着年龄的增长而增加，然后下降。这些地区创业倾向最高的是55～64岁的群体。尽管新冠大流行对老年人健康的影响更大，但是许多老年人仍在创业。与此同时，疫情期间出现的新创业活动的数字化性质也更有可能鼓励年轻的创业者。正如疫苗接种是全球健康复苏的关键一样，创业精神也是开启全球经济复苏的关键。

3. 创新与创业精神是国家富强的不竭之源

知识经济时代高科技产业的发展状况是一个国家国际竞争力的主要决定因素，中华民族要在世界竞争中立于不败之地，必须培养具有开创性的个体和群体，从而建构和塑造整个民族的开创性性格，以适应多变的国际环境和应对未来事业的挑战。创新是一个民族的灵魂，是一个国家兴旺发达的不竭动力。青年一代，尤

---

[1] 孙万青. 全球创业观察2015/2016报告要点[EB/OL]. http://files.ctex.cn/uploadatt//demo/20160407/1459999022714.pdf，2016-04-07.

其是大学生，是中国最具活力的群体，如果失去了创造的冲动和欲望而仅仅安于现状和墨守成规，那么中华民族最终将失去发展的不竭动力。创业意识和创新精神不仅是进行创业的大学生应该具备的特征，还是其他岗位就业的大学毕业生必须养成的基本素质。

任务二　认识创业者

创业者是创业的主体。说起创业者，相信大家都能罗列出一份长长的名单，他们可能在某一阶段是我们的目标和偶像。在这个科技改变世界的时代，人才济济、英雄辈出，大批创业者和企业家用他们的实践不断改变着人们的生活和日常消费习惯，甚至不断改变着这个世界。那么，是什么成就了他们今天的事业？他们身上有什么样的特质使他们从众多创业者中脱颖而出？我们有一天是否也能创建自己的企业？通过下面的学习，也许能找到答案。

一、创业者素质

作为一个领导者或管理者，要善于想出好的点子、方法和决策。在这样的期望之下，思考力会给人们一些想象空间。而在这么多点子和方法里，如何确定出一个更正确的答案，要靠决策力。然后，需要找人来执行制定的决策，也就是找一个工作的负责人或者是承办人把它抓好、做好。这样三个力合起来就变成了领导的"三力"——思考力、决策力和执行力。

（一）创业者的思考力

 案例 1-3

创业点子四则

1. 礼品代理公司

礼品代理公司的主要业务包括：元旦、春节、元宵节、中秋节等节日礼品代理；生日礼品代理；婚、丧礼品代理；其他工作关系性礼品代理。比如，送礼是某些人工作生活中的一件大事，而挑选礼品，成为他们的难题，有时候花钱多，反而买的礼物不中意。礼品代理公司根据这种现象，推出礼品挑选、包装、递送或寄送服务。代理公司对什么样的对象、为什么送礼、送什么样的礼品等问题都想得很周详，通过精心设计，帮客户将礼送得恰到好处。

2. 宠物摄影

现在很多人喜欢给自己的宠物拍照，但给宠物拍照的照相馆比较少。如果你爱好摄影或是一个专业摄影师，那强烈建议你开办一家动物摄影院。给可爱的动物照相，既是一种享受又可以赚钱创业，还可以把拍摄的照片制作成挂历、贺卡、钥匙链、杯子和衬衫等变卖，从而获取额外收入。

3. 加香机构

现在的人们对于物质享受的追求提高了，对于商品品质的要求也相应地提升了，因此，为衣服或者室内加香的产业就应运而生了。加香机构与干洗店、洗车店、汽车美容店、化妆品店、香水店或商厂柜台合作经营或分摊租金经营，都会有不错的生意。

4. 农村科技书店

随着人们生活水平的提高和农村精神文明建设的深入，农村居民已经开始追求高质量的"精神食粮"，而图书是农民满足精神文化需求的最佳媒介。随着科技兴农的发展，科技图书在农村的市场急剧扩大。同时，大量的青年农民急于提高自己的文化素质和学识水平，纷纷参加了各类技能考试，形成了县城的考试用书市场。由此可见，在人口较多或是交通方便的县城开个书店，就好比在图书市场中建了个黄金屋。

20世纪末期，人类开始由工业经济时代进入知识经济时代，而知识经济的发展动力，主要是脑力劳动取代体力劳动或以脑力劳动为主，体力劳动为辅。这是一场真正的头脑风暴，谁拥有敏捷的头脑思维和旺盛的思考能力，谁在竞争力的提升上就会有更多的话语权。

与其和竞争对手比谁花得多，倒不如与竞争对手比谁想得多。21世纪是一个多变的时代，很多事情是我们以前无法预料的，即使有过去的经验，也未必能解决现在乃至未来的问题。

人们常说，知识就是力量，读的书越多，知识越丰富，力量就越大。很多事实表明，只是书读得多，不代表你的行为就有效，不代表你就会思考。只有思考才可以帮你解决问题，才可以帮你做出正确的决定。

思考不是计算，而是你会不会去想，碰到这样的问题时会怎么想。如果真的有了答案，那么只有这个答案吗？为什么不换另外一种方式呢？一定要这样吗？换位思考很重要，因为当人们进行换位思考时，平时脑海中用不到的竞争意识就会被调动起来。关键是要围绕兴趣点去思考。

一般来说，高层次的思考分成五个系统。

1. 概念性思考

概念性思考和一个人所受的教育有关，也就是说和其所获得的知识有关。获得的知识体系越完整，进行概念性思考时就越有帮助。概念又分为两种：一种叫具体概念，能够看得见的、摸得到的，都叫具体概念；另一种比较困难，叫抽象概念。对于小朋友而言，具体概念就很容易掌握，但是一些比较抽象的概念就不能理解太多。概念未必一定会拿来用，但是概念可以帮助我们缩短解决问题的时间。因为有了概念以后，在推理过程中，你就可以直接把你已经认同的概念拿出来解决问题，而不必从头思考。这样就节省了解决问题的时间，节省了推理的时间。

2. 问题解决式思考

问题解决式思考是针对某一个特定的目的、特定的问题所进行的思考，比如说，某个人看到有几个同事起了争执，想排解同事之间的争执，就叫作解决问题。解决问题也是一种高层次的思考，需要思考系统的支持。怎么样来解决问题呢？这里有几个解决问题的步骤：先确认问题，再权衡结果，然后评估可行性，评估了可行性以后再动用各种资源去解决问题。而且解决问题的时候，必须运用逻辑思考。逻辑思考就是从推理到结论的过程。在逻辑思考的过程当中，要尽量多想一些方案。"最好的方案来自最多的方案。"方案多了以后，经过比较选出来的方案才是解决问题的最好方案。如果从头到尾就想出一个方案，这个方案可能就不是最行之有效的。

3. 批判性思考

比如，北京到底该不该建高楼大厦，长久以来人们争论不休。文化界人士认为，北京是文化之都，不该有过多的现代建筑，否则会破坏城市的韵味。这种决定就是一种批判性思考，"为什么要做""为什么不要做""可以做吗"，这都是批判性思考。我们怎么进行批判性思考呢？批判性思考的第一步是列举事实，然后开始建构自己的想法，在既有的事实之下，寻找有没有错误或者不合逻辑的地方，再整合出自己的想法，最后拿自己的想法和大家分享沟通，说服大家。在分享沟通的过程中，可能会遇到一些挑战，也可能会得到新的想法，这就叫批判性思考。简单地说，批判性思考就是要不断地问自己："为什么？"

4. 规则性思考

我们在处理很多事情时需要规则性思考。现在的社会本来就有一些既定的规则，即今天必须要做的事，或者在某一些情况下大家必须要做的事。规则不能改变，但可不可以突破呢？这就涉及另外一个思考的系统。其实每个人都有规则，用规则来思考也可以提升思考的速度；规则的形式往往是"如果怎么样，那么就怎么样"，它是一个逻辑的变形。规则性思考，表面上看是守规则、按照规则走，但是深层次思考就会给我们另外一个启发。反向思考的时候，也需要规则性思考。以规则为基础，然后尝试突破规则，改变规则。

5. 创造性思考

从无到有，发散性、漫无边际、不受限制的思考，就叫创造性思考。研究发现，人类在思考的时候，不是单纯地用一种方式，而是多种方式交叉进行；最后如果能突破规则，就是创造性思考。你遇事经常会发散思考吗？是不是常常有自己的主见？什么事情都不预设立场，能从原点开始，勇于冒险，敢于去犯错，也勇于承认错误吗？总是不喜欢和别人一样吗？会批判自己，并不总觉得自己的想法都是好的吗？并不总觉得自己的想法都有参考的必要吗？常常会把一些精确的记忆和你的创意相结合，做出一些发明吗？如果你有其中的一个，表示你已经有创造性思考的倾向了。

思考其实是一种习惯，要经常练习，思考力才会变强。且"人"是解决所有问题过程中最大的变数。所以解决任何问题，所有思考的过程都不能忽略人的存在。

（二）创业者的决策力

要创业，就必须要有创造性，特别是在决策的时候。创业者要非常自信，相信自己能够做出正确的决策。决策力是创业者的一个显著特征。创业者要自己做出所有的决定，这些决定对公司未来发展会产生重大影响。靠直觉做出决策的能力是创业者最有价值的财富，这种能力来源于在各种复杂情境中进行决策的经验积累。

创业者必须在决策制定上比经理人更具有创新性，必须从多角度入手来处理问题，并不断寻求创新办法来解决问题。在特定情境下，他们还必须具备良好的洞察力，能够预测出几种备选解决方案可能导致的结果。

因为很多创业决策是主观的，所以不可能完全避免情感因素的影响。了解过去所做决策中可能掺入的情感因素，分析潜在方案的优势和劣势，这会帮助创业者更为客观地认识某个具体决策的结果。

科学的决策有一些特定的方法程序可以用来解决问题，制定决策。下面几点就是在决策过程中可以遵循的步骤。

第一，定义主要问题。

第二，找出问题的主要原因。

第三，确定可能的解决方案。

第四，评估可能的解决方案。

第五，选择最佳方案。

第六，执行方案。

第七，检验方案是否正确。

尽管这种理性的方法具有很强的逻辑性，但科学方法并不一定能解决所有问题。决策的执行需要创业者足够坚定并充满热情，他们必须对方案的未来结果持积极态度，而不能浪费时间再去怀疑。一旦已经开始执行一个方案，就要将所有的怀疑和不确定抛诸脑后。

创业者必须对自己的行为有决断力。一个组织应该有明确的发展方向和清楚的预期目标。大多数创业者不怕决策，因为他们不害怕失败，他们有自己的成功标准。

在决策过程中，时间是一个至关重要的因素，特别是在业务发展阶段。在某些情况下，必须要快速决策，迅速执行。有些决策在制定时并没有考虑到未来发展或情况变化所带来的收益变化，所以对决策执行情况的有效控制能够帮助创业者及时发现决策的不足之处，并为采取进一步行动提供信息。要知道，逃避决策要比错误决策更糟糕；要记住，决策是一门技术，你练习得越多，就会越老练。

一旦问题已经界定清楚，且已经收集到所有相关信息和数据，创业者就必须找出解决问题的可能方案。开始时，可以让员工们集思广益，列出各种备选解决方案。虽然有些新问题没有完全正确的方法，但还是要由创业者来确定一个最佳的解决问题的可能方案。

（三）创业者的执行力

 案例1-4

谁来挂铃铛

有这样一则古老的寓言：某地的一群老鼠，深为一只凶狠无比、善于捕鼠的猫所苦。于是，老鼠们群聚一堂，讨论如何解决这个心腹大患。老鼠们颇有自知之明，并没有猎杀猫儿的雄心壮志，只想探知猫的行踪，早做防范。有只老鼠建议在猫的身上挂个铃铛，立刻引来满场的叫好声。

在一片叫好声中，有只"不识时务"的老鼠突然问道："谁来挂铃铛？"

不难理解，上述案例是个讽刺"坐而言"未必能"起而行"的寓言。某商学院的教授把这个寓言搬进了课堂，学员们听后反应热烈，有的建议做陷阱，当猫儿踏上后，铃铛自然缚在脚上；有的建议派遣敢死队，牺牲小我，成全大我；还有的宣称干脆下毒饵，永绝后患。这是个没有结论的讨论，临走前，教授只留下一句话："想想看，为什么我们从来没看到过被老鼠挂上铃铛的猫？"

从案例中可以看出，战略的正确并不能保证公司成功。成功的公司一定要做到战略方向和执行力两个方面都到位。何况在战略上完全踏空而失败的公司并不多，而更多的公司是在几乎同样的战略方向下的竞争中拉开了距离，执行力才是在公司的发展中起到更持久的作用的，它不仅可以执行战略，而且可以在过程中巩固、优化战略的方向，形成战略制定和战略执行之间的双向互动。

那么，什么是执行力？

有人认为，执行力就是找会执行的人；有人认为，执行力就是企业应消灭妨碍执行的官僚文化；有人认为，执行力就是在每一阶段、每一环节都力求完美，切实执行。

基于一些企业领袖对执行力的看法，我们来探讨一下"执行力"的定义。到底什么是"执行力"呢？现阶段还没有相关学者对此做出比较权威的定义，大部分人对执行力会有一个比较通俗的理解，即"按质按量完成自己的工作和任务的能力"。个人的执行力取决于其本人是否具有良好的工作方式与习惯，是否熟练掌握管人与管事的相关管理工具，是否具有正确的工作思路与方法，是否具有执行力的管理风格与性格特质等。

二、提升创业者素质

相关人士在进行创业者研究时，经常会思考这样一个问题，即一个人是如何决定开始创办一个企业的。换句话说，是什么力量和因素激励他去冒险创业的。研究和文献资料都证明这个问题的答案主要包括三个因素：改变现状、可信的榜样和具备创业者的能力。

那么，应该如何开发和提高创业者的素质和能力呢？

（一）创业意识的培养

1. 主体意识

创业是艰难的事业。过去，中国普通的平民百姓没有创业的条件和可能，更无法想象能成为创业的主体。但是，随着改革开放的深入发展，在下岗再就业大潮和党的富民政策的推动下，人力资源的潜能最大限度地发挥了出来，使普通人成为创业的主体。

创业的主体意识、主体地位、主体观念，是创业者在风口浪尖上拼搏的巨大力量。这种力量能鼓舞他们抓住机遇、迎战风险，拼命地去实现自身的价值，同时也会使他们承受更多的压力和困难。

因此，这种创业主体意识的树立，就成了创业者在创业中必须具有的、十分宝贵的内在要素。我们只有理解了这一点，抓住了这一点，培育了这一点，提升了这一点，才能深切地认识到创业是人生路上的一个转折点，是知识增量、能力提升的极好机会。只要你抓住了重新崛起的支点，灿烂的明天、美好的未来就会向你走来。

2. 风险意识

创业是充满风险的。风险经营意识是中国企业在与国际接轨中应着重增强的一种现代经营意识，也是创业企业和创业者急需培养和增强的一种重要的创业意识。

创业者对可能出现和遇到的风险准备和认识不足，是我国当前群体创业活动中的一个普遍现象。这种创业风险意识的缺位，突出表现在以下四个方面。

（1）在心理准备上，表现为对创业可能出现和可能遇到的困难准备不足。

（2）在决策上，表现为不敢决策、盲目决策、随意决策。

（3）在管理上，表现为不抓管理、无序管理、不敢管理。

（4）在经营上，表现为盲目进入市场，随意接触客户，轻率签订商务合同。

这种没有风险经营意识的做法，恰恰是创业者无正确风险经营意识的典型表现。正确的做法是要从害怕风险、不敢迈步之中解放出来，既要敢于在市场经济的大潮中劈风斩浪，又要敢于经受商海的历练和锻打，善于规避风险，化解风险。使自己在迎战风险的过程中站立起来，成熟起来，成为商海的精英和栋梁。

3. 学习意识

创业者创业后面对的第一个，也是最普遍的问题就是发生了知识恐慌。原有的知识底蕴和劳动技能已经不足以支持他们应对创业中大量的新情况和新问题，所以他们需要面对知识更新的繁重任务。

因此，创业者只有随时注意进行知识的更新，才能适应和满足繁重的创业需求。如粤港澳大湾区（广东）创新创业孵化基地组建多层次创业导师团队，引入成功创业者、知名职业经理人、天使投资人、高校院所专家等专业人士，为港澳青年和企业提供"一对一"精准化专业辅导。这种做法在社会上引起了很大的震动和反响。

4. 资源意识

整合理念是现代营销学中的崭新理念，是在全球经济一体化的新形势下，跨国集团寻求企业最大利润空间的一种战略能力，一种进击能力。任何一个创业者都不可能把创业中所涉及的问题都解决好，也不可能把一切创业资源都备足，所以要学会进行资源整合。因此资源整合的原则不仅是创业设计中的一个重要原则，也是在创业中借势发展、巧用资源、优势互补、实现双赢的重要方法。

创业者刚刚开始创业时，可能面临资金不足、资源缺乏、没有经验、不会经营等状况，甚至在银行开了账户，有了支票都不知道图章盖在哪儿，可以说每一步都极其艰难。在这种情况下，给他们一座金山，不如给他们一种能力，使他们放眼看到现代企业的发展趋势，把握崭新的创业理念，并以此为武器，整合各种最佳创业要素，才能开拓自己的未来之路。这种现代创业意识，必将成为创业者快速崛起的一种特效武器。

5. 信息意识

信息是资源，是财富。但是，很多创业者不懂得信息的价值和信息资源的重要性，不会寻找和利用信息资源，更不懂得去开发信息资源中的价值。正如一个创业者所言："刚创业时，我不懂得摸信息、找商机，每天只懂得傻愣愣地站着、傻愣愣地喊。结果一天下来腰酸腿疼，还不挣钱。"后来，知识产权局的工作人员来给创业者做报告，还带来了20多万条过期专利信息，提供给创业者参考。从对这些信息的筛选中，这个创业者获知国际上需求超薄型针织服装的信息，她立刻加紧运作，从香港引进了用细羊绒和蚕丝制成的冬暖夏凉且重量十分轻的超薄型针织面料，还添置了先进设备，培训员工，充实了技术人员队伍，很快就让自己生产的春夏秋冬四季超薄型针织服装上市，尝到了开发信息资源的甜头。自此，她懂得了信息的重要，不仅订阅了大量信息刊物，还参加了社会上开办的"下岗女工零起步电子商务培训班"，听专家讲解网络营销的技能和技巧，学会了利用网络技术去搜索信息、捕捉商机。

（二）创业经验的积累

创业者必须明白自己是否具有创办和经营企业所需要的能力和经验。创业者的家庭背景、爱好、工作经验、技术能力、企业实践经验和社会交往能力对于企业的成功都是很重要的因素。如果发现自己缺乏创办企业必备的素质和能力，可以通过如下方法加以改进。

（1）与企业人士交谈，向成功的企业人士学习，并明白你的成功很大程度上取决于自己的努力。

（2）做一个成功人士的助手或学徒。

（3）参加培训班或学习班，接受培训。

（4）阅读一些可以帮助自己提高经营技巧的书刊。

（5）与家人讨论经营企业的困难并说服他们支持你。

（6）学习讨论某种情况或某个想法的利弊。

（7）制订未来企业计划，增强你的创业动机。

（8）提高思考问题、评价问题以及应对风险的能力。

（9）学习和思考如何更好地应对危机。

（10）多接受别人的观点和新的想法。

（11）遇到问题时，要分析问题的前因后果，并提高自己从错误中吸取教训的能力。

（12）加大对工作的投入并要认识到：只有努力工作，才能获得成功。

（13）寻找能与你形成互补关系的合伙人，而不是完全依靠自己的力量去创办企业。

任务三　了解创业所需资源

一、创业资源的内涵

创业的前提条件之一就是创业者拥有或者能够支配一定的资源。所谓资源，依照目前战略管理中较为流行的资源基础理论（resource-based theory，RBT）的观点，企业是一组异质性资源的组合，而资源是企业在向社会提供产品或服务的过程中所拥有的或者所能够支配的用以实现自己目标的各种要素及要素组合。

概括地讲，创业资源是企业创立及成长过程中所需的各种生产要素和支撑条件。对于创业者而言，只要是对其创业项目和新创企业发展有所帮助的要素，都可以归入创业资源的范畴。

二、创业资源的分类

（一）人力资源

创业活动的主体是人，人力资源是现代企业的战略性资源，也是企业发展的最关键的因素。俗话说："得人者得天下，失人者失天下。"美国钢铁大王卡耐基说过："即便现在剥夺了我的全部财产，如果还让我拥有原班人马，那么，四年以后，我将还是一个钢铁大王。"可见人对企业的生存、发展起着至关重要的作用。

人与人的关系可分为亲戚关系、同学关系、同事关系、同乡关系、战友关系、朋友关系等。建构人力资源对于创业者来说至关重要，同时也要求创业者不断提高用人能力。从资源的角度看，就是要求创业者不断提高整合人力资源的能力和使用资源的能力。

1. 人力资源的特性

（1）储备性。人力资源的建立具有长期性、储备性的特点。有如人脉存折一样，平时要多注意交往、沟通，人力资源的形成需要花费大量的时间和精力，需要用时才可提取。

（2）可维护性。人力资源是可以通过合作、交流、帮助等方式进行维护，并不断巩固，如果不去维护就会变得疏远，所以人力资源具有可维护性。

（3）筛选性。人力资源的建立和巩固具有筛选性，根据"二八理论"，人的精力有限，会用80%的时间和20%的人交往，会用其余的20%的时间和80%的人交往。

2. 人力资源的形成途径

（1）血脉——自己的血脉亲缘关系往往是创业初期的渊源与资源，一个社会人首先应该是一个家庭人、家族人。中国文化传统中血脉相连的理念根深蒂固，血脉联系需要经营，这种文化传统应该发扬光大。

（2）学脉——清华大学校友会在中国首屈一指，有清华校友聚集的地方就有清华校友组织。因学习、学业而聚合的人脉关系，没有商业利益的前置，非常珍贵。希望在读的同学们珍惜与教师、同窗的这份关系，他们会是你永远的资源。

（3）乡脉——哪国人、哪省人、哪国话、哪省音，这些东西所渗润的情感越远越浓、越陈越贵，这是一种人类高贵的感恩情结，也是中国人叶落归根、光宗耀祖的体现。

（4）业脉——所有的创业活动都根植于一个行业，行业的成熟和成长是与一批业界成功人士的贡献息息相关。创业者缺的是经历，少的是经验，如果能主动结识业界朋友，在行业里深入和成长就会得到更多支持与帮助。

（二）物力资源

所谓物力资源，是指企业生产经营和服务过程中所需使用的物质资料的总和。无论是生产型企业还是服务型企业，物力资源都越来越受到重视。生产型企业大家都比较熟悉。首先来看产品。产品是由原材料生产出来的，生产过程必须有设备设施保证，生产出来之后还有能不能卖掉完成商品化过程，产品的生命周期有多长等问题，这些问题都是物与物的流动问题，如果缺乏考虑和重视，都可成为影响企业可持续发展的致命要害。

今天，最重视物力资源的还有服务型企业。在物力资源的管理中有一个很新的学科，已经被社会、行业和研究机构广为接受，那就是物流这一概念。狭义的物流就是指物的储和运。但随着形势的发展，物流在高度信息化的平台上对物力资源的高效配置和高效运作起到了关键作用。

创业者在建构物力资源系统时应对如下问题给予足够的重视。

（1）创业场地，重点考虑位置优势。

（2）创业设备，重点考虑生产与服务质量保障。

（3）原材料，重点考虑与生产流程的配合。

（4）办公条件，重点考虑工作环境。

（5）对外形象展示，重点考虑形象设计。

（6）安全保障，重点考虑安全需要。

（7）物流问题，重点考虑与市场的关系。

物力资源配置，除了满足自身发展需求外，也要满足政府注册或管理部门的要求。如《关于促进以创业带动就业工作的指导意见》提出：地方各级人民政府要统筹安排劳动者创业所需的生产经营场地，搞好基础设施及配套建设，优先保障创业场地。可在土地利用总体规划确定的城镇建设用地范围内，或利用原有经批准的经济技术开发区、工业园区、高新技术园区、大学科技园区、小企业孵化园等建设创业基地。

（三）财力资源

创业资金不是万能的，但是没有资金是万万不能的。在创业准备过程中，资金的筹措是最为关键和重要的。没有资金，即使有再好的项目也无法启动。资金就像是企业生存的血液一样，一个企业如果没有血液的补充，是活不下去的。中国台湾一家咨询公司总结了近一千家企业创业失败的原因，创业资金的匮乏是重要原因。

1. 创业所需资金

（1）注册资金。具有法人资格的私营企业，生产公司的注册资金不得少于30万元，从事批发业务的商业公司的注册资金不得少于50万元，从事商品零售业务的公司注册资金不得少于30万元，咨询服务性公司的注册资金不得少于10万元，其他企业法人的注册资金不得少于3万元。创办不具有法人资格的独资企业或合伙企业，对最低注册资金没有具体要求，原则上要求与公司的经营范围、方式和规模相适应，注册资金与实有资金相一致。

（2）固定资金。因定资金是以货币形式表现出来的固定资产价值，包括用于场地、厂房的租金，生产及运输设备的投入等主要生产设备的资金等。

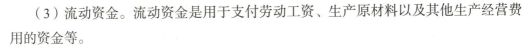

（3）流动资金。流动资金是用于支付劳动工资、生产原材料以及其他生产经营费用的资金等。

2. 创业资金的来源渠道

按照中国人的融资传统，创业资金主要有四个渠道：自筹、借、贷、风险投资介入。

（1）自有资金。自有资金是创业者通过积累而形成的资本。

（2）家人资助。对新创企业而言，这是常见的资金来源。

（3）商业贷款。创业商业贷款是指具有一定生产经营能力或已经从事生产经营活动的个人，因创业或再创业提出资金需求申请，经银行认可有效担保后而发放的一种专项贷款。符合条件的借款人，根据个人状况和偿还能力，最高可获得单笔50万元的贷款支持；对创业达到一定规模，还可提出更高额度的贷款申请，期限一般为1年，最长不超过3年。

（4）风险投资基金。风险投资基金又叫创业基金，由投资机构以一定的方式吸收机构和个人的资金投向于那些不具备上市资格的中小企业和新兴企业，尤其是高新技术企业。

3. 财力资源整合原则

（1）充足性。很多创业项目本身具备可行性和成长性，但在财力资源配置过程中可能出现资金链断裂现象，造成经营失败，同时也浪费了其他资源，因此创业者必须要有创业资金。

（2）匹配性。资金不是越多越好，财力资源的占用或使用都是有成本的，项目要整体运作，各配置资源之间具有协调性和相关性，要集约化使用财力资源。创业需要多少资金，是因项目或因人而异的。因此对创业资金没有固定的要求。

（3）机动性。创业企业所需的财力资源在惯常环境下与危机突发、风险骤现时是不一样的，所以在财力配置时，应考虑危机和风险处理能力，应具有一定数量的流动资金。

（四）管理资源

我国当前需要优先解决的问题是管理问题，只有解决了管理的问题，才有可能扭转我国长期存在着的高投入低产出的经济运行模式。美国阿波罗登月计划的总负责人韦伯博士在计划完成后深刻地说："我们没有使用一项别人从没有的技术，我们的技术就是科学的组织管理。"管理在国家与科学技术发展中起着重要的作用。管理对企业的成败同样起着关键性作用。

创业者可能因管理经验不足，耗费了公司大量资源，朝令夕改，却无法建立一套合理、弹性与有效率的制度。比如用人不当，造成不必要的内耗；比如财务制度有漏洞，让员工有损公肥私的机会；比如不重视安全生产，造成较大的人员伤亡事故等。创业过程中涉及人、财、物等管理对象，这些都需要人去进行管理，让这些管理对象发挥出最大的效益。

 案例1-5

马克·吐温失败的创业经历

马克·吐温是美国著名的幽默小说家。马克·吐温50岁的时候，名气很大，所写的不少书成了畅销书，人们纷纷购买阅读。出版商们看准这一行情，争相出版他的作品，有人因此发了大财。看到自己作品赚的钱大部分落入了出版商的腰包，而自己只得到其中的十分之一，马克·吐温萌发了自己开办出版公司，发行自己作品的想法。但马克·吐温没有管理出版公司的经验，就连起码的财会知识都不懂。他只好请来30岁的外甥韦伯斯特当公司的经理，还雇用了一万多名推销员。而韦伯斯特除了比他多懂得一些财会知识外，对经营管理也是一窍不通。他们两个的关系就是一个门外汉不断向另一个门外汉下达一些稀奇古怪、充满浪漫色彩的指示，而后者无法理解前者指示中的奥秘，双方经常为此争吵不休。到了第三个年头，韦伯斯特感到实在难以再干下去了，便卷起铺盖一走了之。马克·吐温便亲自打理生意。可是他一看到账目就头痛，更不用说怎么去管理好整个出版公司了。最后出版公司倒闭，马克·吐温为此背上了94000美元的债务。这样，一个成功的文学家成了彻底的经商失败者。马克·吐温是文学家，本身没有管理能力，又没有找到适合的管理资源，经商失败并不奇怪。

创业活动初期要做的工作千头万绪，管理很难一下子上轨道，但绝不是管理可以低标准、低质量。这就要充分发挥创业者的智慧，争取达到高效率和好的效果。创业进入成长期，对内管理要上水平，对外向市场要订单，横向竞争加剧，纵向企业还要在经验的基础上寻求突破，所有这些都必须在一个大的系统下，按照统一的目标协作完成。显然高层、中层和基层管理者都面临着实践的考验。解决问题的方法是在内部挖潜，还要学会借外脑、买外脑，向先进的管理学习，逐步把别人先进的管理智慧消化、固化、内化为自己的东西。管理资源的价值主要体现在企业可以借鉴和吸收别人的成功之处，走正确之路，做正确的事，这其实是一件打造成功模式的基础性工程。没有好的管理，就没有企业的生存和发展。

（五）信息资源

当今市场竞争不是大鱼吃小鱼，而是快鱼吃慢鱼，市场竞争异常激烈，市场风云瞬息万变，市场信息流的传播速度大大加快。谁能抢先一步获得信息、抢先一步做出应对，谁就能捷足先登，独占商机。因此，在这"快者为王"的时代，掌握信息是决定经营成败的关键因素之一。俗话说："信息灵，百业兴。"随着信息技术的发展，信息流转加快，各种信息充斥在我们周围，"得信息者得天下"的观点也是商界普遍认可的。一个视听封闭的创业者是不可能先人一步抓住商机的。

 案例1-6

> **果断的洛克菲勒家族**
>
> 第二次世界大战结束后，以美英法为首的战胜国几经磋商，决定在美国纽约成立一个协调处理世界事务的机构——联合国。美国著名的财团洛克菲勒家族得知此信息后，果断出资870万美元，在纽约买下一块地皮，无条件地赠给了这个刚刚挂牌、身无分文的国际性组织。同时也把毗邻这块地的大片地皮全部买了下来。当时许多美国财团都吃惊不已，对洛克菲勒家族的这一出人意料之举不解。事实是，联合国大楼刚刚建成，毗邻它四周的地价便立刻飙升起来，相当于赠款数的数十倍、近百倍的巨额财富源源不断地涌进了洛克菲勒家族。

1. 创业所需信息

（1）宏观经济信息。企业与国家的经济息息相关，宏观经济发展是企业的命脉。创业者不能忽视对国家宏观经济信息的关注。宏观经济信息包括国民经济发展速度、国民收入、财税收入、行业发展、对外贸易、信贷规模、金融状况等。掌握宏观经济信息，能促使创业者从相关因素中分析企业同国民经济发展的关系，把握企业发展方向和经营目标。

（2）市场信息。市场信息会影响到企业的发展方向，创业者时时要关注企业相关的市场信息。市场方面的信息主要包括产品销售情况、市场变化趋势、市场结构、产品市场占有率、市场价格、市场供求状况、市场法规、地理环境、市场购买力等。

（3）竞争对手信息。竞争对手信息是创业者了解行业发展、市场动向的风向标，了解对手才能发展自己。竞争对手信息包括竞争对手的销售策略、广告、销售收入、售后服务、产品的开发、产品质量等诸多因素。

2. 获取信息的渠道

（1）从各种人群中获取信息。每个人都是一个信息源，人们在日常生活中不断地接受和交换着信息。创业者可从各种人群中获取信息，如亲戚、朋友、同学、客户以及邻居，甚至陌生人都是创业者的信息源。

（2）从媒体上获取信息。现代媒体十分发达，有报刊、广播、电视、网络等，传播信息量大、速度快，让人应接不暇。企业可以比以往更快、更有效地捕捉市场信息，下达决策命令。

（3）从市场调查中获取信息。市场调查是获取市场第一手信息的最直接途径。创业企业可以委托市场调研机构来完成调查工作，也可以建立自己的市场调研组织，获取全面、系统的市场信息。

（4）从官方或官方服务机构获取信息。地方政府或政府服务机构是信息的来源。如工商、税务、统计、物价、经济计划、经济管理等部门，都能为市民提供各种相关信息，且这些部门的信息更具权威性。

创业者要对各种信息进行筛选、甄别，去伪存真，进行整合、判断，谨防虚假信息。

（六）政策资源

政治与经济是一对紧密相连的孪生儿。经济是基础，政治是经济的集中体现。一个企业的经济活动必须在符合国家政策和社会利益的前提下才能正常运行和发展。创业者不仅要熟悉国家以及主管部门的有关方针政策，而且还要善于领会政策的精神、制定原因以及趋势，并以此来指导自己具体的经营活动。

政府资源对创业者而言是不可多得的成功创业的助推器。掌握并充分整合创业的政府资源，享受政府扶持政策，可使创业少走许多弯路，达到事半功倍之效。政府资源也是各项优惠扶持政策，包括财政扶持政策、融资政策、税收政策、科技政策、产业政策、中介服务政策、创业扶持政策、对外经济技术合作与交流政策、政府采购政策等。

了解政府扶持政策的途径包括如下几个方面。

（1）上政府公开网站查询。现在政府一发布政策就组织其上网，并印发政府公报。创业者要注意定期到政府公共服务网上浏览检索，看看是否有新政策出台或者项目申报通知。

（2）向政策服务公司进行政策咨询。政策服务公司比较关注政策变化，与政府有关部门关系密切，不仅了解政策，也知道如何帮助创业者享受政策。政策服务公司提供的咨询需要一定的费用。

（3）与相关部门保持密切的沟通。相关部门对企业具有指导作用，它们能更全面、更快地了解相关的政策，并对政策进行解读、落实。创业者要与这些相关部门打交道，定期向这些部门咨询政策以防走弯路、走错路。与政府部门保持密切的关系，可以帮助创业者用好政府政策，寻求更快的发展。

（4）专人负责收集有关政策信息。有的企业指定专人收集与工作有关的政策信息，及时跟踪政策的变化。在2000年中国企业高峰会上，时任海尔集团CEO张瑞敏说他们长着"三只眼睛"。第一只眼睛是盯住企业内部员工，使企业员工对企业的满意度最大化；第二只眼睛是盯住企业的外部市场，盯住用户，使海尔的用户对海尔的满意度最大化；第三只眼睛是盯住企业的外部机遇，盯住国家政策，盯住国外市场，使海尔融入全球一体化。

（七）技术资源

创业者成功的关键是寻找技术资源。因为技术是决定产品的市场竞争力和获利能力的根本因素。技术资源的主要来源是人才资源，重视技术资源的整合也就是注重人才资源的整合。不仅要整合、积聚企业内部的技术资源，还要整合外部可利用的技术资源。整合技术资源只是起点，是为了技术的不断创新、自主研发并拥有自主知识产权。保持技术的领先，才能占领市场，才能壮大企业。

创业者在创业之初不一定完全拥有上述资源，必须善于创造性地整合有限的资源。资源整合是指发现和利用资源要素的关联性，使之有机地统一，产生方向上的合力，共同推进事业发展的动态过程。

 案例1-7

化"腐朽"为财富

一个美国旅行团到澳大利亚旅游，飞机降落时，其中一个乘客看到当地居民家门口有一堆黑乎乎的东西，下飞机后，他就去看个究竟，结果发现是一堆堆朽木。因为政府重建城市，挖出了大量400多年前欧洲移民用于圈地的朽木，而人们一直没有合适的处理办法。这位游客很快意识到只要稍加处理，这些朽木就可以成为工艺品，而且一定会赢得欧洲人的青睐，这是一个巨大商机。于是，他开始了"白手创业"的行动。他先和当地居民签订统一处理协议，不费分文就将这些资源据为己有。接着公开招标，让木器加工厂进行加工制作。第三步即面向英联邦国家召开销售订货会，结果订货商趋之若鹜，所有产品以每个14~18美元的价格被订购一空。这位旅行者净赚了一千多万美元。

这位美国人既没有资金也没有其他资源，但他整合资源的能力，产生了化"腐朽"为财富的结果。创业成功与否很大程度上不是你拥有多少资源，而是能在多大范围、何种程度上进行资源整合。

整合资源的过程就是不断拥有资源的过程。在资源的整合上要走出一个误区，即为了使创业成功，首先必须让所有的资源到位，尤其是资金必须到位。当一支强有力的创业团队提出一个有高潜力的商机时，可战略性地整合现有资源，不一定等到所有资源具备时才创业。在资源投入中，技术是关键，创业必须要有一个好创意或优秀技术，特别是在知识时代的创业更需要投入先进的技术资源。

锻炼资源整合的能力对创业者十分重要。一个企业的市场竞争能力取决于企业整合资源的能力。企业有限的资源决定了有限的能力，企业的人力、物力、财力等资源最终决定企业的产品力、营销力、品牌力、信息力和知识力。

习题回顾

1. 什么是创业？
2. 创业有哪些类型？
3. 创业的价值是什么？
4. 如何提升创业者素质？
5. 创业所需资源包括哪些方面？

实践练习

寻找你身边的创业英雄。选择 1~2 位你最想了解的创业者，可以是你心目中的典范或仰慕的榜样，也可以是你知之甚少但非常想了解的人，以小组为单位，撰写一篇访问专题报告（约 1000 字），内容包括访谈时间、地点，以及被访问者信息、创业动机、经历、成功因素，创业中遇到的困难或阻碍、解决策略等，重点是总结创业者的经验、体会、教训等。各小组可将采访过程、内容、心得体会制成 PPT，在课堂上和大家分享。

广角视点

创新技法之"和田十二法"

"和田十二法"，又称"聪明十二法"，是我国创造学者许立言、张福奎在对亚历克斯·奥斯本的检核表法进行深入研究，并结合我国特别是上海和田路小学创造教学的实际，与和田路小学一起提出来的。上海创造学会 1991 年将其正式命名为"和田十二法"。方法主要是针对小学生的，有助于开拓学生的创造性思维，缩短发明的孕育过程。现将 12 技法简述如下。

1. 加一加

在这件东西上添加些什么或把这件东西与其他什么东西组合在一起，会有什么结果？把这件东西加大、加长、加高、加宽会怎样？这里的"加一加"是为了创新思维而"加一加"。

2. 减一减

将原来物品减少、减短、减窄、减轻、减薄……设想能变成什么新东西？将原来的操作减慢、减时、减次、减序……又会有什么效果？人们用"减一减"的方法发明创造了许多新的东西。例如，将上衣减去袖子，就成了马夹；一封信件通常由信纸、信封和邮票三件物品组成，用"减一减"的创新思维方法，使三件变成了一件——明信片；普通眼镜将镜片减薄、减去镜架，就变成了隐形眼镜；等等。

3. 扩一扩

将原有物品放大、扩展，会有什么变化？例如"投影"放大，即为扩一扩得到的效果；有一个中学生雨天与人合用一把雨伞，结果两人都淋湿了一个肩膀。他想到了"扩一扩"，就设计出了一把"情侣伞"——将伞面积扩大，并呈椭圆形，结果这种伞在市场上很畅销。

4. 缩一缩

"缩一缩"是把原有物品的体积缩小、缩短，变成新的东西。例如，生活中常见的折叠伞、微型照相机、浓缩洗衣粉、掌中宝电脑、折叠沙发和折叠桌椅等，都是"缩一缩"的结果。

5. 变一变

"变一变"就是改变原有事物的形状、尺寸、颜色、滋味、浓度、密度、顺序、场合、时间、对象、方式等，产生新思维，形成新物品。美国牙医明娜·杜尔斯发现患龋齿的儿童不爱刷牙的原因是讨厌牙膏中的薄荷味，于是她运用"变一变"原理进行创意，在牙膏中减少薄荷，加上糖浆和果汁，改变了牙膏的口味，受到了儿童的欢迎。

6. 改一改

"改一改"就是从现有事物入手，发现该事物的不足之处，如不安全、不方便、不美观的地方，然后针对这些不足寻找有效的改进措施，从而实现创新。"改"与"变"的含义差不多，但"变一变"是主动地对某一事物进行变动，使这一事物保持常新。"改一改"则带有被动性，常常是在事物缺点暴露出来后，才用通过消除这种缺点的方式来进行创造。"改一改"技巧的应用范围很广，如酒瓶，透明的改为磨砂的，玻璃的改为瓷罐的；原有的注射器改为一次性注射器……"改一改"就是不断发现缺点，不断克服缺点，精益求精，永不满足。

7. 学一学

"学一学"是指学习模仿别的物品的原理、形状、结构、颜色、性能、规格、方法等，以求创新。如，科学家研究蝙蝠的飞行原理，发明了雷达；研究鱼在水中的行动方式，发明了潜水艇；研究了鲸在海中游行的情形，把船体改进成流线型，大大提高了舰船航行的速度。

"学一学"不是照搬，而是从现象中寻找规律性的东西，学习中有改进，学习中有创造。所以，模仿学习有时能得到更新的技术，使其得以"跳过"创新者，开发出卓越的产品。

8. 联一联

"联一联"就是把某一事物和另一事物联系起来，看看能否产生新事物。如，手机发短信，一直以来都是通过按键输入的形式完成的，但将其与手写信息联系起来，通过联一联开发出了可以手写输入的手机，方便了手机用户。

9. 代一代

"代一代"是用其他事物或方法来代替现有的事物，从而实现创新的发明思路。许多事物尽管使用领域不一样，使用方式也各不相同，但都能完成同一种功能，因此，可以试着替代。既可以直接寻找现有事物的代用品，也可以从材料、零部件、方法、形状、颜色和声音等方面进行局部替代。曹冲称象可以说是"代一代"的典型事例。

10. 搬一搬

"搬一搬"就是把某一事物、设想、技术搬到别处，看看会产生什么新的事物、设想和技术。"搬一搬"往往是某项发明创造推广应用的基本方法。如，激光技术"搬"到了各个领域，就有了激光切削、激光手术……又如，原本用来照明的电灯，经"搬一搬"后，有了紫外线灭菌灯、红外线加热灯、装饰彩灯、信号灯……同一样东西"搬"了一个场合就会产生新的功能。

11. 反一反

"反一反"就是将某一事物的形态、性质、功能以及正反、里外、前后、左右、上下、横竖等加以颠倒，从而产生新的事物。"反一反"在生活中的运用很普遍，如森林动物园一反普通动物园的常态，改为游人坐在笼式汽车里在森林中观赏行动自由的猛兽，受到游人的欢迎。众所周知的司马光砸缸的故事也是其典型的事例。"反一反"是一种逆向思维，它一般是指从已有事物或现象的相反方向进行思考，寻找解决问题的新途径。

12. 定一定

"定一定"指对新产品或事物定出新的标准、型号、顺序，或者为改进某种东西以及提高工作效率和防止不良后果做出的一些新规定，从而实现创新。古代由于没有规定统一的温度起点，市场上有27种不同刻度的温度计出售，给人们带来不少麻烦。1740年，大家协商一致，同意以水的冰点和沸点作为温度计计算标准刻度的依据。瑞典的安德斯·摄尔修斯以此为依据制造出一种温度计，就是今天大家最熟悉的摄氏温度计。

项目二 捕捉创业机会

人不能创造时机，但是他能够抓住那些已经出现的时机。

——雪莱

🔎 学习目标

1. 了解创业机会的定义。
2. 知道创业机会的来源。
3. 了解识别创业机会的影响因素。
4. 掌握识别创业机会的方法。
5. 学会运用创业机会评估的定性分析方法。

⚙ 项目结构

捕捉创业机会
- 创业机会概述 01
- 创业机会的识别 02
- 创业机会的评估 03

 案例导入

从困难解决中寻找创业机会

冯晓海于北京工业大学应用数学系毕业后，即服务于搜房网、摩托罗拉等机构，担任技术经理、产品经理等职务。工作两年积累了一定的职场经验和人脉资源后，2002 年，他和两个合伙人一起创办爱卡汽车网，从一个小小的论坛白手起家。通过启动汽车服务团购活动，爱卡汽车网在 5 年内成为国内互联网第一汽车互动社区，并于 2007 年被 CNET 以 1000 万美元收购。此后，创业进入了两年沉寂期，其间他看到在淘宝 C2C 的熏陶下，电子商务在中国已经发展得如火如荼，民众已经习惯于网上购物、网上支付。

他发现，生活在都市的众多白领日常生活很辛苦，无暇他顾。而众多的中小商家把打折促销作为最普遍的手段。而这些商家的能力又很有限，他们往往不能把服务推送到真正有需要的消费者那里。其他的电视、网上营销等方式，费用又很昂贵。如何在残酷的市场竞争中突出自己的特色，成为商家亟待解决的难题。冯晓海凭借其对互联网趋势的深刻理解和敏锐洞察，认为解决这个问题就是很好的创业机会，于是在 2010 年复出，率先在国内发布团购平台——满座网，推出一日多团销售模式。该模式将每天看到的海量信息筛选出来，帮助消费者选择值得信赖的商家，使其以低廉的价格进行团购并获得额外的优惠券，帮助消费者把握当地时尚、潮流、好玩的消费动态，让消费者享受超低折扣的优质服务，把消费者解放出来，聪明消费、时尚消费，轻松享受都市生活。商家只需要支付少量的费用，就能享受到互联网爆炸式的宣传效果。满座网通过把网上支付、提前预订和团购捆绑起来做，使消费者节约了生活成本，商家展示了自己的特色服务，网站获得了利润，从而实现了消费者、商家和自身的"三赢"。

点评

满座网通过提供信息筛选服务，将消费者、商家和网站结合为一个共同体。当满座网把商家的特色服务以超低价格推送给用户时，用户得到了实惠，同时享受到了高质量的服务，并减轻了自身的生活压力，一举三得。可以说，冯晓海找准了创业机会，创新程度较高，且通过超前的眼光占领了市场的空白。

任务一　创业机会概述

创业是一个广泛的概念，包括商业创业、社会创业、岗位创业等。在各种各样的创业类型中，都存在着创业机会。在创业实践中，创业机会识别是创业过程中的关键因素，是创业者选择机会、发展机会等一系列创业活动的先导，也是企业持续产生竞争力的资源保障。

一、创业机会的定义

创业机会，从逻辑上来看，是创业和机会的组合。机会可理解为从事某项活动的有效途径或恰当时机；创业则是认识和创造新事物，采取行动把机会转变为可行的、有价值创造的事业或企业的过程。因此，创业机会是指有吸引力的、较为持久的和适时的一种商务活动的空间，并最终表现在能够为消费者或客户创造价值或增加价值的产品或服务之中。创业机会亦称为商业机会或市场机会。

创业机会可以从静态与动态两个角度进行理解[①]。从静态角度来看，创业机会是未明确的市场需求或未得到充分利用的资源或能力，是一组有利于创造新产品、新服务或新需求的环境因素，是各种通过创造性地整合资源来满足市场需求并创造价值的可能性。从动态角度来看，创业机会是指在新的市场、新的产品或者两者关系的形成过程中，通过创造性地整合资源来满足市场需求并传递价值，是一个不断被发现或创造的动态发展过程。创业机会不但需要创业者去发现，也需要创业者的参与、改进和不断创造。

 案例 2-1

吉林省梅河口市——美丽小城的美丽经济

包粽子比赛开始了，粽叶和彩绳交错，米香四溢，人声鼎沸。2022 年 6 月 3 日端午节傍晚，吉林省梅河口市东北不夜城特色商业街热闹非凡。"客人一批接着一批，都算不清客流量了。"烧烤摊主范玉华瞅着不远处的包粽子比赛现场笑着告诉记者。

[①] 王朝云. 创业机会的内涵和外延辨析[J]. 外国经济与管理，2010，（6）：23-30.

45岁的范玉华是土生土长的梅河口人。2022年4月底，不夜城特色商业街开业，她的烧烤摊位也如期开张。"啥都齐全，咱出料出人就行，还不收租金，减轻了不少压力。"丈夫已去世，范玉华独自供养上大学的女儿和上高中的儿子。平时她白天正常上班，下班后直奔摊位，"一晚上下来保底能有1000元收入。"

2021年5月1日开业的不夜城，汇聚了多地特色美食和各类艺术表演，街景由创意集装箱与古朴设计元素相搭配，流光溢彩，去年客流量达到了400多万人。2022年，不夜城改造升级，形成了占地近3万平方米、街区总长度1386米的文旅及夜经济消费聚集区。仅"五一"假期，就吸引了30万人次的客流量。

"摊位增加，赶紧抢了一席。正是瞅准这客流，我才下定决心尝试做本地特色烧烤。"城市旅游火起来，范玉华有了创业机会，日子也多了盼头。

梅河口市地处长白山余脉，丘陵广布，辉发河穿城而过，全市共有大小河流55条，湖光山色，然而声名不彰。如何让这方好山水赢得好名声？

破题之招，就是着力建设景区城、花园城，让文旅深度融合。海龙湖、河湖连通水系、辉发河湿地景观带等生态旅游项目相继落成，形成8个主题公园和36个城市花园，城市绿化覆盖率达47%。

"林水相间、河湖相连、森林包围城市"，小城梅河口成为国家园林城市、国家全域旅游示范区。2021年，吸引域内外游客首次超过1000万人次，旅游综合收入突破50亿元。瞄准景区城建设，带动城乡融合、农旅融合，发展全域旅游，梅河口底气十足。

"累迷糊喽。"58岁的李炉乡李炉村村民徐振家嘴里叫着累，脸上全是笑。徐振家以前在城里打工，眼瞅着家乡游客越来越多，他返乡务了农——流转50亩地办合作社，合伙经营15栋大棚，种葡萄瓜果和蔬菜，建起700多平方米的农庄，搞旅游接待。

"随着疫情防控形势好转，客流上来啦。特别到了周末，长春的、本地的游客不断。"今年开春，徐振家改造了12间客房，住宿接待能力翻了一倍，达到近60人。

近年来，梅河口推动农旅融合发展，全市投资20亿元建成梅河大米、平地参等项目，着力构建现代农业产业体系。徐振家踩准了这个点。"农业种植吸引游客观光，旅游接待让农产品有了销路。"每年合作社产的大米，徐振家都能在朋友圈销售一空，"精品米一斤能卖到上百块。"

"再能干也得有好条件。"一听别人夸自己，徐振家忙说，是这几年家乡变美了，美丽乡村催生美丽经济。

　　与李炉村相距不到两公里，就是海龙湖国家 4A 级旅游景区。观景台、观澜船舫、儿童乐园，还有徽派风格建筑群落的商街，粉墙黛瓦，倒映水中。徐振家感叹家乡之变，"哪儿都美，旅游能不火吗？"

　　新建改造农村公路 517 公里，获评"四好农村路"全国示范县；303 个行政村全部实现城乡一体化垃圾清运；改造农村厕所 3.6 万户……近年来，梅河口市不断推进县城基础设施向乡村延伸，农村人居环境整治成为吉林省样板。

　　梅河口的产业曾经煤炭独大，占经济总量 80%，近年来旅游业快速崛起，目前旅游综合收入已占全市经济总量近 40%。"全市农村常住居民人均可支配收入近 2 年增加 5000 元以上，城乡融合发展步伐加快了。"梅河口市农业部门相关负责人说。不只是旅游业。"十三五"期间，梅河口市主要经济指标保持年均 15%以上速度增长，经济总量和财政收入均翻一番，城市建成区面积扩大一倍，人口净流入 12 万……小城梅河口，已成为吉林省县域经济发展的排头兵。

　　（资料来源：人民网－人民日报，2022－06－10，有删改）

二、创业机会的特征

　　创业机会具有四大本质特征，即吸引力、持久性、时效性、依附于为用户创造或增加价值的产品和服务[①]。

　　（1）吸引力。创业机会体现为对创业者的吸引力，是一种顾客渴望的未来状态，主要针对潜在顾客而言。没有吸引力的活动即使具有活跃的表现形态，也很难引起创业者的兴趣。

　　（2）持久性。创业是动态的过程，是漫长的过程，创业机会会持续一定的时间，使得创业者去发现、评价和开发利用。如果这种机会、活动不能持久，则很难实现价值创造的过程。

　　（3）时效性。创业者应适时，即把握适当的时机，在这过程中实现产品或者服务的创造。创业机会必须在有效的时间内加以开发利用。马克·吐温曾说："我很少能看到机会，往往在我看到机会的时候，它已经不再是机会了。"可见及时把握创业时机的重要性。

[①] J. Timmons & S. Spinelli. New Venture Creation：Entrepreneurship for the 21st Century[M]. Boston：McGraw-Hill / Irwin，1999：80.

（4）依附于为用户创造或增加价值的产品和服务。创业机会不仅是一个创意，还应直面客户的需求，并同时表现为具体的某一项产品或服务。

三、创业机会的类型

根据不同的标准，创业机会有不同的分类。从环境变化来看，创业机会可以分为技术型机会、市场型机会和政策型机会，分别来自技术发展、市场变化和政策改革。

从创业机会的发展情况来看，阿迪维力（Ardichvili）通过一个矩阵将创业机会分为四种类型①。在他的创业机会矩阵中，有探寻到的价值和创造价值的能力两个维度。横轴以探寻到的价值（即机会的潜在市场价值）为坐标，这一维度代表着创业机会的潜在价值是否已经较为明确。纵轴以创业者创造价值的能力为坐标，创造价值的能力包括通常的人力资本、财务能力以及各种必要的有形资产等，这一维度代表着创业者是否能够有效开发并利用这一创业机会（图 2-1）。

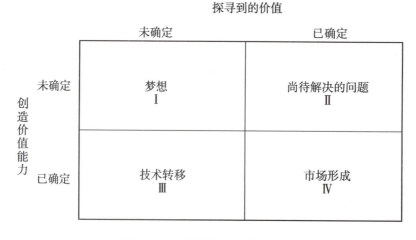

图2-1　创业机会四种类型

如图 2-1 所示，左上角的第一象限中，机会的价值并不确定，创业者是否拥有实现这一价值的能力也不确定，因此这种机会称为梦想。右上角第二象限中，机会的价值已经较为明确，但如何实现这种价值的能力尚未确定，因此称为尚待解决的问题。左下角第三象限中，机会的价值尚未明确，而创造价值的能力已经较为确定，因此称

① A. Ardichvili，R. Cardozo，S. Ray. A theory of entrepreneurial opportunity identification and development[J]. Journal of Business Venturing，2003，18（1）：105-123.

为技术转移。右下角第四象限中，机会的价值和创造价值的能力都已经确定，因此称为市场形成。相比之下，右下角的创业成功可能性最高，左上角则较低。

此外，从创业机会的形成过程来看，创业机会又可以分为四种类型。第一，问题型机会，指的是由现实中存在的某些未被解决的问题所产生的一类机会。第二，趋势型机会，其产生是由于不断变化的环境而造就的市场空间，把握趋势型创业机会的关键在于时机的掌握。第三，竞争型机会，指的是能够利用竞争对手的弱点和空白弥补他们的缺陷和不足，并将其转化为自己事业的一类创业机会。第四，组合型机会，就是将现有的两项以上的技术、产品、服务等因素组合起来，以实现新的用途和价值而获得的创业机会。

四、创业机会的来源

机会无处不在，无处不有。不同的人对创业机会的把握程度不同，可分为领先者、跟进者、补缺者。创造机会需要智慧。挖掘机会来源的规律，能使创业者在寻找机会的路上有明确的方向，而机会主要来自五个方面。

（一）潮流趋势

创业者要了解现在的市场潮流是什么，未来的潮流方向是什么，以便能站在今天潮流的肩上预测未来，因为未来的趋势就是新的创业机会。创业者要向潮流引领者虚心学习，学习他们经营的长处，摸清一些业内的门道，积累必要的经验与资金，学习此行业的知识和技能，体会他们经营的不足之处，为自己引领潮流奠定基础。

（二）大众需求

从普通老百姓的日常生活中挖掘创业机会，重点关注生活中的难点，寻找解决之道，这就是创业的着眼点。老龄化社会的出现、国家开放三孩子生育政策的推行等，必然会提供许多新的市场机会。创业者可以做一些有针对性的居民调查，研究大众需求的方方面面。中国人口众多，人们日常的衣食住行需要为创业者提供了稳定而广阔的市场。

案例 2-2

创业者如何创造需求市场

创造需求其实并不难，只要我们能结合产品的特点，去创造一个合理的场景，就能够创造需求。

国外有一家互联网汽车共享平台，公司成立初期的经营状况并不好。这时，公司成立了焦点小组，专门研究那些知道这个品牌却没有加入会员的人群。结果显示，离车的距离太远是用户不愿意选择这个品牌的主要因素。后来，公司通过在几个密集的居民区投放大量的汽车，满足了用户 5 分钟内能找到车的诉求，为品牌赋予了吸引力。通过用户的口口相传，成千上万的人开始注意到这家公司。

（三）社会热点

社会在发展，热点会层出不穷。只要留心观察，在我们的周围处处有热点。社会上每一个热点都是一种金矿，但是金矿不是只有一种挖掘方式，而且热点可能就是商机。2008 年，中国承办第 29 届奥运会，给中国人带来众多商机，有许多人从奥运特许商品，如纪念章、服装及配饰、玩具、文具、工艺品、珠宝首饰、日用品、音像制品及出版物、体育用品、食品等销售中大获全胜。2011 年，深圳承办第 26 届世界大学生运动会，有人锁定了场馆周围的生活配套商机，并从中赚取利润。对于创业者来说，热点就是商机，就是挣钱的项目和题材。抓住热点，掌握题材，独具匠心就能创业。

（四）区域差异

从区域上讲，中国地域广阔，因政治及历史原因，东西之间、南北之间、沿海与内陆之间存在很大的差异，这是"区域差"。不同的地区需要不同的产品和市场，地理因素的限制会带来不同地区之间的市场差异。比如，外地有些好的产品和服务项目在本地还没有销售或开展业务，本地一些好的产品和服务项目在外地还没有被推广，这就是机会。城市里过时的商品在农村不一定过时，也许刚刚开始流行；发达地区过时的商品，也许在不发达地区或边远地区依然畅销；在农村没有市场的土特产品，也许能在城市作为绿色食品大卖特卖。由此可见，市场的地区性差异是永远存在的。发现差异并做缩小差异的工作，就是满足市场需求，就是创业之道。这些差异对创业者来说是绝好的信息，是绝对的赚钱机会。

（五）不同消费群体的需求特点

一家快餐公司用电脑储存了 60 万儿童的出生年月日。每当他们生日时，这家公司就会送这些儿童每人一张生日贺卡。拿到生日贺卡的儿童，通常要和父母一起去这家公司的快餐店，店里的员工会为孩子送上生日礼物，当时在店的全体员工会向小朋友祝贺"生日快乐"，并鼓掌欢迎。

每个人的需求都是有差异的，如果我们时常关注某些人的日常生活和工作，就会从中发现某些机会。不同的消费群体有不同的需求特点，人们对于自己喜爱的、适合的东西永远是最愿意掏钱的，这其中的商机不言而喻。曾有人说，只要把握了女性和儿童的需求就能找到商机。深圳繁华的华强北商业区就拥有"女人世界"和"儿童世界"。创业者要及时发现不同消费群体的特点，研究他们的消费心理和消费习惯，开发不同群体的消费市场。

任务二　创业机会的识别

机会识别既是艺术，也是科学。一方面，创业者必须依靠直觉，使其成为一门艺术；另一方面，也必须依靠有目的的行动和分析技能，使其成为一门科学。对于创业机会的识别，包括三个阶段，即感知、发现和创造。感知是指感觉到或认识到市场需求和未被充分利用的资源。发现是指识别或发现特定市场需求和专门资源间的配合关系，其前提条件是这些需求和资源有可能在一个尚未运转的企业实现匹配，这种发现表现为探查特定的区域或产品的市场空间。创造是指以商业概念等形式创造一个独立的需求与资源间的新配合，创造紧随于感知需求和资源之后，使市场需求和资源相匹配，但不局限于感知和发现。

一、识别创业机会的影响因素

创业过程开始于创业者对创业机会的把握。创业者从成千上万繁杂的创意中选择了他心目中的创业机会，随之不断持续开发这一机会，直至最终收获成功。这一过程中，机会的潜在预期价值以及创业者的自身能力得到反复的权衡，创业者对创业机会的战略定位也越来越明确，这一过程称为机会的识别过程，一些研究也称之为机会开发过程，或者机会规划过程。然而创业的过程中会出现各种障碍，掩盖发现问题的机会。创业者需要考虑识别创业机会的影响因素，不仅包括创业机会的本质属性（在很大程度上决定创业者对机会未来价值的预期），也包括创业者的个人素质，如先前经验、认知因素、社会关系网络和创造性，具体如图 2-2 所示。

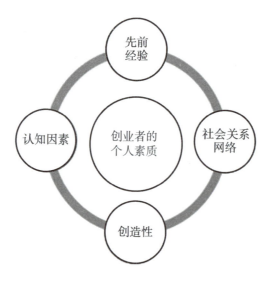

图2-2　创业者的个人素质

（1）先前经验。先前经验或先验知识，是指个体关于特定主题的与众不同的信息，可能是通过工作、教育或其他手段获取的结果。在特定产业中的先前经验有助于创业者识别创业机会，是创业机会识别的重要因素，被称为"走廊原理"（corridor principle）。它是指创业者一旦创建企业，就开始了一段旅程，通向创业机会的"走廊"将变得清晰可见。产业内部人员将比那些从产业外观察的人更容易看到产业内的新机会。实践过程中的经验帮助发现、把握机会。在创业过程中不断出现的机会并非靠想象得来，更多的来自行动，在实践的过程中更能发现创业机会。创意并非凭空产生，而是在进入"走廊"的过程中，在实践的过程中不断发现的。创业者自身的知识和经验为创业者的机会识别提供了重要的参考依据，是其判断机会的重要因素。

（2）认知因素。人的认知影响着机会的识别。一般认为创业者都具有创新型认知风格，在信息搜索、风险承担和挑战意识上超过常人，且不拘泥于现有的规则，主动激发出一种扩散性思维，而且这种创新型认知风格具有相对稳定性。比如，对盈利性机会的识别，有四个影响因素：①认知图示，也称创业的警觉。②认知基础，即以往的知识。③创业警觉和认知基础的交互作用，既不是 A 也不是 B，而是 A、B 交互后产生新的认知；不是单方面，而是两者交互而引起的认知变化。④认知图示和认知风格的交互作用，形成创新性认知风格。不同的创业者，其创新性、认知、风格都不一样。在某个领域的技能、知识，表现为识别机会的警觉。创业警觉是习得性技能，拥有某个领域更多知识的人倾向于比其他人对该领域内的机会更加警觉。例如，一个有音乐知识和技能的人，对音乐节奏的把握比一般人更有优势，在音乐领域创业就更容易，更有可能成为出色的音乐人。所以在某一个行业的认知基础，对于机会的识别、把握能力具有重要影响。

（3）社会关系网络。社会关系网络能带来承载创业机会的有价值信息，个人社会网络的深度和广度影响机会识别。研究已经发现，社会关系网络是个体识别创业机会的主要来源，与强关系相比，弱关系更有助于个体识别机会。网络的深度、厚度、广度也影响了对创业机会识别的整体水平。因此，建立起大量的社会关系网络，包括政治、经济、文化等各类网络，这样的人比一般人群更能识别机会，产生创意，创造价值。

（4）创造性。创造性是指产生新奇而有用的创意的能力或者特性。人们能够通过各种各样的途径创造出一种新的物体、新的思想、新的方法、新的市场，这些新东西以前是不存在的。创业机会的识别和把握不仅是寻找的过程，同时也是创造的过程，是不断反复的创造性思维过程。是否具备创造性，对能否产生创意、能否把握机会起到关键作用。

总的来说，影响创业机会识别和把握的影响因素包括先前经验、认知因素、社会关系网络、创造性。在这些因素的影响下，创业者到底是怎样发现创业机会的呢？有学者认为创业者在创业过程中识别的机会有一半是通过其社会网络来实现的，另一半是通过自身的意识来识别的。社会关系网络识别的机会与创业者自己识别的机会还有明显的差异，创业者自己识别的机会比通过社会关系网络识别的机会使用更多的先验知识。通过自身的意识识别的创业机会处于一种情境之中，在该情境中，经济、政治、社会、人口和技术条件变化产生了创造新事物的潜力。创业机会可以通过新产品或服务的创造、新市场的开拓、新组织方式的开发、新材料的使用，或者新生产过程的引入加以利用。

二、识别创业机会的方法

识别创业机会，要求能够获取别人难以接触到的有价值信息并具备优越的信息处理能力。在创业机会的识别过程中，主要可以运用系统分析、问题分析、消费者分析和培养创造性思维等方法（图2-3）。

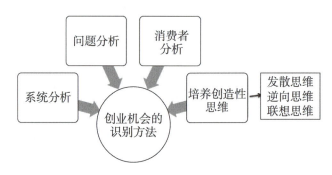

图2-3　识别创业机会的方法

（1）系统分析。创业机会绝大多数可以通过系统分析来发现。系统分析包括两方面：第一，宏观环境分析。任何领域的创业都处于宏观大背景中。宏观环境包括政治环境、法律环境、技术环境、人口环境以及环境的变革。第二，微观环境分析。在同样的宏观环境中，不同的创业群体具有不同的微观环境，包括具体的顾客群、竞争对手、供应商、销售商等。无论是宏观环境分析还是微观环境分析，都有一个不可跨越的环节——市场调研。开展市场调研，在宏观环境、微观环境的变化中发现机会，是机会识别的普遍方法和一般规律。

（2）问题分析。问题分析就是要找出个人或组织的需求和他们面临的问题。这些需求和问题有时候是明确的、显而易见的，也有时候是含蓄的、被掩盖的、不确定的。一个有效并有回报的解决问题的方法对创业者来说是识别机会的基础。在问题分析的过程中，要全面了解顾客的需求，以及可能用来满足这些需求的手段。

（3）消费者分析。消费者分析是从顾客的想法中寻找机会。创业的机会一般从创业者调查、研究、分析中得到，但也有来自消费者的想法和需求。消费者的建议是最简单直接的，因为他们知道自己究竟需要什么。为了满足消费者需求而提出产品的建议和构想，这种分析简单、直接、有效。消费者在使用产品的过程中，往往会提出一些改善的建议和希望生产者帮忙解决的问题。留意消费者的非正式建议，有助于发现创业机会。从一定程度上看，从消费者的想法中发现机会，直面消费者需求，这个方法更能有效解决问题、把握创业机会。

（4）培养创造性思维。创造性思维也称创新思维，是相对于再现性思维而言的。再现性思维是一种迁移式的思维，是指通过记忆和记忆迁移等方式进行思考的思维方式，力图套用过去的模式解决新问题，即用过去的思维和方法解决新的问题。在产品设计与开发过程中，有些问题可以用以前的方法解决，但随着环境的改变，也有很多问题无法解决，这时就需要创业者的创造性思维。创造性思维不是再现式的，而是创造式的,是打破固有的逻辑思维方式,以独具匠心的思维方式寻找具有新颖性和实用性的问题求解方法。

创造性思维在创业阶段的体现具有一些基本特性。第一,创造性思维是开放性的,没有条条框框,没有先天的约束性规则,只要能够解决问题的都采纳。第二,创造性思维也是求异性思维,不是用原来的方法来解决问题,而是寻找新的、不同的方法来解决。第三,创造性思维不是显而易见的,具有隐藏性。这种思维方式非一眼能看见,需要深刻的思考、分析。所以,创业者要考虑如何把握这些思维特性,根据特性寻找训练方式。

第一,发散思维。从某一思维基点出发,运用已有的知识和经验,通过各种思维手段,沿着各种不同的方向去思考,重组记忆中的信息和眼前的信息,获得大量的新息,找出更多更新的可能答案、设想或解决方法。在发散的过程中重组,在重组中寻找解决新问题的方法,这就是一种创造性思维方式。

第二,逆向思维。逆向思维是人们沿着事物的相反方向,用反向探求的方式对产品、课题或方案进行思考,提出新的课题设计,或完成新的创造的一种思维方法。创造性思维的方向是多种多样的,同样的市场回报,有两种思维方式:一种是通过各种各样的产品、服务去寻找更多的利润;另一种便是反过来看,能不能在同样的收入情况下降低成本,这样也能够产生更高的经济效益。

 案例 2-3

犹太富翁哈德的故事

一天,犹太富翁哈德走进纽约花旗银行的贷款部。看到这位绅士很神气,打扮得又很华贵,贷款部的经理赶紧招呼:"这位先生有什么事情需要我帮忙吗?""哦,我想借些钱。""好啊,你要借多少?""1美元。""只需要1美元?""不错,只借1美元,可以吗?""当然可以,像您这样的绅士,只要有担保多借点也可以。""那这些担保可以吗?"犹太人说着,从豪华的皮包里取出一大堆珠宝堆在写字台上。"喏,这是价值50万美元的珠宝,够吗?""当然,当然!不过,您只要借1美元?""是的。"犹太人接过了1美元,就准备离开银行。在旁边观看的分行行长此时有点傻了,他怎么也弄不明白这个犹太人为何抵押50万美元就借1美元,他急忙追上前去,对犹太人说:"这位先生,请等一下,您有价值50万美元的珠宝,为什么只借1美元呢?假如您想借30万、40万美元的话,我们也会考虑的。"啊，是这样的，我来贵行之前，问过好几家金库，他们的保险箱的租金都很昂贵。而您这里的租金很便宜，一年才花6美分。"也就是说，如果这个交易行为发生，哈德实际上省了钱，也就等于赚到了钱，也就产生了经济效益。这个故事就是告诉我们逆向思维的作用。

第三，联想思维。联想思维是指人们在头脑中将一种事物的形象与另一事物的形象联系起来，探索它们之间的共同或类似的规律，从而解决问题的思维方法。通过联想性思维产生的商业机会在日常生活中也有例可循。比如，美国的一家玩具公司从克隆羊多利身上得到启示，人们只要把孩子的彩色照片和反映其特征的表格寄给这个公司，公司就会生产出一模一样的玩具娃娃，取名为"孪生姐妹"。独特的创意带来了好生意，这就是从联想角度出发寻找企业机会。

三、识别创业机会的过程

蒂蒙斯认为创业是一个动态的过程，其中有三个核心要素：一是商业机会，二是资源，三是创业团队，三者组成"倒三角形"模型（图2-4）。创业过程是三大要素匹配和平衡的过程，其中商业机会是创业过程的核心驱动力，创始人或创业团队是创业过程的主导者，资源是创业成功的必要保证。商业机会具有模糊性、不确定性，要求创业团队具备良好的创造能力。这是创业团队和商业机会之间的关系，又受到另一维度——资源的影响。资源是影响创业的各种外部因素，有资本市场、人力资本、政策环境等，要求创业者具备强有力的领导能力去整合资源。沟通则在商业机会和资源之间发挥作用。创业的本质是利用机会创造价值的过程，而创业团队是创业过程中的关键组织要素，创业资源是创业过程中不可或缺的支撑要素。

识别和选择创业机会同样是一个动态的过程，创业机会的选择和评估贯穿创业活动的全过程。机会识别和评价是零星的思维片段通向创业实践的桥梁。近年来，学者们提出了大量的机会识别模型，创业机会的识别过程主要可分为以下几个阶段[1]，如图2-5所示。

---

[1] 林嵩，姜彦福，张帏. 创业机会识别：概念、过程、影响因素和分析架构[J]. 科学学与科学技术管理，2005，（6）：128-132.

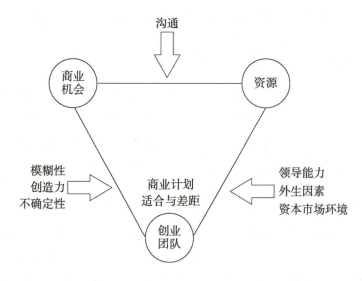

图2-4　蒂蒙斯创业过程模型

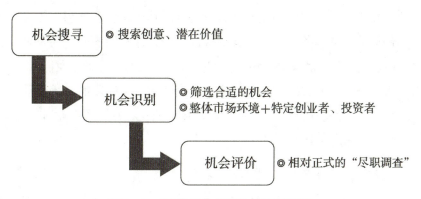

图2-5　创业机会识别过程的阶段

　　阶段一：机会搜寻（opportunity searching）。创业者对整个经济系统中可能的创意展开搜索，如果创业者意识到某一创意可能是潜在的商业机会，具有潜在的发展价值，就将进入下一阶段。

　　阶段二：机会识别（opportunity recognition）。相对整体意义上的机会识别过程，这里的机会识别应当是狭义上的识别，即从创意中筛选合适的机会。这一过程包括两个步骤：首先是通过对整体的市场环境，以及一般的行业分析来判断该机会是否在广泛意义上属于有利的商业机会，称为机会的标准化识别阶段。第二步是考察对于特定的创业者和投资者来说这一机会是否有价值，也就是个性化的机会识别阶段。

　　阶段三：机会评价（opportunity evaluation）。实际上这里的机会评价带有部分"尽职调查"的含义，考察的内容主要是市场环境、竞争对手、各项财务指标、创业团队的构成等。通过机会评价，创业者决定是否正式组建企业、吸引投资。

四、识别和把握创业机会的原则

机会是时机与环境的统一，正所谓"机不可失，时不再来"，创业机会也是在特定的环境背景下产生的，一旦环境改变，机会也会随之消失。可见创业机会为稀缺资源，稍纵即逝，因而，提高识别潜在机会和把握机会的能力显得尤为重要。

（一）与时俱进，把握时代脉搏

环境是创业活动的背景，是创业机遇的发源地。把握创业机遇，就是要与时俱进，使自己的思想和行为服从不断发展的环境要求，从而为创业活动的开展争取更为有利的发展空间。要以积极主动的意识，顺应历史潮流，将创业活动与环境动态发展相结合，紧跟时代，把握前沿。首先，要充分认识所处的创业环境。对创业环境的了解不能仅靠学习书本理论知识，更要深入实践。实践出真知，要从实践中获得体验，探索创业环境的变化规律，为把握创业机会打下基础。其次，要合理利用环境。创业环境中存在许多创业的机会和条件，创业者要根据自身条件利用各种有利因素成就自己的事业，立足市场求得生存和发展。最后，在条件不具备的情况下，我们可以改造环境，按照自己的意志、设想和方式，通过创业活动创造出一个崭新的、适合自己生存和发展的环境。它是创业活动在最深层意义上对环境的服从，是人类创业活动的最高境界，同时也是环境发展的内在要求。

（二）积极准备，等待机会到来

机会具有隐蔽性、偶然性和易逝性，要把握它是件困难的事情。但是，机会总是垂青于那些有准备的头脑。要把握住创业机会，创业者需要用知识和实践经验来武装自己，在机遇到来之前做好充分准备，这样才能避免与机会失之交臂。首先，要构建广博的理论知识基础，拓宽自己的视野。识别机会很大程度上依赖于识别者拥有的知识存量，谁拥有更多的知识，谁就有可能在识别有潜在价值的机会上领先一步。其次，要拓宽获取信息的渠道，构建一个巨大的信息交流网络。掌握的信息越多，发现机会的概率就越高。最后，要勇于实践，努力将从实践中获得的体验转化为创意的思维。

（三）主动出击，捷足先登

把握机会，也是一场无硝烟的"争夺战"。稀缺资源——创业机会无疑是众多市场竞争者争夺的焦点。在这场"争夺战"中，讲求兵贵神速，刻不容缓，发扬"只争朝夕"的精神，力求捷足先登。机会很容易随着时间的流逝而不断损耗含金量，最终变得一文不值。而且谁先抢占先机，谁就更有可能占领市场制高点，领先竞争对手。创业者要牢固树立"敢为天下先"的观念，解放思想，勇于开拓，敢做第一个吃螃蟹的人。对潜在的机会快速反应、毫不迟疑，处理机会坚决果断、毫不含糊。

(四)扬长避短，坚持不懈

各种各样的创业机会一直存在，关键在于有创业意愿的人是否留心观察。然而，并不是所有的机会都是适合自己去把握、去实践的。在创业的道路上既要主动出击，敢于尝试，也要尽量避免无谓的牺牲，降低失败的可能性。这就要求创业者充分发挥自身的优势和特长，把握一些容易驾驭和控制的创业机会，即扬长避短。因为机会类型是多种多样的，对创业者的能力素质要求也不尽相同，在对机会和自身能力权衡之后，选定适合自己的创业机会，接着再去市场中实践创业。创业的过程是艰辛的历程，难免会遭遇挫折和失败，贵在有一颗恒久的心，在困难面前不低头，不浅尝辄止，创业才能获得成功。要认定自己该做的事情，坚持不懈地努力，冲向胜利的终点。

任务三　创业机会的评估

不是每个创业机会都会给创业者带来益处，每个创业机会都可能存在风险。因此，创业者在利用创业机会前要对创业机会进行科学评估与分析，然后做出选择。

一、创业机会的评估标准

机会评估是对创业进行仔细审查并分析其可行性的阶段。评估是创造过程中特别有挑战性的阶段，因为它要求创意者对创意的可行性采取一种公正的看法。创意需要符合一定的标准，才是真正的创业机会，且创业机会只有符合创业者的能力和目标，才是有价值的。

(一) 盈利时间

有价值的创业机会要求项目在两年内盈亏平衡或取得正现金流。因为大多数创业者资源有限，支撑的时间不能太长，其他的投资者和团队成员也没有这么长时间的耐心。因此，创业机会获得盈利的时间越短越好。

（二）市场规模和结构

只有规模足够大的市场才可以支撑企业长期的生存与发展。创业者若进入一个市场规模较大且处于不断发展中的市场，即使只占有很小的市场份额，也能够生存下来，度过发展期，并且不必担心竞争对手的存在，因为市场足够大，构不成威胁。一般来说，市场规模和结构越大，创业机会越有价值。

（三）资金需要量

富有潜力的创业机会往往需要相当大数量的资金支撑。过多的资金需要，对于大学生创业者而言是缺乏吸引力的，需要较少或者中等程度资金的创业机会才是对大学生比较有价值的。创业者要根据自己的资金实力和可以动用的资源来评估创业机会，超出能力范围的则放弃。

（四）投资收益

创业的营利性目标要求创业机会能有较为合理的盈利能力，包括较高的毛利率和市场增长率。毛利率高说明市场的发展潜力大，投资报酬率高。年投资收益率在25%以上的创业机会是较有价值的，而年投资收益率低于15%的创业机会难以对创业者和投资者产生吸引力。

（五）成本结构

较低的成本才能带来较大的竞争优势，使创业机会具备较高的价值。创业机会如果有这些方面的特质，如低成本优势或者来自技术和工艺的改进以及管理的优化，或生产具备规模化，对创业者来说则是有利的。

（六）进入障碍

资源、政策、市场准入限制，都可能成为进入市场的障碍。若创业机会面临较大的市场进入障碍，那就不是好的创业机会。同时，虽然市场进入难度低，但大量竞争对手涌入，瓜分市场份额，这样的机会对创业者来说也不是好的机会。

（七）退出机制

创业机会具备比较理想的获利和退出机制，才便于创业者和投资者获取资金和实现收益。没有退出机制的创业机会是缺乏吸引力的，所以一个具有吸引力的创业机会，应该要为所有投资者考虑退出机制，以及退出的策略规划。

（八）控制程度

能够实现对渠道、成本或者价格的较强控制的创业机会，才富有价值。如果市场上不存在强有力的竞争对手，控制强度就较大。如果竞争对手已经有较强的控制能力，特别是已经掌握了原材料来源，独占了分销渠道，取得了较大的市场份额，对于产品价格有绝对的话语权，那么新创企业的发展空间就会很小。除非这个市场容量足够大，且主要竞争者在创新方面行动比较迟缓，市场损害客户利益，否则没有进入机会。

（九）商业模式

现代管理学之父彼得·德鲁克曾预言，21世纪的竞争是商业模式的竞争。商业模式作为产品、服务和信息流的一个体系架构，包括说明各种不同的参与者及他们的角色，各种参与者的潜在利益，以及企业收入的来源。尽管创业者在机会识别阶段难以设计出完整的商业模式，但商业模式设计必须事先加以论证。

拓展阅读

蒂蒙斯创业机会评价框架

蒂蒙斯总结概括了一个评价创业机会的框架（表2-1），其中涉及8大类53项指标[1]。尽管现实中创业者的创业机会未必能与这个评价框架完全吻合，但这个框架几乎涵盖了需要考虑的全部内容，是包含评价指标比较完全的一个体系，创业者可以依据蒂蒙斯的这个评价框架进行创业机会的理性辨识。

表2-1　蒂蒙斯机会评价框架

大类	指标
行业与市场	1.市场容易识别，可以带来持续收入
	2.顾客可以接受产品或服务，愿意为此付费
	3.产品的附加价值高
	4.产品对市场的影响力高
	5.将要开发的产品生命长久
	6.项目所在的行业是新兴行业，竞争不完善
	7.市场规模大，销售潜力达到1000万到10亿美元

---

[1] 姜彦福，白洁.创业机会识别过程中经济因素的评价[J].技术经济，2005，（5）：1-5.

续表

大类	指标
行业与市场	8.市场成长率在30%~50%甚至更高
	9.现有厂商的生产能力几乎完全饱和
	10.在五年内能占据市场的领导地位,达到20%以上
	11.拥有低成本的供货商,具有成本优势
经济因素	1.达到盈亏平衡点所需要的时间在1.5~2年以下
	2.盈亏平衡点不会逐渐提高
	3.投资回报率在25%以上
	4.项目对资金的要求不是很大,能够获得融资
	5.销售额的年增长率高于15%
	6.有良好的现金流量,能占到销售额的20%~30%甚至更高
	7.能获得持久的毛利,毛利率要达到40%以上
	8.能获得持久的税后利润,税后利润率要超过10%
	9.资产集中程度低
	10.运营资金不多,需求量是逐渐增加的
	11.研究开发工作对资金的要求不高
收获条件	1.项目带来附加价值具有较高的战略意义
	2.存在现有的或可预料的退出方式
	3.资本市场环境有利,可以实现资本的流动
竞争优势	1.固定成本和可变成本低
	2.对成本、价格和销售的控制较高
	3.已经获得或可以获得对专利所有权的保护
	4.竞争对手尚未觉醒,竞争较弱
	5.拥有专利或具有某种独占性
	6.拥有发展良好的网络关系,容易获得合同
	7.拥有杰出的关键人员和管理团队
管理团队	1.创业者团队是一个优秀管理者的组合
	2.行业和技术经验达到了本行业内的最高水平
	3.管理团队的正直廉洁程度能达到最高水准
	4.管理团队知道自己缺乏哪方面的知识
致命缺陷	不存在任何致命缺陷

续表

大类	指标
创业家的个人标准	1.个人目标与创业活动相符合
	2.创业家可以做到在有限的风险下实现成功
	3.创业家能接受薪水减少等损失
	4.创业家渴望进行创业这种生活方式，而不只是为了赚大钱
	5.创业家可以承受适当的风险
	6.创业家在压力下状态依然良好
理想与现实的战略性差异	1.理想与现实情况相吻合
	2.管理团队已经是最好的
	3.在客户服务管理方面有很好的服务理念
	4.所创办的事业顺应时代潮流
	5.所采取的技术具有突破性，不存在许多替代品或竞争对手
	6.具备灵活的适应能力，能快速地进行取舍
	7.始终在寻找新的机会
	8.定价与市场领先者几乎持平
	9.能够获得销售渠道，或已经拥有现成的网络
	10.能够允许失败

利用蒂蒙斯创业机会评价指标体系，我们能从多个维度对创业机会实施评价，深入把握机会内含的潜在价值。创业者在评价机会潜质上也有了可以量化的标准，借助系统化的分析框架，降低凭借主观判断抉择错误的可能性。创业者可以运用这一指标体系组织创业机会的可行性分析，为创业成功加重砝码。

二、创业机会的评估方法

（一）定性分析方法

定性分析评价侧重考虑确定市场机会所必须具备的成功条件，分析商业机会拥有的优势，本企业所拥有的竞争优势，分析机会与本企业的发展方向是否一致。

创业机会的定性评价包括以下步骤。

（1）综合判断。判断新产品或服务将如何为购买者创造价值；判断使用新产品或服务的潜在障碍，以及如何克服这些障碍；根据对产品和市场认可度分析，得出新产品的潜在需求、早期使用者的行为特征和产品达到创造收益的预期时间。

（2）风险分析。分析产品在目标市场投放的技术风险、财务风险和竞争风险。

（3）机会窗分析。分析能否保证足够的生产批量，能否获得稳定的产品质量。

（4）估算新产品项目的初始投资额，判断该使用何种融资渠道。

（5）在更大范围内考虑风险程度，以及如何控制和管理这些风险要素。

（二）定量分析方法

约翰·贝奇（John Burch）提出了四种创业机会评价的定量分析方法，分别是标准打分矩阵、Westinghouse 法、Hanan Potentionmeter 法和 Baty 的选择因素法[①]。

1. 标准打分矩阵法

标准打分矩阵法是通过选取对创业机会成功有重要影响的因素，专家小组针对每个因素进行打分（分为三个等级），最后求出每个因素在各创业机会下的加权平均分，从而可以对不同的创业机会进行直观的比较。表 2-2 中是其中十项主要的评价指标，在实际操作中可以根据具体情况进行指标的选择。

表2-2　标准打分矩阵

标准	专家评分			
	极好（3分）	好（2分）	一般（1分）	加权平均分
易操作性				
质量和易维护性				
市场接受度				
增加资本的能力				
投资回报				
专利权状况				
市场的大小				
制造的简单性				
广告潜力				
成长的潜力				

2. Westinghouse 法

Westinghouse 法是通过计算来比较各个创业机会优先级的方法。机会优先级的计算公式如下：

机会优先级 =［技术成功概率 × 商业成功概率 × 平均年销售数 ×（价格—成本）× 投资生命周期］/ 总成本

---

① 左凌烨，雷家骕. 创业机会评价方法研究综述[J]. 中外管理导报，2002，（7）：53-55.

在该公式中，技术和商业成功的概率是以百分比表示（0 到 100%）；平均年销售数是以销售的产品数量计算；成本是以单位产品成本计算；投资生命周期是指可以预期的年均销售数保持不变的年限；总成本是指预期的所有投入，包括研究、设计、制造和销售费用等。特定机会的优先级越高，该机会就越有可能成功。

假如一个创业机会的技术成功概率是 80%，市场上的商业成功率是 60%，在 9 年的投资生命周期中年销售数量预计 20000 个，销售价格 120 元，每个产品的成本为 87 元，研发费用 50000 元，设计费用 140000 元，制造费用 230000 元，营销费用 50000 元，代入公式计算结果约等于 6，那么其优先级就是 6。计算所得的数值越大，则表明该创业机会的成功概率越高。

3. Hanan Potentionmeter 法

Hanan Potentionmeter 法是通过创业者来填写针对不同因素的不同情况，预先设定好权值的选项式问卷方法，可快速得到特定创业机会的成功潜力指标（表 2-3）。对于每个因素而言，不同选项的得分可以从 -2 到 +2 分，通过所有因素得分的总和得到最后的总分，分数越高说明机会成功的潜力越大。一般而言，得分高于 15 分的创业机会才值得创业者进行下一步策划。

表2-3　Hanan Potentionmeter机会评价的成功潜力指标

因素	得分
对于税前投资回报率的贡献	
预期的年销售额	
生命周期中预期的成长阶段	
从创业到销售额高速增长的预期时间	
投资回收期	
占有领先者地位的潜力	
商业周期的影响	
为产品制定高价格的潜力	
进入市场的容易程度	
市场试验的时间范围	
对销售人员的要求	

4. Baty 的选择因素法

Baty 的选择因素法通过设定 11 种选择因素，对创业机会进行判断和评价。如果某个创业机会只符合其中 6 个或更少的因素条件，这个创业机会就很可能不可取；相反，如果符合其中 7 个或以上因素条件，则表示具有较大的可行性。这 11 个选择因素如表 2-4 所示。

表2-4　Baty的选择因素法

选择因素	是否符合
这个创业机会在现阶段是否只有你发现了？	
初始的产品生产成本是否可以接受？	
初始的市场开发成本是否可以接受？	
产品是否具有高利润回报的潜力？	
是否可以预期产品投放市场和达到盈亏平衡点的时间？	
潜在市场是否巨大？	
产品是否属于高速发展的类型？	
是否拥有现成的初始用户？	
是否可以预期产品的开发成本和开发周期？	
是否处于一个成长中的行业？	
金融界是否能够理解你的产品和客户对其的需求？	

　　除了借助各种定性和定量评价方法之外，创业者还应基于创业机会进行自我评价，包括个人经验、社会关系网络和经济状况等。个人经验包括经验的广度和深度，包括以前的工作和生活经验是否足够支撑后续开发创业机会所必需的知识和技能。社会关系网络层面，需考虑身边认识、熟悉的人能否支持后续机会发展所必需的资源或其他因素，社会关系网络越广，个体越容易发现创业机会，也更容易把握创业活动。在经济状况方面，重点考虑能否承受从事创业活动所带来的机会成本，须考虑创业机会的价值潜力能否在一定时期内弥补因放弃工作而承担的损失。

　　总之，创业机会识别是创业行为产生的核心及必要条件，它往往决定了创业行为的成败。创业机会识别的过程是一个机会的感知、发现、评价和开发的过程，是一个不断调整、适应的过程。创业者首先应该分析有哪些因素影响着创业机会。同时，通过多种方法发现创业机会，如系统分析法、问题分析法、顾客分析法、培养创造性思维的方法等。当机会出现时，还需要对创业机会进行系统的可行性分析，避免因主观判断可能带来的抉择错误。

习题回顾

1. 什么是创业机会？

2. 创业机会有哪些特点？

3. 识别创业机会的方法有哪些？

4. 识别创业机会的原则包括哪几个方面？

5. 请简述创业机会评估的标准。

实践练习

请利用下面的物体，尽可能地提出更多的创业想法，填入表格中。

物体	创业想法	补充说明
旧图书		
破旧电脑		
矿泉水瓶		
汽车轮胎		
一次性纸杯		

在上述创业想法中，对你而言，最可能成功的想法是什么？为什么？

_____

_____

_____

_____

_____

_____

广角视点

致草根创业者：那些所谓的资本与机会①

1. "创业"之教育

相对中国拥有的知名投资人、投资机构和高管，中国真正"优秀的企业家和创业者"还是太少了。中国各实体商学院在"创业"二字上的所谓教育教学其实非常薄弱，

---

① 卢声耀. 致草根创业者：那些所谓的资本与机会[EB/OL]. https://club.1688.com/article/35388808. htm，2014-01-14.

基本没有多少真实的创业实践接触，只是看过一些创业比赛创业故事，参观采访过创业者，收了几个成功创业者做学生，评估过一些商业计划书。而各类创业营、创业园区，也只能搭建创业者分享互助的桥梁，并没有真正系统、全面的"创业"教育支持这些未来中华民族新商业的脊梁。

2."人才"之围城

创什么样的业就要找什么样的人。一群管理精英或者年少轻狂的草根不一定是对的人，"狼窝出成绩，羊窝无绩效"也不见得正确。创始人的个人能力和创业视野决定了人才的选择，关键还是要看到每种人才组合的弊端，然后想方设法去弥补这类团队的不足。年轻团队有冲劲、有创意、无经验、不成熟，你得变成培训师；精英团队各自有能力，但不一定有凝聚力，你得成为利益和目标的协调人。有些创业者能招来很有能力的员工，自己却缺乏管理这些员工的能力和魄力，结果无法形成高效的团队；有的创业者缺乏基本的管理意识和能力，无法用有效的制度去管理员工，结果团队一盘散沙，管理成本也十分高昂。所以，"人才之争"只是一个没有对错的围城，有舍才有得，不可能有真正完美的创业团队。

3."资本"之缘分

我们总是和资本相遇，却又"擦肩而过"，最终错失了机会。资本的选择需要慎重对待，我们不求资本能发挥巨大作用，只要资本在关键时候不拖创业者的后腿，就已经是谢天谢地了。所以，看待资本最好的心态是"无欲则刚""有容乃大"。

4."竞争"之动态

互联网的时代，信息对称性不断加强，行业变革不看速度而是看加速度，单纯用五力模型、SWOT分析表格和市场调研数据推算市场容量的方法已经行不通了。今日企业管理的战略规划已经完全是动态的了，随机应变是常态，实现科学管理，需要不同寻常的卓越远见。竞争看似是今日的地盘和市场之争，其实大家都在为明天的布局和研发方向进行着战略研究，而投资核心却早已经迈入新生态圈进行耕耘，完成后天必要的"包抄"，并探索蛙跳式阻击和颠覆式创新的可能。

5."机会"之自欺欺人

创业如同"钻井取水"，其实地下水总是有的，如果一直去钻这口井，那你一定能钻到水的。每个创业其实都是可以成功的，如同打井钻水一样，只是看谁能坚持更久，直到打到水为止。很多人在创业时只看哪个行业新兴，哪个行业更有机会，如果做不出来事业，就把原因归结为行业机会或者行业整体发展的问题，其实到哪个行业创业都会遇到同样的问题，看机会吃饭很难，靠点子吃饭更难。创业本身就是不断钻研直到找到这个行业的真理的过程，企业的核心竞争力就是组织集体变革的能力。

6."创业"之纯粹

创业不是为了某个行业、某个时机、某个点子。与资本家不同，创业者只是因为想努力坚持把一件事情、一个系统踏踏实实地搭建出来，实现这个事业的社会价值，并通过这个事业造福所有的利益相关体。创业的时候，我们总会听到很多来自各方的质疑声，如市场战略、产品战略不合理，对消费者的洞察不够，政策渠道定价有问题等。其实创业就是解决别人以前没能解决的问题。创业的成功在于"行走本身的力量"，而不在于机会，机会其实只是自欺欺人的借口，勇敢地去做就好！

7."经历"之幸福

每一个创业的历程中，创业者肯定会经历一次乃至多次的终生难忘的痛苦和纠结。人生本是"苦旅"，辛苦是应该的，而所有收获的新知、快乐，都是幸福的馈赠。创业前辈没有必要炫耀自己当年有多苦，创业晚辈也没有必要钦佩能受苦之人，创业过程中的收获和快乐已经是最好的礼物，创业本身就是面对和解决"未知"，然后使自己的内心更加强大的过程。如果创业真的只以结果论英雄，有好的结果才让人有幸福感，就没有人喜爱创业了。

8."创见"之成全

"得道者多助，失道者寡助。"在创业中"以德服人"比以钱财、以权势、以能力服人更加有效。反之，有"德"的人也必须懂得合理利用资本、资源，发挥自己和团队的能力，才能帮助他人和社会。很多事情不是非黑即白的，只是时间、地点、人物、目的、视角和价值判断不同罢了，其实不必执着于太多的认同和理解，创业本是孤独的旅程，别人没有预见的未来和没有造就的现实才是"创见"。让德才兼备的人能有勇气踏上创业之旅，能通过公平的竞争和发展脱颖而出、创见未来、繁荣经济、昌盛社会、培养人才，才是这个社会对创业者最好的"成全"。

项目三 寻找创业伙伴

什么是华为的英雄？是谁推动了华为的前进？不是一二个企业家创造了历史，而是70%以上的优秀员工，互动着推动了华为的前进，他们就是真正的英雄。

——任正非（华为技术有限公司主要创始人）

学习目标

1. 了解创业团队的内涵、作用及构成要素。
2. 了解创业团队的类型及高绩效创业团队的特征。
3. 熟悉创业团队组建的基本步骤及原则。
4. 注意团队在运行过程中的关键问题。

项目结构

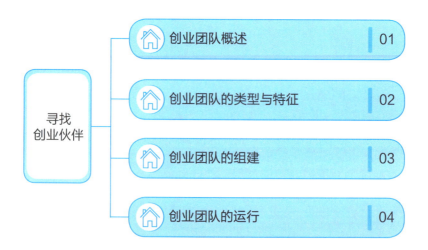

寻找创业伙伴
- 创业团队概述　01
- 创业团队的类型与特征　02
- 创业团队的组建　03
- 创业团队的运行　04

🔗 案例导入

地摊之中有乾坤，一大学生的创业纪实

创业之路充满荆棘和坎坷，高泽宇在 3 年的创业路上也经历了大起大落。

2006 年 10 月 23 日，正在西安开发市场的高泽宇收到部分团队成员背叛了他的消息，立即返回乌鲁木齐。回到库房，眼前的景象让他目瞪口呆：库房里的大量运动鞋被 4 名团员瓜分，现场人去楼空，一片狼藉，留下了 40 余万元的债务由高泽宇承担。此时，他意识到用感情来维系管理团队已经再也不管用了。

面对天文数字般的债务，高泽宇甚至有过轻生的念头。但一番痛苦抉择后，他决定重新振作起来，重组团队。经历过失败的他深谙财聚人散、财散人聚的道理，他要让每个人都树立主人翁意识。但由于缺乏管理经验，2008 年 5 月，第二次团队危机也悄然爆发。5 个和高泽宇从摆地摊时一同走过来的创业伙伴此时对创业突然失去兴趣，开始拉帮结派。面对日益紧张的团队关系，事业继续拓展无望，高泽宇下定决心解散团队。

解散会上，除了不想创业的 5 个人，其余人获悉后都失声痛哭。他们堵住大门、高喊继续创业的样子让高泽宇热泪盈眶。回想创业以来的点点滴滴，他决定和剩下的十余个成员继续为共同的创业梦奋斗。

从摆地摊开始，高泽宇的身边始终围绕着一批有创业激情的大学生创业者，这让许多人感到好奇。从 2006 年就一直跟随高泽宇创业的赵志强说，完全是高泽宇的个人魅力使然。他难忘第一次旁听高泽宇与团队成员开会时的场景：从晚上 10 点至第二天凌晨 5 点，高泽宇激昂地与团队成员畅谈未来发展、梳理目前存在的难题。这种忘我的创业激情震撼了他，他预感高泽宇日后定会成功，下定决心要跟他共同创业。

2008 年 5 月以来，上下拧成一股绳的大学生团队进入了快速发展期，公司设有市场部、销售部、宣传部等，部门间权责明晰、责任明确，团队中以能力为先，谁能力强就负责主要事务。团队以高泽宇为主要负责人，主要管理者 8 名，团队成员 20 余名，另有大学生员工百余名，成员平均年龄不到 24 岁。

💬 点评

选择创业，就是选择一种生活方式，选择一种人生旅途。创业，特别是创大业，需要一个强大的创业团队，而不能仅依靠某个人的打拼。创业团队的组建和管理，需要考量很多因素，创业团队的打造往往需要一个很长的过程。只有在创业实践过程中不断磨合与历练，才能最终形成一支有战斗力和凝聚力的团队。

任务一 创业团队概述

一、创业团队的内涵

不同学者从不同角度界定了团队的定义。路易士（Lewis）认为，团队是由一群认同并致力于达成一个共同目标的人组成的，这一群人相处愉快并乐于在一起工作，共同为达成高品质的结果而努力；盖兹贝克（Katezenbach）和史密斯（Smith）认为，一个团队是由少数"技能互补"的人组成的，他们认同于一个共同目标和一个彼此担负责任的过程[①]。可见，团队由少数技能互补的人组成，认同一个共同目标、彼此担负责任，相处愉快，乐于一起工作，共同为达成高品质的结果而努力。

从创业的角度出发，创业团队是由一些具备互补技能的创业者组成的，是为了实现共同的创业目标而形成的利益共同体，共担风险，共享收益。创业团队不同于一般的组织群体，在目标、责任、协作和成员技能特征上具有明显差异。如图 3-1 所示，创业团队是一个紧密关联的团体，具有相同的团队目标，承担共同的集体责任，各成员间形成互补关系，为实现团队目标齐心协力达成合作。例如，一个旅行团是一个群体，但不是团队，而一个足球队便是团队。相较于群体，形成一个团队的关键字是"共"：风险共担、利益共享、相互合作。团队不是几个人简单的集合，而是有共同价值观的利益共同体，为了实现共同的创业目标组合在一起，各自发挥不同的技能和作用。

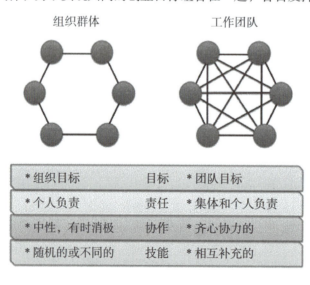

组织群体　　　　工作团队

目标	
*组织目标	*团队目标
*个人负责 责任	*集体和个人负责
*中性，有时消极 协作	*齐心协力的
*随机的或不同的 技能	*相互补充的

图3-1 组织群体与工作团队的区别

[①] 陶莉.创业企业组织设计和人力资源管理[M].北京：清华大学出版社，2005：10-11.

二、创业团队的作用

团队是指在一个特定的环境内，为实现特定目标而做出承诺并共同合作的人的共同体，团队努力的结果使团队绩效远远大于个体绩效之和。相比团队的力量，个体的力量很微弱，但一旦构成团队，形成合力后，其往往比一个个强大个体的力量要强得多。形成团队后，能获得难以想象的力量。著名教育家郑晓沧，曾担任浙江大学教育系主任，他曾说过一句话："一个人的精力无论如何总是有限的，两个人合作如调剂得宜，其新生的力量，必不止两个人力量的总和。二人同心，其利断金，人数越多，力量越大，两种比例的递进，是如算术级数之于几何级数。"群体的力量是一种几何级数的递增，无比强大。

 案例 3-1

羚羊、狮子和大象的故事

在非洲的草原上有各种各样的动物，狮子很强大，大象更强大，弱肉强食，强大的动物吃弱小的动物，形成了一个生态链、食物链。羚羊吃草，羚羊比草强大；狮子吃羚羊，狮子比羚羊强大；大象比狮子还强大。所以，非洲的草原上，如果羚羊在奔跑，那一定是狮子来了；如果狮子在躲避，那一定是大象群来了；如果狮子和大象一起在逃，那是什么来了？是蚂蚁军团来了。一只蚂蚁很不起眼，但数不清的蚂蚁蜂拥而至，这个力量将无比强大。再如苍蝇和大象，显然一头大象比一只苍蝇更强大，但一头大象会被一群苍蝇给叮死。因此强和弱的关系，有时候很难用个体来说明。

著名管理学家安德鲁·卡内基（Andrew Carnegie）曾说过："带走我的员工，把我的工厂留下，不久后工厂就会长满杂草；拿走我的工厂，把我的员工留下，不久后我们还会有个更好的工厂。"这就是团队和工厂的关系，也是人与物的关系。在创业资源整合的过程中，到底哪个更重要？显然安德鲁·卡内基更看重团队，认为人力资源更重要。

纵观世界经济发展、企业发展的历史，无论国内国外，都体现了团队的作用。20世纪六七十年代以来，在美国部分地区的高科技创新领域，61%的高科技创业型公司是由 2~3 个人的团队创建的。这说明创建之初所依靠的不是一个人的力量，而是多个人的力量。初创者由小团队组成，再构成大团队，细化为开发团队、市场营销团队、生产团队，进而形成团队体系。再看生物领域、教育领域、经济领域等，也可以发现类似的特征。由此可见，团队的作用，是一种带动的力量。

创业团队的凝聚力、合作精神、立足长远目标的敬业精神会帮助初创企业渡过难关，加快企业成长的步伐。此外，团队成员之间的互补、协调，以及创业者之间的补充、平衡，能够降低企业发展的管理风险，提高管理效用。创业团队的素质和经历有助于提高初创企业的竞争力。

总的来说，团队能够把互补的技能和经验组织到一起，超过个人叠加的总和；团队对待变化中的事物和需求更为灵活和敏感；团队有利于加强组织发展和管理工作；团队有利于营造轻松愉快、积极向上的健康心理环境。

三、创业团队的构成要素

如何判断一个群体是否是一个团队，需要考虑团队的构成要素。创业团队的构成要素可以总结为"5P"模式，包括目标、定位、计划、职权和成员，如图 3-2 所示。

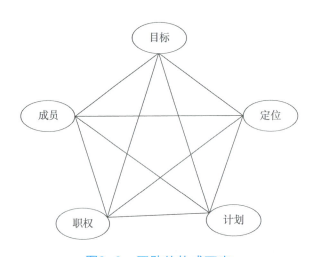

图3-2　团队的构成要素

第一个"P"，purpose，目标。创业团队应该有一个既定的共同目标，为团队成员导航，知道要向何处去。没有目标的团队没有存在的价值，将会是一盘散沙，很难在创业的舞台上获得成功。目标在创业企业的管理中以创业企业的远景、战略的形式体现，一个清晰的目标是团队发展的基础。

第二个"P"，place，定位。定位包括两方面，一方面是创业团队的定位。创业团队在企业中处于什么位置，创业团队最终应由谁负责、对谁负责，创业团队如何组织，创业团队采取什么方式激励下属。另一方面是个体（创业者）的定位。作为成员在创业团队中扮演什么角色，是制订计划还是具体实施或评估；是大家共同出资，委派某个人参与管理；还是大家共同出资，共同参与管理；或是共同出资，聘请第三方（职业经理人）管理。这从创业实体的组织形式可以体现。

第三个"P"，plan，计划。确定了团队的职责和权限后，要把这些职责和权限具体分配给团队成员，这就需要通过计划来指导各个团队成员分别做哪些工作以及怎样做。计划包括目标的最终实现以及团队进度的计划。在实现团队目标的过程中，有长远的计划，也有近期的计划。计划的类型包括财务计划、营销计划、生产计划等。

第四个"P"，power，职权。团队成员担负的责任和相应享有的权限，即团队的工作范围和在其范围内决策的自主程度。创业团队中领导人的权力大小与其团队的发展阶段和创业实体所在行业相关。一般来说，创业团队越成熟，领导者所拥有的权力相应越小，在创业团队发展的初期领导权相对比较集中。

第五个"P"，people，成员。人是构成团队最核心的力量。每一个成员应该清楚在团队中扮演什么角色。在一个创业团队中，人力资源是所有创业资源中最活跃、最重要的资源。应充分调动创业者的各种资源和能力，将人力资源进一步转化为人力资本。目标是通过人员来具体实现的，人员选择是团队中非常重要的部分。在一个团队中可能需要有人出主意，有人订计划，有人实施，有人协调，还需要有人去监督创业团队工作的进展，评价创业团队最终的贡献。不同的人通过分工来共同完成创业团队的目标。

研究显示，创业团队中的角色通常有9种类型，如表3-1所示。在创业团队组建时，成员的权限和定位应该根据自身的优势和劣势来分配，从而实现人尽其才。

表3-1　9种团队角色

角色	角色描述	可允许的缺点	不可允许的缺点
创新者	解决难题，富有创造力和想象力，不墨守成规	过度专注思想而忽略现实	拒绝与他人合作
资源探索者	外向、热情、健谈，善于发掘机会，增进联系	热情很快冷却	不遵循安排而令用户失望
协调者	成熟、自信，是称职的主事人，阐明目标，促使决策的制定，分工合理	如果发现其他人可完成工作，就不愿亲力亲为	完全依赖团队
完美者	能激发人，充满活力，在压力下成长，有克服困难的动力和勇气	易沮丧与动怒	无法以幽默或礼貌的方式平息局面

角色	角色描述	可允许的缺点	不可允许的缺点
监控者	冷静，有战略眼光与识别力，对选择进行比较并做出正确选择	有理性的怀疑	失去理性，讽刺一切
凝聚者	协作的、温和的、感觉敏锐的、老练的、建设性的，善于倾听，防止摩擦，平息争端	面对重大事项优柔寡断	逃避责任
贯彻者	纪律性强、值得信赖、有保守倾向，办事高效，把想法变为实际行动	坚守教条，相信经验	阻碍变革
完成者	勤勤恳恳、尽职尽责、积极投入，找出差错与遗漏，准时完成任务	完美主义	过于执着的行为
专家	目标专一、自我鞭策、敢于奉献，提供专门的知识与经验	为了学而学	忽略本领域以外的技能

目标、定位、计划、职权与成员互相关联与影响，成为团队的构成要素。在这个过程中，"人"是核心，目标、计划是通过人决定的。因此，组建团队要选对人。再好的计划，若没有人来实施，也是一纸空文。人选对后，确定团队的最终负责人、如何组织、采用什么方式激励下属，称为团队定位。与此相对的是个体定位，即不同成员在创业团队中各自扮演的角色、承担的责任、享有的权限。一个团队，每个计划要落实到人，落实到每一个人，确定其在这个计划中扮演什么样的角色。

总之，五个"P"，即目标、定位、计划、职权、人员构成了创业团队的五个要素。各要素之间相互发生作用。创业团队拥有共同的价值观、统一的目标和标准，团队成员担负共同的责任，成员之间合作互补，为共同的目标做出贡献。

任务二　创业团队的类型与特征

一、创业团队的类型

就创业团队的类型而言，划分的角度多样，有从组织架构划分的，有从运行机制划分的，也有从创业类型划分的。从整体组织方式角度上看，创业团队可分为三种类型：第一种团队，星状团队；第二种团队，网状团队；第三种团队，虚拟星状团队。

（一）星状团队

星状团队（图3-3）往往具备一个核心人物，主导着创业团队的运行，是领军人物。团队中的其他人称为支持者。也就是说，有一个人处于团队的中间位置，周围有各种各样的支持者，形似众星拱月。例如，乔布斯时代的苹果公司即是一个星状团队，乔布斯扮演一个非常重要的领军人物角色，如果没有乔布斯这个核心人物，整个团队会支离破碎。

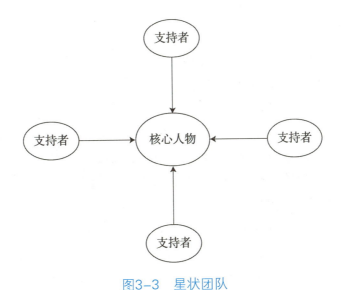

图3-3　星状团队

在这类团队中，一般核心人物有一个明确的创业想法或计划，根据其创业计划、创业目标，招募组建团队。在我国大学生创业的过程中，也会发现很多这样的例子。某个学生有想法、有计划，接下来会找同伴加入，筹集资金等组建团队，实现创业梦想，即"从想法到实践"。

星状团队由于其具备核心与周围支持的结构，具有三大优点。其一，稳定性好。这类团队以核心人物为主导，相对稳定，在组建团队之初就已经明确成员的角色分配。其二，组织结构紧密，向心力强。团队围绕核心人物发展，核心人物在整个创业过程中产生重要影响。例如，在《三国演义》中，每一个团队都有一个核心人物，其他人效忠于核心人物，如曹操、刘备、孙权三大阵营，手下有一批猛将，构成一个团队，形成竞争。只要团队的核心人物还活着，胜利和失败都不影响团队的存在，因为已经围绕中心形成了非常紧密的结构。其三，决策程序相对简单，组织效率高。程序简单，听从核心人物安排，决策线较短，效率高。

然而，星状创业团队也有几个缺点：①容易形成权力过分集中的局面，导致较大的决策失误风险。由于是个体决策，决策的成与败寄托在领军人物的身上，个体决策失误风险较大。②难以发挥团队成员的主动性、积极性。因为核心人物的主动性很强，具有特殊权威，其他成员的工作主动性发挥会受到影响，在冲突发生时往往处于被动地位。③当领军人物和支持者发生意见冲突时，支持者得不到认可或发挥不了作用，可能会离开团队，或者"身在曹营心在汉"，在整个组织架构里易出现怠工现象；当冲突较为严重时，支持者可能会选择离开团队，使组织结构受到冲击。

（二）网状团队

网状团队（图 3-4），又称群体性的创业团队。其是一群志趣相投的人聚在一起，自发组织起来的团队。在创业团队组成时，没有明确的核心人物，大家根据各自的特点自发组织角色定位。每一个人都是一个协作者，彼此间的关系不是核心人物和支持成员的关系，而是一个合作伙伴（Partner）的关系。简而言之，网状团队在结构上是一种协商性的伙伴关系。这种创业团队的成员一般在创业之前都有密切的关系，如同学、亲友、同事、朋友等。一般都是在交往过程中，共同认可某个创业想法，并就创业达成共识后，开始共同创业。

例如，在我国改革开放之初，有一批小企业、民营企业，都是几个朋友联合起来谈论感兴趣的、有市场的领域发展计划，然后各自出资，约定利益分配关系、失败风险的承担关系，最后共同寻找市场和生产产品，这就是一种网状团队关系。

网状团队的优点有以下四个方面。其一，成员关系密切。因为出于共同或相似的志趣协商而产生的团队，成员关系比较密切，容易达成共识，归属感强，能够发挥各自的作用。其二，团队成员的地位相对平等，没有明显的阶层关系或上下级关系，大家可以平等沟通。其三，一旦发生问题、矛盾，彼此之间会采用协商的方式积极解决问题，消除团队运作过程中产生的冲突。其四，团队牢固度强。因为关系比较平等，创业之初也是基于共同兴趣，创业过程中协商合作，结合程度较好，牢固度较强，团队成员不会轻易离开。

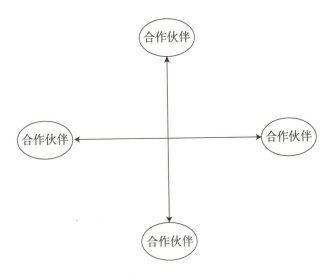

图3-4　网状团队

网状创业团队的缺点有以下四个方面：①没有明显的团队领袖，没有核心人物，整体结构比较松散；②组织决策过程中，一般采用集体协商形式，需要大量的沟通和讨论，组织决策的效率相对较低；③团队成员地位平等，在执行的过程中容易形成多头领导的局面，从而影响执行力；④如果团队成员中的冲突升级，无法解决，会产生团队涣散。若团队中有些人离开，整个团队就散了。对于星状团队而言，离开几个团队成员不影响整体团队，而网状团队则会受到较大影响。

（三）虚拟星状团队

虚拟星状团队（图 3-5），是指将星状团队和网状团队的优点结合起来，弥补缺点，形成的一种中间状态。在该类团队中，存在一个核心成员，这个核心成员由团队协商推举产生。在星状团队，很可能是核心人物有点子，负责招人，负责实施。而在虚拟星状团队，领导人由大家协商推举产生，该领导人从某种意义上来说是团队的"代言人"，代表整个团队的利益，而不是星状团队中的主导型人物，其行为必须充分考虑其他团队成员的意见，这是两者的区别。

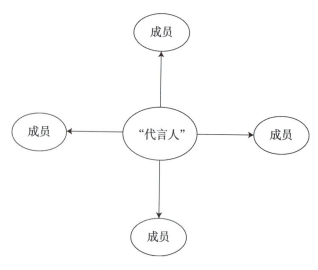

图3-5 虚拟星状团队

相比之下，虚拟星状团队的优点有：①核心成员具有一定威信，能够带领团队创业。核心成员由团队推选，被认为能够带领成员，能代表大家意见，所以具有威信，能够起到团队领袖作用。②虚拟星状团队的领导者是在创业过程中产生的，避免了星状团队领导者过分集权、网状团队成员过于分散的局面，是一个既有统一，又有民主的过程。如此在整体架构上体现出较好的融合度和影响力。同样，虚拟星状团队的缺点也是核心人物的权威性和团队民主性的冲突，核心人物的行为必须充分考虑其他团队成员的意见，权威性不足。

总的来说，从三个团队的组织架构分析来看，各有优劣。星状团队效率高，方案集中一致；网状团队民主；虚拟星状团队把两者的优点融合。三者又各有劣势，星状团队相对而言决策风险大；网状团队相对效率低；虚拟星状团队则面临领导者权威性不足、影响效率等问题。

二、高绩效创业团队的特征

在优胜劣汰的现实社会中，优秀的创业团队也面临着激烈的竞争，竞争就必然导致弱肉强食，只有优秀的团队才能从中胜出并发展壮大。那么高绩效的创业团队应该具备哪些特征呢？高绩效的创业团队主要有七个特征：共同的创业理念、可行的创业目标、执着的价值追求、互补的技能、良好的沟通、高度的凝聚力、合理的利益分配，如图 3-6 所示。如果某个特征缺乏或者薄弱，则会影响团队整体的效率。

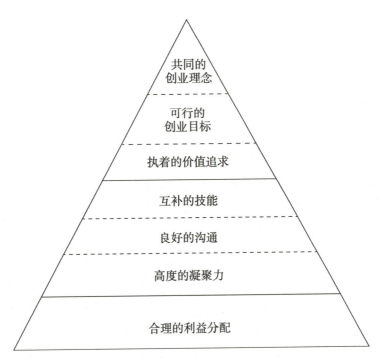

图3-6　高绩效创业团队的特征

（一）顶层特征

在创业团队的构建过程中，首先要有共同的创业理念、可行的创业目标和执着的价值追求。持有什么样的理念？追求什么样的价值？在团队建设过程中，目标如何制定？这三个问题是创业团队构建过程中的上位问题，是核心价值观的问题，也构成了整个团队的文化。价值、目标、理念三者奠定了团队的基础，也在后期的创业过程中，发挥持续性的影响，这是一个顶层特征。

创业理念决定着创业团队的性质、宗旨和如何获取创业的回报，并且关系到创业的目标和行为准则。这些准则指导着团队成员如何工作和如何取得成功。从某种意义上讲，创业理念是创业机会、商业计划、融资等环节的指挥棒。创业理念虽然显得比较抽象，但共同的创业理念是组建团队的基本准则。执着的价值追求要求创业团队成员对创业有着极度的热情，对自身所处的事业有着特殊的情怀，在创业过程中不受其他因素干扰，坚定不移地与企业一起追求共同的价值。有些拥有杰出技术或优秀教育背景的人一起创业，往往由于缺乏共同的创业理念，最终导致创业的失败。

创业目标是创业团队成员共同想要达到的发展状况，其目标应该是具体、可行的。许多人创业时的条件并不差，但因为制定的目标不合实际，导致企业无法生存下去。

例如，创业时"讲究面子"，一开始就将摊子铺得过大，不考虑自己的经济实力，一味地盲目扩张等。可行的创业目标可以从经济维度（如市场占有率、盈利水平）、社会维度、环境维度等多方面考虑。

（二）中层特征

在执行过程中，高绩效创业团队的特征还包括互补的技能、良好的沟通、高度的凝聚力。创业团队要想顺利完成任务，成员之间在技能支持上应形成互补状态，使不同的创业任务得以完成。互补性是指团队成员在思维方式、行事风格、专业技能、创业角色等多方面互补。团队成员之间可以有一定的交叉，但要尽量避免过多的重叠，过多的重叠只会徒增企业的成本。

此外，成员之间须达成一个良好的沟通状态及具备高度的凝聚力。团队的形成可能是基于地缘、血缘、学缘、业缘或共同的兴趣，形成团队的成员可能是同乡、亲属、同学、同事等。因此，团队成员在创业初期，大多能够齐心协力，精诚团结，为企业的发展贡献自己的力量。但随着企业的发展，各种矛盾、各种难题不断出现，在处理这些问题时，团队成员自然拥有不同的观点。如果成员之间不能很好地沟通以形成统一的意见，那么事后难免会相互埋怨。相互间的矛盾会随着时间的增长越来越大，最后可能导致团队的分裂。优秀的团队并不回避不同意见，而是进行充分的沟通和交流，最后形成一致意见。在团队沟通过程中可能会碰到各种各样的问题、障碍，甚至矛盾和冲突，此时要求有高度的凝聚力，以克服困难和障碍，消弭矛盾和问题。

一个创业项目若在这个过程中失败，即在执行过程中失败，之前上位的设计都是行不通的。这是中层的、执行过程中的创业团队特征。关于团队的执行力问题，团队的上层精神追求对执行力产生影响，但是执行力如果不能够完成整个价值观念，则无法完成从理念到实践的转变。

（三）结果特征

创业结果层面的特征，称之为"回报"，涉及合理的利益分配。利益的分享应有一个合理的利益分配机制，达到公平、合理。无论是声誉还是经济，必须有利益分配模式，产生合理的分配结果。例如，在经济制度改革中，分配制度改革很重要，倡导多劳多得，按照绩效分配利益，等等。初创团队一般都具有共同的追求，但容易忽略利益分配的均衡问题，最后导致团队涣散。因此，建立合理的分配制度是高绩效创业团队的重要保障。

平均主义并非合理，团队成员的利益分配不一定要均等，但需要合理、透明与公平。通常核心创业者拥有较多的股权，但只要与他们所创造的价值、贡献相匹配，就是一种合理的股权分配。创业之初的股权分配与以后创业过程中的贡献往往并不一致，可能会发生某些具有突出贡献的团队成员拥有股权数较少，贡献与报酬不一致的现象。因此，优秀的创业团队需要有一套公平弹性的利益分配机制，来防止上述不公平现象的产生。例如，新企业可以保留一定百分比的盈余或股权，用来奖赏之后有显著贡献的创业人员。

以上三个层面、七个特征是高绩效团队的要素组成，包括在创业开始阶段的文化精神、在执行阶段的统筹，以及收获成果后的体现和回报特征。

任务三 创业团队的组建

明确了高绩效团队的特征之后，我们需要思考应该如何构建一个创业团队，团队的构建需要遵循哪些原则？影响团队构建的因素有哪些？这些是我们在组建团队的过程中需要考虑的问题。

一、创业团队组建的基本步骤

创业团队的组建是一个非常复杂的过程，不同类型的创业项目需要不同的创业团队，创建步骤也不完全相同。一般来说，组织创业团队的基本步骤可以从六个方面来把握，包括明确目标、制订计划、搭建机构、划分职责、建立制度和动态调和，如图 3-7 所示。

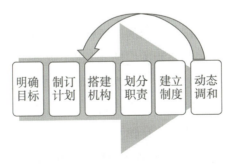

图3-7 创业团队组建的基本步骤

（一）明确目标

在组建创业团队时，明确创业目标是选择团队成员的前提和基础。创业团队的总目标就是要通过完成创业阶段的技术、市场、规划、组织、管理等各项工作，从而使企业从无到有、从起步到成熟。总目标确定之后，加以分解，设定若干个可行的、阶段性的子目标。没有一个明确的目标，很难从整体上去把握团队构建过程中主要成员的构成方式。也就是说，团队成员的选拔是根据目标来确定的，有什么样的目标就有与此相适应的团队构建过程。

（二）制订计划

总目标和子目标确定后，根据不同的目标组织团队，考虑用什么样的计划、规划、设想来实现目标。创业计划是在对创业目标进行具体分解的基础上，以团队为整体来考虑的计划，创业计划确定了在不同的创业阶段需要完成的阶段性任务，通过逐步实现这些阶段性任务，最终实现创业目标。

计划可以分成很多种。从时间维度来看，可分为短期计划、中期计划、远期计划。计划之间的密切联动推动了创业的发展。按照功能划分，即分别需要什么样的团队、群体来实现不同的计划，可将计划分为营销计划、采购计划、广告投放计划、技术攻克计划等；按照计划的重点和次要任务来分，针对不同的需求组建不同类型的团队来实现；按照重要性程度来分，可以分为战略计划和一般计划；按照内容明确性来分，也可以分为具体计划和指导性计划，前者务实、后者务虚。无论是何种类型的计划，都应该注重其科学性、有效性，并将其贯穿于领导、组织、协调、控制等各项创业管理过程中。

（三）搭建机构

机构的搭建需要考虑与目标、计划的匹配性。不同的目标、不同的计划，需要不同类型的机构去支撑，以不同的架构去实践和实现。比如，有的计划是短期的、暂时性的，则可能在团队构建过程中成立一个临时性机构解决问题；针对长远的计划，则设置一个常设性机构。根据不同的目标和计划，考虑应该成立哪几种类型、性质、层面的机构，并从整体上设想这些机构是相互独立的，还是形成网络状的。尽管大部分情况下各个部门和机构之间是通力配合、互相联系的，但也不排除有时候为了攻克某项保密级别的技术，或者其他原因，需要在正常组织价格之外设立单独的机构。

机构的设立需要考虑规模适当性。机构的类型、规模、层次和目标的匹配，决定了团队可持续发展的能力。如果目标很小，却构建了一个很庞大的团队，就会造成机构臃肿、人浮于事、效率低下；同样，小规模的机构难以完成庞大的目标，团队会因为不足以支撑大规模发展而垮台。

（四）划分职责

机构搭建完成后，则需要划分团队成员的相应职责。这是保证团队成员有序执行创业计划、顺利开展各项工作的必经之路。划分职责就是依据执行创业计划的需要，具体确定每个团队成员所要担负的责任。团队成员间职责的划分必须明确、周到，既要避免重叠与交叉，又要避免职位空缺、无人履行的情况。我们可以发现，许多失败的团队都是由于职责不明晰造成的，一人多岗、一岗多人，导致效率低下。

此外，由于初创企业内部结构仍不稳定，且会随创业环境动态调整，因此创业团队成员的职责也应根据需要不断地进行调整。

（五）建立制度

在职责明晰之后，则应建立相应制度，制度是团队有效运行的保障。优秀、合理的制度应该具有以下特点：

（1）动态性。随着发展目标的改变，影响因素的变化，团队成员的职责也可能随之改变。制度也应做相应的调整，因势利导、顺势而为。

（2）激励性。奖励与团队成员在岗位中起的作用要匹配，不宜过大，也不宜过小。

（3）约束性。制度在很大程度上是为了规范性管理的需要，为此，要求大家共同遵守办事规程或行动准则。

（4）文化性。制度的确立不仅仅是建立在约束力的基础上，更要形成制度文化，产生内化的精神文化。

（六）动态调和

事物是运动的、发展的、变化的。任何一个团队都是在变化发展中运行的，不存在静止状态的团队。完美组合的创业团队并非创业伊始就能建立起来的，应该是随着初创企业的发展逐步形成的。随着团队运作的深入，其在人员匹配、制度设计、职权划分等方面的不合理之处会逐渐暴露出来，这时候就需要对团队进行调整融合。由于问题的暴露需要一个过程，因此团队的调整融合也应是一个动态、持续的过程。

目标、计划、机构、职责、制度五个方面都存在着动态的调整过程，不断调和矛盾，解决问题。目标、计划、机构、职责、制度不能朝令夕改，但也不能墨守成规、一成不变。因此，团队领导者必须考虑如何进行动态调整，如何融合各种因素，使团队在组建之初就能够形成一种良好的态势，形成比较好的搭配状态，形成比较强的竞争力。

二、创业团队组建的基本原则

在创业团队组建的过程中，需要把握四大基本原则（图3-8），分别是目标明确合理、成员互补、精简高效和动态开放。

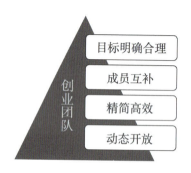

图3-8　创业团队组建的基本原则

（1）目标明确合理原则。目标必须明确，这样才能使团队成员清楚地认识到共同的奋斗方向是什么。与此同时，目标也必须是合理的、切实可行的，这样才能真正达到导向的目的。

（2）成员互补原则。创业者之所以寻求团队合作，其目的就在于弥补创业目标与自身能力间的差距。只有当团队成员在知识、技能、经验等方面实现互补时，才有可能通过相互协作发挥出"1+1>2"的协同效应。

（3）精简高效原则。为了减少创业期的运作成本，最大比例地分享成果，创业团队人员构成应在保证企业高效运作的前提下尽量精简。

（4）动态开放原则。创业的过程是一个充满了不确定性的过程，团队成员可能出于能力、观念、利益等多种原因离开，同时也不断有人要求加入。因此，在组建创业团队时，应注意保持团队的动态性和开放性，使真正完美匹配的人员能被吸纳到创业团队中来。

 案例 3-2

大雁法则

人们从社会学的角度对大雁高空列队远飞进行研究后发现，大雁具有很强的团体意识，从中可以看出一个团队合作的关键，包括一致的行动目标和协作理念、领导管理的作用，以及成员间的相互帮助和激励。

第一，每只大雁在飞行中拍动翅膀，为跟随其后的同伴创造有利的上升气流，这种团队合作的成果，使集体的飞行效率提高了70%。

第二，所有的大雁都愿意接受团体的飞行队形，而且都实际协助队形的建立。如果有一只大雁落在队形外面，它很快就会感到自己越来越落后，由于害怕落单，它便会立即回到雁群的队伍中。

第三，大雁的领导工作，是由群体共同分担的，虽然有一只比较大胆的大雁会出来"整队"，但是当这只带头雁疲倦时，它便会自动后退到队伍之中，然后几乎是在难以察觉的情况下，另一只大雁马上替补领导者的位置。

第四，队形后边的大雁不断发出鸣叫，目的是给前方的伙伴打气激励。如果大雁之间存在竞争，就难以相互激励。

第五，不管群体遭遇的情况是好是坏，同伴们总会相互帮忙。如果有一只大雁生病或被猎人击伤，雁群中就会有两只大雁脱离队形，靠近这只遭到困难的同伴，协助它降落在地面上，然后一直等到这只大雁能够重回群体，或是不幸死亡后，它们才会离开。

三、影响创业团队组建的因素

创业团队的组建受多种因素的影响，这些因素相互作用，共同影响着组建过程，并进一步影响着团队建成后的运行效率。

（1）创业者。创业者的能力和思想意识从根本上决定了是否要组建创业团队、团队组建的时间表，以及由哪些人组成团队。创业者只有在意识到组建团队可以弥补自身能力与创业目标之间存在的差距时，才有可能考虑是否需要组建创业团队，以及对什么时候需要引进什么样的人员才能和自己形成互补做出准确判断。

（2）创业机会。面对不同的创业机会，创业者会根据机会的类型，决定是否需要组建团队，以及在何时、以何种方式组建团队。

（3）团队目标与价值观。共同的价值观、统一的目标是组建创业团队的前提，团队成员若不认可团队目标，就不可能全心全意为此目标的实现而与其他团队成员相互合作、共同奋斗。不同的价值观将直接导致团队成员在创业过程中脱离团队，进而削弱创业团队作用的发挥。没有一致的目标和共同的价值观，创业团队即使组建起来，也无法有效发挥协同作用，缺乏战斗力。

（4）团队成员。团队成员能力的总和决定了创业团队的整体能力和发展潜力，团队成员的才能互补是组建创业团队的必要条件。而团队成员间的互信是形成团队的基础。互信的缺乏，将直接导致团队成员间协作障碍的出现。

（5）外部环境。创业团队的生存和发展直接受到制度性环境、基础设施服务、经济环境、社会环境、市场环境、资源环境等多种外部环境要素的影响。这些外部环境要素从宏观上间接地影响着对创业团队组建类型的需求。

任务四　创业团队的运行

在团队运行的过程中，关系的处理和成员的激励是需要重点关注的两大问题。

一、团队组合问题

团队组建和运行是一个动态发展的过程，为充分发挥团队成员的作用，一方面在选择团队成员的过程中应注意互补性和相似性的结合，产生最大效用；另一方面在创业活动的各个阶段，注重差异性组合问题。

（一）相似性与互补性的结合

团队由不同的成员构成，负责不同的任务，因此要注意成员间相似性和互补性的结合。

团队成员具有相似性的优势是沟通顺畅、有利于形成融洽的人际关系。相似性的产生基于共同的背景、共同的感觉、共同的爱好，对问题共同的看法。具有相似性的团队成员间易于沟通，价值观区别不大。因此，在创业过程中，多数人倾向于选择在背景、教育、经验、认知等方面相似的人，共同组建团队，即所谓"物以类聚，人以群分"。在相似性的群体中，成员有多方面的共同点，如创业动机、人生观、价值观等，因而彼此有合作的激情和意愿，对文化的共同认知、共同的兴趣爱好可以帮助他们协力克服困难。相反，假如一个团队开展文化创业，部分人对文化创业很感兴趣，部分人对文化创业没有兴趣，且缺乏相关知识和类似的经验，则他们之间的沟通就会比较困难，无法使创业过程顺利地行进。团队成员间的相似性有利于沟通，是形成良好人际关系的基础。

团队成员的相似性也有缺点，表现为高重叠性。高重叠性可以将人们团结起来，却也阻碍了创新思维的产生，在创业过程中欠缺异质资源的获取，创业拓展的过程中就会碰到瓶颈。甚至有人认为，在团队组建的过程中，第一原则是抵御与相似的人一起创业的诱惑，它说明了团队相似性的缺憾。团队成员的相似点越多，他们的知识、培训、技能、社会网络的重叠程度越高，从而获取的资源越有限。

这也就意味着创业团队的构成需要考虑成员之间的互补性。互补的前提是异质，即不同个体的差异性，包括教育背景、专业知识、社会阶层、认知和思维方式等方面的差异。例如，在创业机会识别阶段，创业团队可能围绕某个想法进行头脑风暴，如果大家的教育背景、思维方式过于趋同，那么，头脑风暴的最终效果可能并不理想，因为"大家都想到一块去了"。因此，成员角色能否合理搭配，实现功能互补，是团队能否健康发展的关键。

团队成员之间的互补是多方面的，不仅有认知互补（认知与其教育背景和思维方式密切相关），还包括任务互补、专长互补、角色互补等（表3-2）。

表3-2　团队成员互补类型

类型	内容
认知互补	不同认知风格的成员之间形成互补
任务互补	当整个团队有复杂、艰巨的任务时，确保领导层可以将任务分派给各部门，形成搭配、合作的业务组合团队
专长互补	面临一项工作任务时，不同业务部门领导人之间的能力不同，最终形成专业互补性团队，发挥"人各有的所长"
角色互补	成员的性格、气质类型不同，由个性化单独个体转变为和谐运作的有机团队

在平衡了相似性和互补性的关系之后，创业者需要思考团队成员的角色。谁是团队中的"智多星"，谁是"实干家"，谁是"外交家"，谁是"协调员"等问题需要得到厘清。通常情况下，在团队结构的构建过程中，领导人才、策划人才、研发人才、销售人才是核心的结构性人才，此外，团队也需要财务、秘书等支撑性人才。团队角色分配也需要平衡，不能过多关注某一类人才。一个优秀团队的职责分工与相应人才的特征如图3-9所示。

此外，在平衡了相似性、互补性和团队成员角色的基础上，对创业团队更高的要求是形成三种"力"的支持，即领导力、管理力、执行力，如图3-10所示。这三者之间是互相交叉的，高绩效的创业团队既需要领导者、管理者，也需要具有执行力的团队。

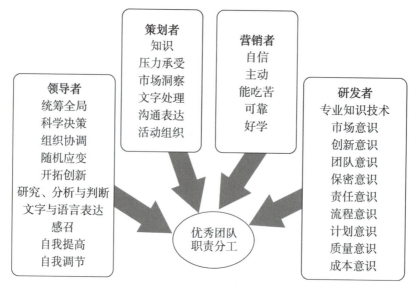

图3-9 优秀团队人才分工与相应的人才特征

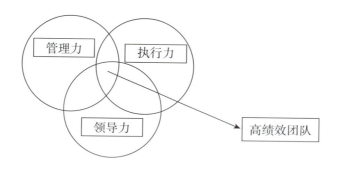

图3-10 高绩效团队的三种"力"

(二)在创业不同阶段的差异性组合

按照创业时期的划分，成功的创业企业有较长的延续期，包含不同的发展阶段：种子期或者初创期、发展期、成熟期。种子期强调技术人员的地位。基于技术的创新，是当代创业的重要方向。因此，在种子时期常常可以看到，掌握核心技术的人在团队中起核心作用，团队工作围绕技术人员或某项技术发展、推广。当技术成熟，进入发展期时，技术和市场开拓并重，技术人才和销售人才并重。没有市场开拓，技术成果无法落地。创业是从创意走向实践，产品只有获得使用价值时，才是商品。如果不能走向市场，技术就只是"保险箱"技术，是潜在状态的产品。到了第三个时期——成熟期时，需突显管理人才的重要性。如何把生产要素、经营要素结合起来，发挥最佳作用，则需要依靠管理的作用。管理出效益，一个成熟时期的企业、机构，管理至关重要，包括管理者的远见、理念、价值观、文化、策略等。

因此，在不同的创业阶段，团队构成应具有差异性。

二、建立有效的激励制度

21世纪，人类的经济技术形态由工业经济向知识经济过渡。在知识经济时代，人才已经成为核心资源，谁拥有并且利用好最优秀的人才，谁就具备了核心竞争力，能在市场竞争中立于不败之地。那么，该如何吸引高素质人才，激发其潜力，建立高效的团队呢？一个重要的方法是建立有效的激励制度。

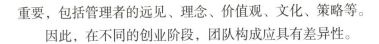

拓展阅读

全国技能人才总量超2亿，占就业人员比例超过26%

全国总工会于2022年6月2日举行了"产业工人队伍建设改革五周年"新闻发布会。全国总工会推进产业工人队伍建设改革协调小组副组长马璐说，截至2021年底，全国技能人才总量超过2亿人，高技能人才超过6000万人，技能人才占就业人员总量的比例超过26%，推动产业工人队伍建设改革工作取得重要阶段性成效。

2017年4月，中共中央、国务院印发《新时期产业工人队伍建设改革方案》。5年来，产业工人思想政治工作水平得到有效提高，产业工人拥有了更多建功立业的平台。我国基本建立起以世界技能大赛为引领、全国职业技能大赛为龙头、全国行业职业技能竞赛和地方各级职业技能竞赛以及专项赛为主体、企业和院校职业技能比赛为基础的具有中国特色的职业技能竞赛体系。

5年来，产业工人地位和待遇进一步提高。2018年以来全国五一劳动奖章表彰中产业工人比例均超过40%，2020年全国劳模表彰中一线工人和企业技术人员占比达71.1%。

中办、国办2018年印发《关于提高技术工人待遇的意见》，明确提出要进一步完善企业工资分配制度，建立技术工人工资正常增长机制，探索技术工人长效激励机制等；国家发展改革委开展技能人才专项激励计划试点，建立健全培养、考核、使用、待遇相统一的激励机制；国资委指导中央企业落实《国有科技型企业股权和分红激励暂行办法》；工信部印发《关于深化工程技术人才职称制度改革的指导意见》，突破产业工人职业发展"天花板"。

全总积极推动"三新"领域企业建会和货车司机等"八大群体"入会，2020年新发展八大群体会员219.6余万人，发展新就业形态劳动者会员超过350万人。各级工会投入资金9.38亿元建设户外劳动者服务站点78217个，服务以农民工为主体的户外劳动者群体5990.9万人。产业工人队伍不断壮大、组织化程度日益提高。

（资料来源：中国经济网，2022年06月03日）

一般而言，团队成员的激励途径有六种，包括：待遇激励、感情激励、事业激励、文化激励、环境激励、制度激励，如图3-11所示。

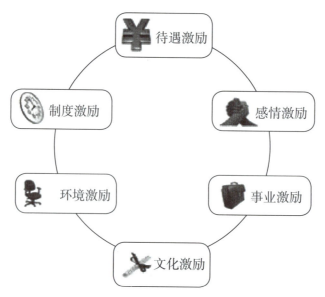

图3-11　团队成员的激励途径

（一）待遇激励

待遇激励是团队分配制度过程中公平性的第一体现，是最基本的要素。员工感到工作得到了合理的回报，得到了团队的认可，则会继续努力创造价值。根据马斯洛需求层次理论，物质需要始终是人类的第一需要，是人们从事一切社会活动的基本动力，衣、食、住、行这些基本问题都得不到解决，何谈自我实现呢？而激励过程中的分配原则，最基本的是按劳分配，回报和贡献成正比，形成良性的待遇激励循环机制。

对于处在创业阶段的企业而言，制定并实施竞争性的薪酬及福利是一项很重要的政策。一般可以采取"底薪＋奖金"的模式，其中"底薪"可以与企业原有的薪酬制度统一，基本上差距不大，而"奖金"可以根据工作性质和处于企业组织不同层次、不同岗位的人才，采取不同的评价标准和方式来评价人才的绩效和确定"奖金"的数额，以体现公平和效率的原则。

另外，企业应积极参与社会福利制度的改革和建设，按照国家有关法律的规定，根据自身条件，努力建立较为完善的福利保障制度，如养老保险、失业保险、医疗保险等，并尽可能地为人才解除后顾之忧，如帮助其解决配偶就业、调动、子女教育等问题，以增强人才对企业的归属感。

（二）感情激励

通过感情交流和心理因素吸纳人才，即所谓的情感引人、情感留人。感情激励可以来自多方面，如激发员工对企业的感情、对团队的感情，或者对领导的感情，使员工追求的不仅是外在的经济回报，还有内心的感情回报和存在价值。内心感情的回报，往往是人与人之间真诚、和谐相处一定时间后才有可能形成的精神力量，它很多时候比"事业留人、待遇留人"的作用和效果更加持久。回顾中华人民共和国的创业史，有各种类型的创业团队，其中一个非常重要的是科技创业团队。在科技创业团队中，有一个非常重要的人物——钱学森。他在特殊的时期，放弃了外国优厚的物质待遇，回到了祖国，就是基于对国家的感情以及为国家服务的热情。精神、信念、理想、追求，都是感情的不同表现形态。企业要在政治上爱护人才、工作上支持人才、生活上关心人才、人格上尊重人才、心理上满足人才。要善于用情感的纽带把各类人才的心连接在一起，让他们充分感受到组织的温馨，这样他们就愿意到来，也不会轻易离去。由此而看，感情激励在激励制度中是非常重要的。

（三）事业激励

事业激励是指企业的目标、发展前景让人才感觉有吸引力，值得留下来，并为之奋斗和努力。事业感是个体在团队中归属感、价值感的体现，体现了事业的吸引力。在团队中，成员体验到事业感、责任感、使命感，能够找到自身价值、发挥才华，是其原意留在团队中的原因之一。事业的发展需要人才去推动，人才的稳定需要事业来吸引，越是高层次的人才越看重事业、成就和发展前景。事业红火，既能吸引人才，又能留住人才。

当一个组织的所有成员都深信其所从事的事业有广阔的前景和崇高的社会价值时，他们就会充满热情、才思敏捷、积极进取，就会最大限度地发掘自己的潜能，并与组织风雨同舟，为实现自己和组织的共同目标而奋斗。受事业激励的员工，即使待遇低一点，甚至偶然受到不公正的待遇，可能仍然不会放弃这个事业。相反，如果在一个创业团队中，尽管工资很高、人际关系融洽，但员工却不能发挥自己的才华，他很有可能宁可抛弃现在优越的生活条件，到另外一个更能够发挥他事业才华的地方工作。

（四）文化激励

文化激励是指利用组织文化的特有力量，激励组织成员向组织期望的目标行动。社会从初级阶段向高级阶段发展，在不同的发展阶段过程中，文化是不断地积淀的，文明是不断地发展的。文化激励包括人在文化发展过程中的一种地位与角色的寻找。企业文化是企业的固化剂。文化激励体现在方方面面，既渗透到制度、事业、环境中，也渗透到人的发展过程中，体现为超物质的状态。一个具有激励特性的、优良的组织文化能调动组织成员的积极性、主动性和创造性。对文化的需求是创业者的内在需求，这种激励力量即文化力。

文化激励是高层次的激励，是精神层面的激励，但凡成功的创业团队，都非常重视文化的价值引领作用，都是在创业过程中寻求物质追求、精神追求和文化追求的紧密结合。

建设企业文化并非易事，而是要在企业长期的发展过程中，通过形成良好的人际关系，创造和谐的工作氛围和积极向上的团队精神，沉淀出具有本企业特色的共同工作准则和一致的公司理念。如果每个创业企业家都致力于塑造企业文化，就能增强成员凝聚力，形成企业向心力，保证组织目标的顺利实现。

（五）环境激励

能否愉快工作，环境很重要。环境激励是指通过改善政治环境、工作环境、生活环境和人际环境等来吸纳和稳定人才。环境宽松，人际关系融洽，氛围温馨，生活安定，心情愉悦，人的潜能就能得到充分发挥。

在团队构建的过程中，需要考虑选择什么样的环境使团队能够发挥各自的聪明才智，用一种什么样的环境来激励人才。在选择环境、营造环境时，需要考虑的问题有：第一，当前环境能不能巩固团队、留住人才；第二，与其他团队的环境相比，谁更好，谁更有竞争力。以工作环境为例，有的公司干净整洁、布置惬意，充满积极向上的氛围；有的公司狭小阴暗、杂乱无章，使人感到心情压抑。显然，前者更能提高员工的工作效率，增强其工作满意度。

(六)制度激励

制度是保障创业团队发挥创造力的关键。制度激励是指通过改革和完善人事制度、分配制度等来吸引，安抚和稳定人才。发挥制度的激励性功能，首先要求制度应具有民主性。在制定制度时，团队的领导者应该与团队成员共同协商，广泛吸取合理意见，尽量保证制度的公平性、合理性。其次，制度应具有科学性。制度的设计应反映行业规律、管理规律、发展规律。再次，制度应具有合法性。所有的创业团队都是在法律体系下生存的，其创建的制度应符合法律法规，以及相关政策规定。只有考虑制度设计过程中的三个核心问题：民主、科学、法制，才有可能真正发挥制度的激励性。

 案例 3-3

陈松蒲：牵起他们的手，用轮椅完成"奔跑"

"这儿是高龄老人区，我们的护理员 24 小时照顾。""这儿是医养中心，老人们有了小病，足不出院，就能得到及时救助"……走进沈阳市大东区松蒲博爱护养中心，院长陈松蒲自豪地介绍着她一手组建的老年人之"家"。一路上，陈松蒲热情地与来往的老人们打招呼。

"松蒲博爱"创建于 2003 年，今年初获得了由中国质量认证中心颁发的养老服务四星级认证证书。这是辽宁省第一家获得认证的养老机构，全国仅有两家。

多少漆黑的夜里，这里却灯火通明，多少静谧的深夜，这里还在有序地忙碌。

1. 轮椅上的朝阳产业领跑者

陈松蒲两岁时就患上了小儿麻痹症，终身只能在轮椅上度过。作为一名残疾人，她比常人更能体会老人和其他一些弱势群体的处境，明白他们害怕给社会增加负担的心情。

"替天下儿女尽孝，为亿万家庭分忧"。当老有所养、老有所乐、老有所顾逐渐成为社会问题的时候，陈松蒲专修了心理学、营养学，阅读并掌握了大量有关老年问题的研究资料，先后取得了心理咨询师、营养配餐员、职业指导师等职业资格。

2003 年，在各级政府和部门的支持下，陈松蒲贷款百万余元，创办了全国首家由残疾人经营的以安置残疾人就业、托养残疾人和老年人生活为主的护养中心。

护养中心成立后，陈松蒲每天起早贪黑忙碌。她每天早上第一件事，就是到厨房看看为老人准备的早餐，然后走到餐厅去倾听老人对饮食的喜好和意见，以便及时调整饮食搭配。随后的一天内，查房、护理、陪老人聊天、安排员工的工作，都成了她缺一不可的时光。

十几年光阴，护养中心先后侍奉了1500多位老人、残疾人、军烈属，并为60多位孤老送终；先后解决了复转军人及家属、大学生、农民工、下岗职工，特别是单身女工等的就业问题，共达300多人次。

养老院不是企业，更不是生产线，它是通过工匠精神的服务来满足老人不断增长的对美好生活的期待。陈松蒲更是秉承着"帮助老人幸福每一天"的愿望，实实在在地践行着她的诺言。

2. 情系未来的传承人

松蒲博爱护养中心是一个经营生命的机构，这里的每一个员工都是守护生命的天使。陈松蒲希望，这份责任能不断传递下去。

2004年陈松蒲在非公经济中成立党支部，之后分别成立工、青、妇群团组织，着力培养年轻徒弟。她全身心投入到养老行业的工作中，完善流程、标准和制度，一年中留给自己休息的时间少之又少。她居安思危，在机构处于低谷时调整办院方向，使机构规模积水成河，现已成为养老服务连锁机构。目前，"松蒲博爱"在沈阳市大东区、铁西区和皇姑区共设三家直营店面，护养老人近400人。

最值得敬佩的是，陈松蒲还成立了名师劳模创新工作室，带出一支理论过硬，技术全面的优秀护理员团队。经陈松蒲带出的9个徒弟，现在都已走上院领导岗位，其中有专业技术人员和行政管理人员。

去年，经过严苛的三维评价指标体系考核，"松蒲博爱"顺利通过认证。对自己所热爱的事业，陈松蒲本身充满着信心；把养老认证拿到手，这更加坚定了陈松蒲的发展底气。

一路走来，松蒲博爱护养中心获得了全国敬老爱老助老主题教育活动组委会授予的首届"敬老文明号"先进单位等荣誉。作为命运共同体的陈松蒲也荣获了许多个人名誉，被授予"中华十大孝亲敬老楷模""中国优秀母亲"等称号。现在，陈松蒲还担任沈阳市皇姑区残联协会副主席。

在轮椅上度过青春，但她却相信善良；身体被命运抛弃，心灵却唱出强者的歌。接受命运，回报关爱，延伸幸福，陈松蒲用轮椅"奔跑"，为爱心画出最美的轨迹。

（资料来源：央视网，2018-07-07，有改动）

习题回顾

1. 什么是创业团队?

2. 高绩效创业团队有什么特征?

3. 组建一支创业团队的基本步骤是什么?

4. 有效的激励制度包括哪几个方面?

实践练习

训练活动:感受团队——蒙眼排队。

活动目标:理解团队和团队精神的内涵,学会沟通和团队协作。

活动过程:

(1)小组成员到一个空场地围成圆圈站好。

(2)指导老师宣布:开始 2 分钟小组沟通(没有任何明确的任务)。

(3)沟通时间到了之后给每个同学分发眼罩。

(4)要求所有成员戴上眼罩,原地转两圈。

(5)指导老师分别给小组成员发放号码牌(事先准备好),并让成员确认自己的号码,然后检查眼罩佩戴情况,防止作弊。

(6)宣布任务:请小组成员在 3 分钟时间内,按照号码牌的大小依次排成一队,在排队过程中,不允许发出任何声音。

(7)其他学员观察排队结果。

(8)换另一个小组,重复以上步骤,对比两组的过程和结果。

(9)参与活动者和观察者代表做总结发言。

广角视点

找好三种人,组建你的第一支创业团队

1. 评估合伙人

第一个极其困难的步骤就是评估你的合伙人。在这个阶段,人员的素质将决定公司后续发展的 DNA。坚决执行这个步骤至关重要。

哪怕只有一个人的表现不合格,都有可能破坏整个团队。如果你组建的团队里有

一两名比较平庸的成员，很快你就会知道自己组建的团队只是一个平庸的组织而已。

每天扪心自问：这些人是不是我能与之一起共事的最佳人员？如果答案是肯定的，这说明到分派角色、划分职责的时候了。

搞清公司股权结构，这个步骤非常重要，它将有助于避免公司未来发展道路上可能会遇到的法律问题，而解决这些问题的成本是昂贵的。

2. 顾问：四种类型必不可少

对于任何一家初创公司，四种类型的顾问必不可少：营销专家、行业内人脉广泛的人（他们可以令你认识更多业内人士）、行业内的名人或者权威（可以借用他们的名声，但他们不一定直接参与到公司中来）、技术专家。

随着业务的增长，如果发现因为时间不够或者缺乏专业知识，导致完不成任务，就是需要引进更多人员的时候了。确定你及你的合伙人缺少的技能，然后寻找兼职工作者及承包商，由他们来填补空白。你可以到相关网站上搜索那些你需要的拥有专业特长的人员，给他们发电子邮件，开门见山地提出自己的要求。

接受任何外界帮助时都应签署一份法律协议，保证公司机密不会外泄，并确保任何工作中所产生的权益都为你所有。

3. 招聘第一个全职员工

什么时候应该聘请你的第一个全职雇员呢？通常情况下，要看你的财务状况。一般你获得资金的时候，不管是天使投资，还是银行贷款，就该增加人手了。

招聘员工时，要想想他们是否具备在初创公司获得成功的气质。在全新的公司里，业务流程和角色往往不是一成不变的，随机应变是员工必须具备的能力。对于那些在大公司工作时间太久的人，并不一定适合初创公司。

最后，你必须要找到那些在尽力做好自己本分工作之余，还能为实现公司更大利益而努力工作的人员。你必须想好，你打算要雇用那些在某方面有明显优势的人员，还是要雇用那些各方面都平平，但也没什么缺点的人呢？有趣的是，那些拥有明显优势的人，身上也存在着一些显而易见的弱点。但是作为一支团队，他们之间可以以特有的方式运作起来。大部分创始人想要团队的和谐环境。不过，要注意的是，过于和谐的团队，有可能没办法创造出卓越的绩效。

项目四 编制创业计划

> 处处是创造之地，天天是创造之时，人人是创造之人。
>
> ——陶行之

学习目标

1. 了解创业计划书的概念。
2. 了解创业计划书的作用。
3. 掌握进行市场调查的方法。
4. 了解创业计划书的基本架构。
5. 学会编写创业计划书。

项目结构

孙木辉：在中英街开创"前店后仓"消费新模式

因看好中英街这个本身自带流量的 IP，2019 年 5 月，深圳市丰天进出口有限公司董事长孙木辉带着 5 人团队进入中英街，从一个小仓库开始做起，创建了"前店后仓"的消费模式，探索发展成为中英街首家可发跨境包裹的公司，为中英街发展跨境电商开创了先河。

门店内，陈列着来自日本、韩国、澳洲、美国、欧洲等数十个国家和地区的上千种跨境商品。许多消费者在门店购物后，还会继续到门店所属的线上平台进行复购。中英街的门店多是老牌店铺，经营了数十年，电商氛围并不浓厚，商家们对发展跨境电商更大多处于观望状态。而受新冠肺炎疫情影响，中英街游客量骤减，传统实体经济面临着巨大的考验与压力，中英街不少商家开始向孙木辉"取经"。"大多商家都有自己固定的货源渠道，这些渠道是发展跨境电商业务的优势，我们要做的只是帮助他们搭建电商平台。"如今，已有 30 多个商家加入进中英街 MALL 跨境电商平台。

考虑到中英街 MALL 跨境电商平台流量有限，2020 年 7 月，孙木辉带着团队开始在一些大型电商平台试水直播带货，吸引了大量远端新客，挖掘了一批喜欢在中英街购买商品的消费者，平均下来每天能成交上千单，这给商家们在中英街发展跨境电商产业带来了更大的信心。此后，孙木辉逐步打通了各个主流跨境电商平台。

在孙木辉看来，不管是在哪个平台直播带货，比拼的都是供应链的能力，而这恰是中英街的优势所在——临近香港，附近有沙头角口岸，还有盐田综合保税区。为此，深圳市丰天进出口有限公司开发了中英街云仓，实现了中英街跨境云仓共享模式，即一个仓库对接各类电商平台和线下门店，同时联动香港、盐田综合保税区等方面的仓库资源。有了中英街跨境云仓，各商家便可一体化解决供应链管理与仓配问题，实现现有仓储资源共享，从而形成合力。

（资料来源：深圳新闻网，黄紫茵，2022-6-16，有删改）

点评

在跨境电商创业前行的路上，孙木辉帮助中英街内的老牌商家搭建电商平台，把一个团队的奋斗变成一个群体的拼搏，共同推动了中英街跨境电商产业化发展并形成产业集群效应。

创业不是仅凭热情和梦想就能支撑起来的，在创业前期制订一份完整的、可执行的创业计划书是每位创业者必做的功课。通过调查和资料参考，规划出项目的短期及长期经营模式，以及预估能否赚钱、赚多少钱、何时赚钱、如何赚钱以及所需条件等。当然，以上分析必须建立在现实、有效的市场调查基础上，不能凭空想象，主观判断。根据计划书的分析，再制定出创业目标并将目标分解成各阶段的分目标，同时制定详细的工作步骤。

任务一　创业计划书概述

创业计划书的撰写一般有两个目的：①创业融资。在创业前或创业中期利用创业计划书向外部投资者寻求投资。只有比较完备的创业计划书，才能获得外部投资者的初步信任，投资者才有可能把钱投进你的公司。因此，创业计划书是融资过程中不可缺少的一部分。②作为公司的发展规划。很多人错误地认为只有创业者在融资时才需要一份创业计划书，实际上公司发展的每个阶段都需要一份相应的创业计划书，它不仅有助于企业的资本运作，而且有助于企业整理、思考并确定中长期的发展战略和规划。管理有计划、组织、领导、控制四大职能，其中，计划是基础，只有做好充分的计划或规划，创业才有可能成功。

一、创业计划书

创业计划书是什么？不同的人理解不同。事实上，创业计划书有其特定内涵。创业计划书是创业者在详尽筹划特定创业活动后，对该创业活动所有相关的外部条件及内部要素的系统描述。在制定创业计划书时，要顾及内外部要素，以某种思维方式、组织方式系统呈现。创业计划书的类型可能有多种，但核心要素包括五个"C"：顾客、竞争者、能力、资本、持续性（图4-1）。

第一个C是顾客（customers）。虽然有些商品或服务具有很广的适用性，将不同年龄、不同性别或者来自不同民族、不同社会阶层的人群都作为潜在顾客，但一般来说，只有确定了一定范围的消费者群体，才能有的放矢地进行市场分析、消费者群体分析等。因此，创业计划书需要明确特定的消费者群体，如有的产品面向学龄儿童，有的产品只有女性才会用到，有的产品仅仅是针对中老年人。

第二个C是竞争者（competitors）。市场的竞争者分析，一方面是指现有的同行竞争者，如大学生想要在校园内提供餐饮外送服务，需要考虑到美团、饿了么等强有力的对手；另一方面也包括潜在的竞争者，如学校食堂是否也有提供网络点单配送服务的计划。创业计划书要对竞争者的市场占有、盈利能力、成长空间、领导人格等方面进行分析，从而达到"知己知彼"。

第三个 C 是能力（capabilities）。如果说前面两个 C 是对他人的分析，那么能力这一维度强调的是创业者的自我认知。例如，"我们的创业团队是否有该领域的专业知识和技能""我们的创业团队是否有足够的创业能力""我们的创业团队架构如何，管理机制如何，是否有战斗力、独特性和凝聚力"等问题。

第四个 C 是资本（capital）。资本可以是现金也可以是其他相关资产。同时，自有资本额度、获取资本途径、可获得资本额度等，在创业计划书中都要明晰。

第五个 C 是可持续性（continuation）。当事业做得不错时，要考虑将来的远景计划是什么，我们要谋求的是可持续发展的经营。

以上五要素是创业计划书的核心内容。

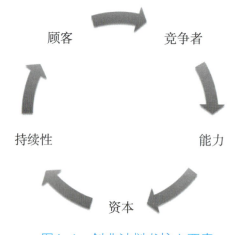

图4-1 创业计划书核心要素

二、创业计划书的作用

创业计划书具有引导性等重要功能。例如，可以用于指导自身创业筹备与运营，能帮助创业者厘清思路，做出正确评价；作为对外宣传的重要媒介，可以向相关人士说明创业情况，争取合作伙伴及资金投入；可以用于特定的创业贷款。概括而言，它有以下几个突出作用。

（1）提高创业的成功率。创业计划书针对创业要素进行系统分析和思考，包括产品、市场、财务、管理、团队等，有计划地开展创业活动，有助于提高创业的成功率。

目前大学生创业失败率高，成功率低于10%[①]，其影响因素有很多，其中一个重要原因是团队在创业之初没有对各要素进行系统、合理分析，缺乏系统把握。一些初创团队的创业计划书，可能在某个方面设想很好，但是对创业内部的要素分析不系统，这个缺憾就会导致进入实践环节以后措手不及，目的性差。因此，创业计划书的第一个作用是提高创业的成功率，这种创业的成功率是基于系统分析的基础上的，而不是盲目行事。

（2）风险的评估与防范。从某种意义上来说，在创业活动正式开始之前先拟定创业计划书，就是希望创业者前瞻性地考虑创业过程中可能遇到的风险，从而避免盲目投入。

在创业计划书中，对创业活动的机遇和风险做出比较客观的评价，可以提高风险防范能力，也可以增强在风险发生时的承受能力。风险评估问题是现在大学生创业计划书中比较容易犯的错误。有些大学生往往在计划书中把机会看得很大，把未来描绘得很好，关于已有的和潜在的风险却寥寥数语，甚至避而不谈。

在现实情况中，尽管很多大学生在创业实践前做了充分的计划，但仍然不可避免地会遇到各种新的风险和问题，包括财务风险、政策风险、市场门槛等运行过程中的不可控因素。因此，更加需要通过撰写创业计划书，对各种有可能遇到的风险进行全盘评估，并做好防范措施。

（3）创业融资的重要途径。资本是企业创建与运行不可或缺的要素，但创业者未必是投资者，且大多数创业者所需资本都不是完全来自自身。融资是创业的重要环节，创业计划书则是获取投资支持的重要手段。

三、创业计划中的信息搜集

（一）信息搜集的内容

创业计划书中若有完整的行业信息数据，显然更具有说服力，但计划书中所有的数据、信息都必须有来源。创业计划的制订，需要以充分、有效的信息为依据，所需要的信息需要有以下几种。

（1）市场信息。主要是为了细分市场和确定目标市场，包括确定目标市场的规模、增长速度、竞争状况、发展潜力等，从而为制订营销计划提供依据。

（2）生产信息。主要是生产经营场所、供应商、劳动力市场，以及有关技术和发展趋势方面的信息，这些信息决定着生产能力、生产成本、产品质量、经营环境等。

（3）财务信息。主要包括融资的渠道和条件、销售前景和费用支出预算等，这些

[①] 甘丽华. 让学生亲身体验创业挫折[N]. 中国青年报，2011-01-10.

信息是为了确定新创企业的资金需求，以及投资回报的方式和潜力。

以上信息的搜集，可以通过多种方式，如媒体、研讨会、展销平台、调研报告等。其中，互联网是当前最有效的、利用最普遍的信息搜集方式，它可以为行业分析、市场分析、竞争者分析提供大量的可用信息。但是，通过互联网找到的数据信息，往往是碎片化的、虚假的，需要搜集者仔细甄别、审查、组织、整理。

拓展阅读

常用创业信息网站

中国青年就业创业网，http://career.youth.cn/
中国中小企业信息网，https://sme.miit.gov.cn/
中国民营科技网，http://www.ccmykj.org/
KAB 创业教育网，http://www.kab.org.cn/
中国人力资源网，http://www.hr.com.cn/
大学生创业网，http://www.studentboss.com/
全国大学生创业服务网，http://cy.ncss.org.cn/
i 黑马网，http://www.iheima.com/
创业邦，http://www.cyzone.cn/

（二）信息搜集中的市场调查方法

准备创业计划的过程实质上就是信息的搜集过程，是分析并预测环境进而化解未来不确定性的过程。市场调查是创业者搜集信息的最主要方法，是决定创业计划书是否有理有据，检查创业计划是否切实可行的主要工具。进行市场调查，一般有如下几种方法。

1. 问卷调查法

问卷调查法是市场调查最普遍采用的方法之一，在采用该方法时应遵循一定的原则，通过设计高质量的调查问卷，更好地实现调查目的。传统问卷调查是指通过邮寄或其他方式将调查问卷送至被调查者手中，由被调查者自行填写，然后将问卷返回的一种调查方法，如通过邮局邮寄问卷、利用宣传媒介传送问卷、在专门场所发放问卷等。当前，使用互联网进行问卷调查是十分流行的方式。

与其他调查方式相比，问卷调查最大的特点就是调查者和被调查者之间一般没有或较少有直接的语言交流，调查完全依靠问卷进行，所有被调查者在接受调查的过程

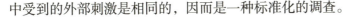

中受到的外部刺激是相同的，因而是一种标准化的调查。

2. 面访调查法

面访调查是调查人员直接向被调查者口头提问，并当场记录答案的一种面对面的调查。面访调查一方面有较高的回答率、数据比较准确，能极大提高所获资料和信息的准确性与真实性；另一方面，调查成本高、周期长、拒访率高，这就要求访问者具备访问技巧，讲究访问的方式、态度。

面访调查一般应用在三个方面：

一是目标市场调查，如消费者的消费行为调查、消费者满意度调查、消费者市场细分研究等。

二是营销产品调查，如产品实体调查、产品包装调查、产品价格调查、产品生命周期调查等。

三是媒介与产品调查，如产品的广告效果调查、媒介接触行为调查、媒体个性调查等。

3. 小组座谈法

小组座谈法是指由一个经过训练的主持人，以一种无结构的自然会议座谈形式，同一个小组的被调查者交谈，从而获取对一些有关问题的深入了解的调查方法。要组织小组座谈，要明确会议主题，设计调查提纲；确定会议规模和人员；选择会议的场所和时间。小组座谈法的优点是：资料收集快、效率高；取得的资料较为广泛、深入；将调查与讨论相结合、结构灵活。小组座谈法的局限性是：对主持人的要求较高；容易形成"团体压力"；涉及隐私、保密等敏感性问题时，不便深入讨论。

为提高讨论效果，通常情况下，组织者要提前宣传，许诺赠送礼品等以吸引被调查者。

4. 观察法

观察法又称实地观察法，是观察者根据研究目的，有组织有计划地，运用自身的感觉器官或借助科学的观察工具，直接搜集当时正在发生、处于自然状态下的市场现象有关资料的方法。

按观察者置身于观察活动中的深浅程度，观察法可划分为完全参与观察、不完全参与观察和非参与观察。

（1）完全参与是指观察者长期生活在被观察的群体当中，甚至"隐瞒"或改变自己的身份，成为群体中的一员，完全进入角色并被当成"自己人"。

（2）不完全参与是指观察者不改变身份进入群体，观察者的身份虽然显露，但他至少被群体中的人视为可接纳或可容忍的"客人"。

（3）非参与观察是指观察者以旁观者的身份，置身于调查对象群体之外进行观察。采用非参与观察一般有两种方法：近距冷淡法和远距仪器法。

观察法一般应用在两个方面：

一是在城市集贸市场调查中，对集贸市场上农副产品的上市量、成交量和成交价格等情况进行观察。

二是在商品库存调查中，对库存商品直接盘点计数，并观察库存商品残次情况。

5. 实验法

实验法是指在既定条件下，通过试验对比，对市场现象中某些变量之间的因果关系及其发展变化过程加以观察分析的一种调查方法。实验法比较科学，能客观反映实际情况，揭示或确立市场现象之间的因果关系。而且该方法是在一定的小规模环境中进行试验，所以在管理上能较好控制。其一般可用于产品价格实验；产品质量、品种、规格、花色、款式、包装等实验；市场饱和程度实验；广告效果实验。

任务二 创业计划书的撰写

创业计划书应包括三部分内容：第一是公司或事业的主体部分，即公司或事业的主要内容。第二是相关数据，如营业额预测，成本、利润的预测分析，未来所需资金数量等。第三是补充文件，如有没有专利证明、专业执照或证书，或者是意向书、推荐函等。一份完整的创业计划书的基本架构主要包括八个部分：执行摘要、产品或服务、市场及竞争力分析、营销策略、公司管理、财务分析、风险预测和附录（表4-1）。

表4-1 创业计划书的基本架构

章节	核心要素	主体组成
1	执行摘要	主要内容 相关数据 补充文件
2	产品或服务	
3	市场及竞争力分析	
4	营销策略	
5	公司管理	
6	财务分析	
7	风险预测	
8	附录	

一、执行摘要

撰写执行摘要需要特别注意三个问题：首先，它应浓缩整个创业计划书的精华，涵盖创业计划的所有关键点；其次，它应开门见山、清晰表述，在表述上直奔主题，包括要提供什么产品或服务，前景怎么样，要很明晰地提出来；最后，它应说明特色，包括创业项目或产品的特殊之处，以及该项目成功的因素有哪些。有的计划书对摘要部分把握不够，描述了是什么样的产品，但是没有分析自身产品和他人产品的不同之处。如果该产品在市场上已经很多了，甚至都失败了，难道还要重蹈覆辙吗？因此必须说明产品的不同之处和成功的因素。

执行摘要的重要性不言而喻，也对大学生的概括和浓缩能力提出了要求。近年来，60秒"电梯演说"（Elevator Pitch）等创业挑战赛的出现，也是为了锻炼大学生在有限的时间内阐述创业项目的能力。下面罗列的几个要点，可以作为撰写创业计划书执行摘要的参考提纲。

◎用一两句话概括公司的投资亮点。

◎用一两句话来介绍公司的产品或服务，以及它解决了用户的什么问题。

◎用一两句话来清晰地描述公司的商业模式——怎么挣钱的。

◎用一两句话来描述公司行业、行业细分、巨大的市场规模、成长性和驱动因素，以及美好前景。

◎用一两句话来概括公司相对于竞争对手的优势。

◎用一个表格来展示公司未来的财务预测。

◎用一两句话来陈述公司本轮期望的融资金额及主要用来做什么。

◎用一两句话来展示创业者和核心管理团队的背景及"辉煌成就"。

二、产品或服务

在描述产品或服务的过程中，需注意以下五方面问题：

（1）要清晰地介绍产品或服务的性质，是什么类型的产品或服务。

（2）要清楚描述产品或服务的实用价值是什么。

（3）这个产品能够为用户提供什么样的功能去帮助他的生活、帮助他的生产。

（4）市场上是否已经有同类的产品或者服务？如果有，你的项目和产品的独特性在哪里？优势在哪里？

（5）要说明涉及的一些知识产权问题，如果是知识创业，产权在谁手中？如果产权不在自己手中，那么投资过程中将来的利益分配该如何？

在产品和服务的描述中，要对这五个方面进行认真的思考、分析，并以书面的形式把它清晰地表述出来（图4-2）。

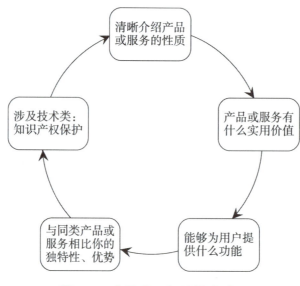

图4-2　产品或服务的描述过程

三、市场及竞争力分析

创业计划书应重点把握市场以及产品的竞争力，把握市场机会，了解产品的优势和劣势，须对市场总体环境、同类产品、市场前景进行客观分析。有的创业者在进行自身产品竞争力分析时，片面夸大优势，过多地带有个人主观色彩，对产品的劣势陈述、分析不足，甚至只字不提，对已有和潜在的竞争对手的分析浮于表面、蜻蜓点水，这样无法对自身产品有一个客观的认识，创业计划书的指导意义也将大打折扣。

在进行市场分析时，可采用如下几种方法。

（一）宏观环境分析——PEST 分析模型

PEST 分析模型，是对宏观环境进行分析的一种方法。宏观环境又称一般环境，是指一切影响行业和企业的宏观因素，包括政治（Political）、经济（Economic）、社会（Social）和技术（Technological）四类（图 4-3）。

图4-3 PEST分析模型

1. 政治环境分析

政治环境包括一个国家的社会制度，执政党的性质，政府的方针、政策、法令等。不同的国家有不同的社会性质，不同的社会制度对组织活动有着不同的限制和要求。创业者需要关注产品或服务所面临的政治环境，以及它是否得到政策支持。例如，不同国家对民办教育政策的规定是不一样的，《中华人民共和国民办教育促进法》已于2018年12月进行了第三次修正，在教育培训领域创业的大学生需要密切关注政府在营利性民办教育和非营利性民办教育方面的法律法规。在不同时期，产品的政策支持也是不同的。在我国经济发展过程中，过去对于资源（如煤炭）消耗型企业存在一定的政策支持，但当前情况下，国家大力倡导节能减排，对煤炭产业的政策支持或者整个政治背景已经不复存在。相反，低碳、节能、绿色、环保类产品逐渐获得政府政策的青睐。在产品的投入过程中，必须了解总体上的政策环境，在考虑产品的长期可持续发展时，必须对国际、国内相关政策、法律、法规做出全面、具体的分析。

2. 经济环境分析

经济环境主要包括宏观和微观两个方面。宏观经济环境是指一个国家（地区）的总体经济环境，如该国家（地区）的国民生产总值、国民收入总值，当地的消费总额、消费结构，当地的经济政策、财政政策、消费政策等。微观经济环境主要是指企业所在地区或所服务地区消费者的收入水平、消费偏好、储蓄情况等因素。这些因素直接决定着企业目前及未来的市场大小。例如，我国从计划经济到市场经济的体制转变，为社会打开了新的市场。先前几乎所有行业部门都受计划调控和政府控制，后来变成除了与国家安全或者整体资源有关之外的非重要领域开始向市场开放，这使得市场经济拥有了原来没有的巨大空间。又如，企业所在地区的消费水平、储蓄水平和可支配收入水平也应成为创业者分析的维度，农村、城镇或城市，小城市或大城市都具有不同形态的微观经济环境，服务档次和产品价格是否能够为该地区大部分人群接受是需要考虑当地经济发展能力的。

3. 社会环境分析

社会环境包括一个国家或地区的居民受教育程度和文化水平、人口结构和流动性、宗教信仰、风俗习惯、审美观点、消费结构等。文化水平会影响居民的需求层次；人口结构和流动性会影响市场稳定性；价值观念会影响居民对企业或组织的目标、活动以及自我本身存在的认可与否；审美观点会影响人们对产品或活动的内容、方式以及成果的态度。社会环境的变化将导致创业机会、创业领域的变化。例如，社会结构的改变，即将迎来老龄化社会，适用于老年人的产品、行业将会扩大；国家二胎政策的放开可能导致下一波"婴儿潮"的到来，幼教市场和奶粉市场很可能获得利好，这是社会环境变化造成的影响。

4. 技术环境分析

在进行技术环境分析时，除了要考察与企业所处领域直接相关的技术手段的发展变化外，还应及时了解国家对科技发展的投资和支持重点、该领域技术发展动态和研究开发费用总额、技术转移和技术商品化的速度、专利及保护情况等。技术变革影响着各个行业的发展前景，它往往会催生一个新的行业，同时迫使一个旧的行业加速进入衰退期。例如，喷气式飞机代替了螺旋桨飞机，大规模集成电路计算机取代了一般的电子计算机，智能手机的出现和发展使 BB 机、传真机、录音机、计算器、闹钟等多种器具使用量大幅度减少，甚至消失在大众视野中。

因此，在技术变革的大背景下，分析产品进入市场以后将面临怎样的情境，或者说产品现在可能暂时是有市场的，将来新技术浪潮会对产品产生什么样的挑战，是很有必要的。

总之，在对产品的市场机会做出分析时，既要从政治、经济、社会和技术四个层面进行宏观分析，也要考虑产品的市场前景，以及未来市场的可持续性。

（二）市场基本状况分析

市场分析过程中需要宏观掌握市场的分布情况、市场的容量、市场的增长空间、市场的增长方向等要素。在分析过程中，应考虑市场细分和目标市场的选择问题。市场细分是创业企业根据消费者需求的不同，把整个市场细分为不同类型的消费群体的过程。例如，餐饮业市场中有不同类型的餐馆，有针对高档消费群体的，有针对普通大众化消费群体的。因此，消费群体不同，市场的目标选择不同，经营过程、经营方式也不同。那么在这个过程中，不管你选择的是哪一个行业、哪一个市场，都要关注市场细分领域的竞争。细分市场研究是以行业为研究对象，并基于行业现状、行业竞争格局、竞争对手优劣势、企业上下游、企业行业地位、市场集中度等现实指标，分析预测行业的发展前景。在这个基础上考虑目标市场的选择，主要考虑的因素包括产品质量、地域特点、人群特点（性别、年龄段）等。

产品质量分析是指对目标项目的质量进行分析。例如，一次性消费产品和长久消费产品的质量，尤其在耐用性上存在差异，成本也就不同。宾馆里面的一次性拖鞋和家庭中使用的拖鞋不一样，所以必须考虑你的目标市场是什么？是家居使用的拖鞋还是宾馆里一次性使用的拖鞋。不同目标市场中的产品，尽管在款式、外表上看起来差不多，但是其内在的材料、质量、做工可能不一样。

地域特点分析是指对产品的设计应该具备的地域性特点进行分析。同样的产品，因为地域的物理特征、环境特征、气候特点不同，会产生不同要求和制作、运输成本。例如，冰雪天气较多的地区，对汽车的防滑性设计要求高，但在热带地区，它的防滑要求就没有那么高。所以，在不同的区域，同样的产品，因为地域特点不同，产生的消费需求是不一样的。

人群特点分析是指对消费者性别、种族、年龄的分析。产品是适合于儿童的，是适合于成年人的，还是老年人的？是女性使用的，还是男性使用的？例如，同样是护肤产品，男性和女性、儿童和成人各不相同。因此，在选择目标市场的时候，必须有针对性地进行市场选择，锁定消费群体范围。

（三）波特五力模型

波特五力模型是迈克尔·波特（Michael Porter）于20世纪80年代初提出的。他认为，行业中存在着决定竞争规模和程度的五种力量，这五种力量综合起来影响着产业的吸引力以及现有企业的竞争战略决策。根据波特的理论，行业中的竞争除了市场的新进入者和原有的竞争对手之间的竞争，还存在着五种基本的竞争力量：同行业内现有企业的竞争、新进入者的威胁、替代品的威胁、购买者的讨价还价能力、供应商的讨价还价能力（图4-4）。"波特五力模型"从一定意义上来说隶属于外部环境分析方法中的微观分析，用于竞争战略的分析，可以有效地分析客户的竞争环境。

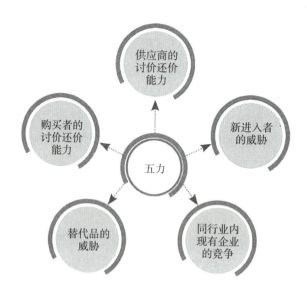

图4-4　波特五力模型

1. 同行业内现有企业的竞争

大部分行业中的企业，相互之间的利益都是紧密联系在一起的，作为企业整体战略一部分的各企业竞争战略，其目标都在于使自己的企业获得相对于竞争对手的优势。所以，在实施中就必然会产生冲突与对抗现象，这些冲突与对抗就构成了现有企业之间的竞争。现有企业之间的竞争常常表现在价格、广告、产品介绍、售后服务等方面。关于同行业内企业的竞争，大多数创业者都会注意到，比较欠缺的是对其他四种竞争因素的分析。

2. 新进入者的威胁

新进入者的威胁即对潜在竞争对手的分析。这是创业计划书中容易忽视的问题之一。新进入者在给行业带来新生产能力、新资源的同时，希望在已被现有企业瓜分完毕的市场中赢得一席之地，这就会与现有企业发生原材料与市场份额的竞争，最终导致行业中现有企业盈利水平降低，严重的话还有可能危及企业的生存。新进入者威胁的严重程度取决于两方面的因素，包括进入新领域的障碍大小与预期现有企业对于进入者的反应情况。新企业进入一个行业的可能性大小，取决于进入者主观估计进入所能带来的潜在利益、所需花费的代价与所要承担的风险这三者的相对大小情况。这就要求创业者时刻关注新进入者的威胁，不仅要对行业中的新兴势力有所了解，而且对相关邻近行业中有可能涉足该行业的企业也要有所关注，并准备相关应对措施。

3. 替代品的威胁

两个处于同行业或不同行业的企业，可能会由于所生产的产品是互为替代品，从而在它们之间产生相互竞争的行为。这种源自替代品的竞争会以各种形式影响行业中现有企业的竞争战略。互为替代的产品在价格上、质量上、使用的方便程度上可能构成竞争和威胁关系。替代品是将来进入目标市场的一个重要竞争对手。替代品价格越低、质量越好、用户转换成本越低，其所能产生的竞争压力就越强。而这种来自替代品生产者的竞争压力的强度，可以具体通过考察替代品销售增长率、替代品厂家生产能力与盈利扩张情况来加以描述。

4. 购买者的讨价还价能力

按照成本运算得到的价格，不一定与消费者可接受的价格相匹配。购买者主要通过压价与要求提供较高的产品或服务质量的能力，影响行业中现有企业的盈利能力。购买者讨价还价的能力主要取决于购买者对市场信息的掌握程度、购买者的有效需求量、市场上可供购买者选择的替代品数量和价格、购买者的集中程度等因素。

创业者有的时候把产品的价格想得很理想，且依据成本计算定好了价格。但是如果消费者的可接受价位低于成本价，就意味着亏本或破产。实际上，现实中常常可以看到定价太高的例子。定价高不一定是牟取暴利，而是相对于成本是合理的，但是这个价格可能是消费者不愿意承受的，他们宁愿选择别的替代品。

5. 供应商的讨价还价能力

价格策略直接关系到企业成本和收益。产品生产不是独立的过程，产品价格受供、需双方的影响。供方主要通过提高投入要素价格与降低单位价值质量的能力，提高企业的盈利能力与产品竞争力。当供方所提供的投入要素价值构成了买主产品总成本的较大比例、对买主产品生产过程非常重要，或者严重影响买主产品的质量时，供方对于买主的潜在讨价还价能力就会大大增强。由于市场变动，供应商的成本可能提高，最终导致企业产品成本提高。如果创业者不能在产品销售额上加价，就意味着利润空间减小，乃至出售的价格低于成本价，没有剩余价值，就会导致创业失败。

由此可见，"波特五力模型"让目标市场定位的选择更为理性和周全，除了现有的企业竞争以外，必须对多重力量进行全面深入的拓展性思考。

(四) 整体竞争优势分析——SWOT 分析法

进行整体竞争优势的分析，常用的是 SWOT 分析法。SWOT 分析法是企业进行战略分析时的经典方法，其核心是企业根据自身的内在条件进行分析，找出企业的优势、劣势，发现企业所面临的机会与威胁，在此基础上提高企业的核心竞争力。"S"，即优势（strength）；"W"，即劣势（weakness）；"O"，即机会（opportunity）；"T"，即威胁（threat）。

进行 SWOT 分析的步骤如下。

第一，分析企业内部的优势和劣势，包括产品、团队、市场前景等方面。内部环境中的优势因素和劣势因素，是企业在其发展中自身存在的积极和消极因素，属于主动因素。在调查分析这些因素时，不仅要考虑历史与现状，而且要考虑未来的发展问题。一个企业，不论属于哪个行业，其产品、团队、市场等方面都存在优劣势。

第二，分析企业、团队发展过程中面临的外部机会和威胁。任何一个企业的发展都是内外互动的过程，内部有成长的需求，外部有成长的空间，与此同时也面临外部威胁和生存压力。外部环境的机会因素和威胁因素是外部环境对公司的发展直接有影响的有利和不利因素，属于客观因素。

小鸡破壳而出后，面对外部的生存环境，有的顺利成长，有的中途夭亡。企业也是这样，新创企业必须考虑外部的机会和发展空间，同时要强调外部各种各样的环境影响。例如，当前备受争议的转基因食品，有的人认为转基因食品无明确危害，相较于传统食品，其成本大幅度降低，价格更受欢迎；而有的人则认为转基因食品存在严重的未知风险，强烈反对其进入市场。因此，在进行竞争优势分析时，要着重考虑市场接受度的问题，避免将来遭受重大的损失。

第三，将外部的机会和威胁，与企业内部的优势和劣势进行匹配，形成可行的战略。若能够匹配，则是可行的战略；若不匹配，则需谨慎，甚至要放弃。比如，初创企业与成熟企业的商业机会相同，初创企业却无法取得成功，原因在于其缺少内部优势，如研发、经费支持等。

因此，SWOT 分析三个步骤缺一不可。

进行 SWOT 分析时，还应注意组合问题。SWOT 有多种组合模式，如"SO"代表优势和机会的组合；"WO"代表劣势和机会的组合；"ST"代表优势和威胁的组合；"WT"代表劣势和威胁的组合。不同的组合存在不同的战略，值得深入分析。优势—机会（SO）战略是指发展企业内部优势与利用外部机会，这是一种理想的战略模式，属于扩张性、增长性战略。当企业具有特定方面的优势，而外部环境又为发挥这种优势提供有利机会时，可以采取该战略。劣势—机会（WO）战略是指利用外部机会来弥补内部劣势，使企业克服自身缺陷，借机会求得发展，属于扭转型战略。优势—威胁（ST）战略是指企业利用自身优势，回避或减轻外部威胁所造成的影响，属于多种经营战略。劣势—威胁（WT）战略是一种旨在减少内部弱点，回避外部环境威胁的防御性技术，属于防御型战略（图 4-5）。

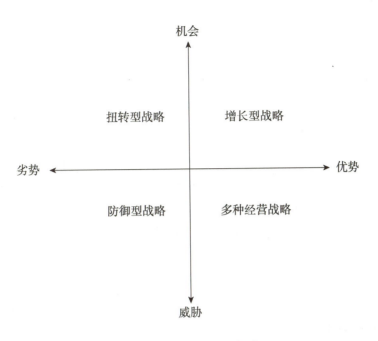

图4-5　SWOT战略分析象限

四、营销策略

营销策略是以顾客需要为出发点，获得顾客需求量以及购买力的信息、商业界的期望值，有计划地组织各项经营活动，通过相互协调一致的产品策略、价格策略、渠道策略和促销策略，为顾客提供满意的商品和服务，从而实现企业目标的过程。营销策略由一系列与销售经营有关的策略构成，试图通过营销策略为顾客提供满意的商品或服务，继而实现创业目标。因此，在创业计划书中，产品如何变成商品，在市场上获得销售量，营销策略的设计至关重要。

产品营销策略包括各种不同类型（图 4-6）。

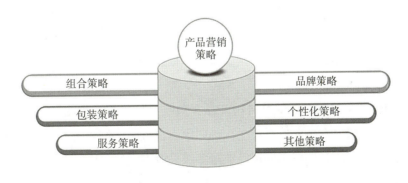

图4-6　产品营销策略

（一）组合策略

组合策略是指企业在选定的目标市场上，综合考虑环境、能力、竞争状况等企业自身可以控制的因素，加以最佳组合和运用，以完成企业的目的与任务，保证企业从整体上满足消费者的需求。营销组合是企业市场营销战略的一个重要组成部分，是指将企业可控的基本营销措施组成一个整体性活动。市场营销的主要目的是满足消费者的需要，而消费者的需要很多，要满足消费者需要所应采取的措施也很多。因此，企业在开展市场营销活动时，就必须把握住那些基本措施，合理组合，并充分发挥整体优势和效果。

组合式的营销策略可根据产品的性质、类型、功能特点进行考虑，包括延伸产品和服务、配套产品和服务。当消费者购买一件产品时，不仅会考虑当下的产品需求，还会考虑与产品有关的一系列服务以及支撑性的配套问题。比如，当消费者购买汽车时，不仅会对汽车的性能、价格进行评估，还会考虑购买汽车后的后续服务，如维修、保养是否可靠、便捷。同时，还有一系列的延伸产品，如车模、车内设备，包括音响等附加产品。因此在销售的过程中，就存在一个组合式策略，把主产品和副产品组合销售。比如，当消费者购买汽车时，商家附送坐垫、倒车雷达等，就是组合式销售，看似是免费附送，其实已计入汽车销售整体的成本内。再比如，购买汽车赠送后期服务，既解决了消费者的后顾之忧，同时也带动了保养维修服务的营销。

（二）包装策略

包装是指产品的容器和外部包扎，是产品策略的重要内容，有着识别、便利、美化、增值和促销等功能。包装是产品不可分割的一部分，产品只有包装好后，生产过程才算结束。产品包装是一项具有技术性和艺术性的工作，目的在于显示产品特色与风格，与产品价值和质量水平相配合。包装形状、结构、大小应为运输、携带、保管和使用提供方便，包装设计应适合消费者心理、符合法律规定等。

相同的产品在销售过程中，包装起到重要作用。例如，食品、电子产品、文化产品、化妆品等都存在包装策略，包括品牌包装、外观包装等，提升产品的档次和品位，提高销售价格。包装精致、美观、安全，有利于促进产品销售。

可选择的包装策略包括：

（1）类似包装策略，企业对其各种产品在包装上采用相近的图案、近似的色彩和共同的特征，使消费者对企业产品产生深刻印象，也可降低包装成本。

（2）等级包装策略，根据不同产品质量等级采取不同的包装。

（3）配套包装策略，将类型和规格不同但相互联系的产品置于同一包装中。

（4）附赠品包装策略，在包装容器中附赠商品，吸引消费者购买。此外还有复用包装策略、不同容器包装策略等。

（三）服务策略

所谓服务，是指一种特殊的无形活动，它向顾客和用户提供所需的满足感。服务的特征包括无形性、不可分离性、可变性和不可贮存性。服务包括两种类型，一类是服务产品，以服务本身来满足目标顾客需求的活动，如餐饮业、电信业、教育产业、医疗卫生业、旅游业等；另一类是服务功能，是产品的延伸性服务，如出售计算机时附带安装、培训等服务，包括售前、售中和售后服务。

不同销售商、经营链的商家，服务的渠道、方法各异。例如，有商家推出会员制，顾客购买会员卡，不仅享受会员价格，还享受会员服务，对产品感到放心。又如，定点、定时的反馈和回访，满意度评价，倾听顾客的建议，增强客户使用产品的持续信心。此外，还有上门服务、维护检修一些不便于携带运输的商品，如空调、冰箱、洗衣机，生产商为获得后续的消费者信赖，为消费者提供上门免费服务环节。服务策略可以适应产品技术性能复杂化的要求，维护消费者利益，争取重复购买，提高企业竞争力。

（四）品牌策略

品牌策略是一系列能够产生品牌积累的企业管理与市场营销方法。在购买产品时，不同消费者的关注点不同，有的关注价格，有的关注质地，有的关注质量，反映了不同的消费欲望和消费意向。在同样的质地、质量、性能情况下，消费者还会关注品牌。品牌体现了消费者对产品的信赖度、个性化的满意度。因此在计划书中，需考虑整个产品策略如何打造品牌，建立品牌效益。

品牌策略的核心在于品牌的维护与传播。如今品牌营销方式多种多样，相对传统品牌营销方式（电视、报纸、户外公关等），网络品牌营销逐渐被企业所青睐。但是，网络品牌营销策略的核心在于解决用户信任度的问题，因为网络具有虚拟性，因而如何让消费者信任企业品牌和产品是最关键的。

（五）个性化策略

个性化策略又称差异化策略，最简单的理解就是量体裁衣，是企业面向消费者，直接服务于顾客，并按照顾客的特殊要求制作个性化产品的新型营销方式。它注重产品设计创新、服务管理、企业资源的整合经营效率，实现了市场的形成和裂变发展，是企业制胜的武器。特别是随着信息技术的发展，个性化营销的重要性日益凸显。不同的生产商和销售商，针对不同群体提供差异化的服务，满足各个层次、各种类型群体差异化的消费需求。例如，对于相同产品，工作群体和居家群体的需求方式不同，可根据其中一个群体设计便利的产品。

个性化营销也体现了企业对人的关注以及对人的个性需求的满足，企业与市场逐步建立一种新型互动关系，建立消费者个人数据库和信息档案，与消费者建立更为个人化的联系，及时地了解市场动向和消费者的真正需求，向消费者提供一种个性化的销售和服务。消费者可以根据自己的需求提出商品性能要求，企业尽可能按消费者要求进行生产，迎合消费者个别需求和品味，并应用信息，采用灵活战略适时地加以调整，以生产者与消费者之间的协调合作来提高企业竞争力。

（六）价格策略

价格策略是指企业通过对顾客需求的估量和成本分析，选择一种能吸引顾客、实现市场营销组合的策略。商品进入市场后，消费者在购买产品时，会考虑到产品的价格，并进行比较。因此，在价格策略制定过程中，必须考虑价格定位的影响要素。在确定价格时，以下两大要素必须要考虑到。

1. 成本

成本核算影响价格的确定，制定产品价格首先依靠的是成本核算，如研发成本、设计成本、人工成本、材料成本、资金成本、租金成本等，这些是成本的基本内涵。在考虑价格策略时，必须进行成本核算。在制定创业计划书时，成本的构成应考虑周全，否则制定的价格在实际运营时会出现亏本情况。比如，有的计划书中忽略了人力成本，未做到全面评估，产品设想的价格定位与成本非常接近，此时就会面临在实际销售过程中可能亏本经营的情况。亏本经营不是可持续的营销策略。

2. 市场定位

当产品的成本确定以后，利润空间的大小在很大程度上取决于市场定位。明确定位的消费群体，需考虑市场占有的额度，考虑消费者的消费能力。明确产品针对的是工薪阶层，还是精英阶层，评估各阶层对同一产品的价格承受能力，制定合理的价格空间。除消费群体细分之外，还应考虑市场份额，产品在整体市场中占据多大比例。在此存在一个比较的概念，即本企业产品与同类产品相比，价格的差异、市场份额的差异。继而制定销售路线，是薄利多销，还是走特殊群体高消费的精英化道路。

（七）渠道策略

产品除了直接营销之外，还可以采用代理商的形式营销。同样的产品有不同的代理商，包括一级代理商、二级代理商，存在各类分理机构。代理商的成本价格实际上是集体购买与服务的价格，一般低于零售价格，以此利益空间激发代理商的销售积极性，支撑产品在某一区域内的销售服务。

当前，电子商务迅速发展，B2C（Business to Customer）、C2C（Customer to Customer）等基于互联网的销售模式对实体销售渠道形成有力冲击。网络销售模式大大缩短了产品的运营渠道，节省了相关费用，这使得产品的网络售价一般低于市场价格，因而迅速获得消费者的青睐。

如今还存在一种生产商，既不通过代理商，也不通过网上或实体店销售，而是直接面对消费者进行销售。这是通过大数据、互联网直接面对消费者需求产生的设计、制造、营销，是生产者与消费者的无缝对接，去除了代理商、网商、实体店等中间渠道。尤其是一些智能化产品的设计与生产，呈现出这样的销售趋势，由此给经销商带来不小的市场冲击。因此，在制定产品销售策略时，创业者需要考虑渠道问题，如代理商、网络销售、实体店销售等，从中选择最为合适的营销渠道。

五、公司管理

创业计划书中，如何对公司的管理进行陈述和分析？公司应该采取什么样的管理架构比较有利于运作？这两方面是需要重点强调的。公司管理包括架构管理和战略管理。现有的公司大多采用董事会制度，设立一个董事会，董事会下设总经理负责各有关部门，公司的结构框架一般分为七个部门（图4-7）。

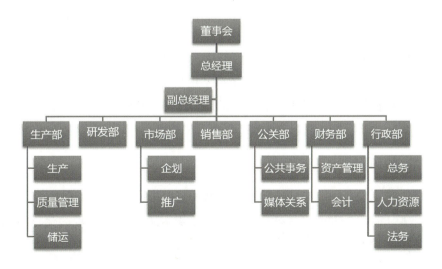

图4-7 公司架构示意图

（一）生产部门

生产部门负责将设计创意转化为物质形态的产品。消费者购买的不仅是设计创意，更是由此产生的具有使用价值的物品或服务，因此创意需要进入生产环节。生产部门基于前期的产品设计图、设计方案进行生产和管理。生产环节的管理有质量管理，也有储运管理。生产产品的过程首先是一个质量管理的过程。产品生产出来后，进入市场之前，还有一个存储和运输的问题，这是储运管理。以食品行业为例，产品具有保质期，保质问题是食品行业的生命线。如何以有利于产品质地保持的方式存贮是必须考虑的问题。食品的保质期受多种因素影响，控制外周空气的温度、湿度，抑或采用化学干预，都可以对食品保质期产生影响。除了存储，还有运输。不同的产品对运输的要求不同，如机械产品、电子产品和食品运输过程中的要求不同。因此生产部门从产品制造，到质量管理，再到储运，需形成一个系统性的、链条式的控制和管理。产品的质量是关键，决定质量的第一关，即生产部门。

（二）研发部门

一个企业的研发力量代表了其创新能力，进而决定其在市场上的竞争力。产品竞争力的大小，很大程度上受企业研发能力的影响。市场中规模大的公司、品牌公司，往往都投入大量成本进行产品研发。例如，华为是我国民族企业中非常有影响力的一个企业，其研发力量的投入非常大，具有前瞻性和战略性。此外，研发部门和生产部门、市场部门是密切互动的，研发部门根据生产部门和市场部门的反馈信息，不断更新迭代出新产品。

（三）市场部门

市场部门是一个企业中营销组织架构的重要组成部分，市场部负责拉近产品与消费者的心理距离，是连接产品和销售过程的缓冲地带。市场部主要进行产品推向市场的策划，不直接销售，但考虑市场的整体推广。市场部负责销售前的准备工作，如产品宣传、推广活动等。市场策划、市场分析是对于产品进入市场前的理性判断过程。

（四）销售部门

销售部门是直接实现产品和消费者交易的环节，将商品交付给消费者。销售部是企业市场营销工作中满足市场需求的重要部门，其核心任务是把产品交付给消费者，完成使用价值和价值间的交换。公司在经营中非常重视销售数量、销售额度、市场占有率，如果销售环节失败了，将直接导致公司失败。

（五）公关部门

公关部门是组织内部针对一定的目标，为开展公共关系工作而设置的专门职能机构。公关部负责处理公司的公共事务，代表的不仅是某个部门，而是公司的整体形象。在公关部门有多种多样的关系要处理，如与媒体的关系，通过媒体建立公司形象，呈现产品形态。消费者购买的不仅是产品，也是对公司品牌的信任。因此，公关部要考虑何如塑造公司的正面形象问题。

（六）财务部门

财务部门是企业、事业机构设立的职能部门，负责本机构的财务管理。财务部门的主要职能是在本机构一定的整体目标下，进行资产的购置（投资）、资本的融通（筹资）、经营中现金流量（营运资金），以及利润分配的管理。财务管理是公司管理的重要环节，包括资金运作、资产管理、会计，都在财务部完成。同时，各部门都与财务部进行互动，各部门都需要财务部门的支撑。

（七）行政部门

行政部门主要负责公司发展过程中的人力资源管理、行政性事务及相关法律事务，包括相关制度的制定和执行推动、日常办公事务管理、办公物品管理、文书资料管理、会议管理、涉外事务管理，还涉及出差、财产设备、生活福利、车辆、安全卫生等。行政部门工作的最终目标是通过各种规章制度和人为努力使部门之间形成密切配合的关系，使整个公司在运作过程中成为一个高速且稳定运转的整体；用合理的成本换来员工最高的工作积极性，提高其完成公司目标发展任务的效率。

以上七个部门是公司管理过程中非常重要的环节。在实际运作过程中，有些部门可能整并，但其功能不可或缺。

在公司管理过程中，除了组织架构的管理以外，另一个重要的管理是战略管理。战略管理对公司的可持续发展至关重要。战略管理包括总体战略和分步发展战略、长期战略和短期战略。一般而言，公司发展的基本定位、价值观、发展的总体战略和总体思路，董事会在其中发挥重要的作用。

在创业计划书中，应该对公司管理所涉及的两个方面加以认真考虑和清晰描述。

六、财务分析

财务分析是指以会计核算、报表资料及其他相关资料为依据，采用一系列专门的分析技术和方法，对企业等经济组织过去和现在有关筹资活动、投资活动、经营活动、分配活动的盈利能力、营运能力、偿债能力和增长能力状况等进行分析与评价的经济管理活动。

它为企业的投资者、债权人、经营者及其他关心企业的组织或个人了解企业过去、评价企业现状、预测企业未来，做出正确决策，提供准确的信息或依据。

财务分析是创业计划书中非常重要的组成部分。财务分析方法与分析工具众多，具体应用应根据分析者的目的而定。最经常用到的是围绕财务指标进行单指标、多指标综合分析，借用预算、目标等参照值，运用比率、趋势、结构、因素等分析方法进行分析，然后通过直观报表、图文报告等格式展现给用户。

财务分析通常包含以下三个方面。

（1）创业初期，在将创意转化为实践的过程中，初期资金支持的投入和走向。初期投资一般包括风险投资、人力资源投资、财力资产投资等。除了投资组成分析，还需关注投资走向分析，如财政分配，用于设备、场地等各类项目的财产投入分配，以及有关产品宣传推广的财务支出等。上述内容需要在初期投资与走向中得以体现。

（2）年度销售额与利润预计。完备的创业计划书一般都需对年度销售额进行估算，并在此基础上对产生的利润进行分析。在销售额和利润的预算过程中，要进行期望值和实际利润的高低把握。对此应充分进行前期市场调研，对同类产品的竞争进行分析，以确保预估的准确性。

（3）损益表和资产负债表。任何资产都不是恒定的，物质资产和金融资产都存在损耗、增减。损益表和资产负债表通常是比较专业的核算，需要具备专业财务知识的人来完成。

七、风险预测

任何风险事件的发生，都是在外界各种因素的综合作用下进行的。因此，在对风险事件进行预测时，需要综合考虑到这些不确定的、随机的因素可能造成的破坏性影响。风险预测是创业过程中重要的前期分析，主要关注创业过程中的一系列可能碰到的风险。创业风险主要包括三种：市场风险、财务风险、法律与公共关系风险（图4-8）。

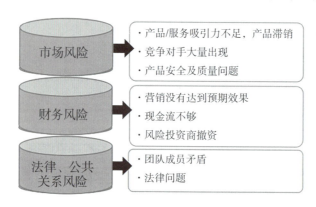

图4-8　创业风险

（一）市场风险

市场风险是指未来市场的不确定性对企业实现其既定目标的不利影响。这些市场因素可能直接对企业产生影响，也可能是通过其竞争者、供应商或消费者间接对企业产生影响。

市场风险由以下几部分构成。

（1）产品或者服务的吸引力不足，无法引发理想消费群体的兴趣，促使其产生购买欲望。吸引力不足会导致产品滞销，继而引起产品积压，企业在该链条出现断裂时，其他环节自然无法进行下去，必然导致财政困难。在进行市场风险评估时，首先要评估产品或服务市场的吸引力大小，一旦产品出现滞销，要有相应的应对策略。

（2）竞争对手。竞争对手包括原有的对手和新出现的对手，即已经在行业里的对手和潜在的竞争对手。竞争产生活力，同时又产生压力，竞争也会带来淘汰。

（3）安全和质量问题。产品是否会对人体、环境等产生安全威胁，产品质量是否符合标准。例如，食品安全问题，原材料本身是否安全，其化肥农药残留量是否超标、是否受到其他污染等；药品安全问题，某药物产品对不同群体的肌体适应性；等等。在进行风险评估时，要全方位、多角度审查产品安全和质量问题。

总之，在市场风险预测过程中，要重点考虑这三大风险：产品服务的创新能力不足引起的滞销风险；竞争对手大量出现产生的竞争风险；产品安全和质量问题产生的风险。

（二）财务风险

财务风险是指公司财务结构不合理、融资不当使公司可能丧失偿债能力而导致投资者预期收益下降的风险。财务风险是企业在财务管理过程中必须面对的一个现实问题，财务风险是客观存在的，企业管理者只能采取有效措施来降低风险，而不可能完全消除风险。

财务风险的类型多种多样，常见的有以下三种。

（1）销售额没有达到预期效果带来的资金问题。销售未达到预期，原因可能来自销售过程，也可能源于销售策略，如前期为占有市场，采用低价倾销，但收益低微。类似的问题都会在后期创业过程中产生财务压力。即便是已获得成功的大公司，都经历过营销没有达到预期效果而产生风险的情况。

（2）现金流不够。在公司运营过程中，需要一定额度的现金流支撑。有的企业资金分配不合理，将大量闲置资金用于原材料储备或产品积压生产，流动资金不足，一旦某些环节出现缺口，公司将无力支持；还有一些新创企业本身财力不够，除日常经营所需资金外毫无储备资金，一旦意外发生将全无应对之力。

（3）风险投资商撤资。风险投资是有风险的，商品在制造或销售过程中，投资商预估风险过大，为及时止损，会撤回投资。一旦风险投资商撤资，公司必然会出现资本匮乏、运作艰难的局面。

在创业计划书中，对营销产生的问题、现金流不足的问题、风险投资商撤资的问题，都要进行评估。

 案例 4-1

财务风险控制失败案例：安然事件

被企业财务风险击倒的典型案例就是"安然事件"。安然曾经是叱咤风云的"能源帝国"，1985 年由两家天然气公司合并而成，在短短 16 年内一路飞腾，2000 年，安然的总收入高达 1000 亿美元，名列《财富》杂志"美国 500 强"中的第七。2002 年 12 月 2 日，安然公司正式向法院申请破产保护，破产清单所列资产达 498 亿美元，成为当时美国历史上最大的破产企业。短短两个月，能源巨擘轰然倒地。

从辉煌到殒落，安然犯下了三大致命的错误。

1. 财务作假，虚增利润

财务舞弊被曝光是安然倒闭的直接原因。安然公司通过财务舞弊虚增利润，使得投资者丧失了对公司的信心，直接导致安然公司股票价值的暴跌。安然财务舞弊的方式是利用资本重组，形成庞大而复杂的企业组织，通过错综复杂的关联交易虚构利润，利用财务制度上的漏洞隐藏债务。

2. 大量应用高风险的金融工具，但缺失有效的风险防范和披露制度

安然手中握有为数众多的交易契约，但由于缺乏透明的披露制度，这些商品合约除了安然交易人员外，连债权银行都搞不清楚这些合约到底有没有价值，或者值多少钱。安然成功时，人们对这些契约价值还并不存在疑问，但是一旦问题暴露，这些契约的价值立刻受到投资者的怀疑，也因而加剧了安然公司倒闭的进程。

3. 过度举债谋求大发展

安然为了大发展而不顾后果地四处举债。安然自己的资产负债表上只列了 130 亿美元，而其负债总额实际高达 400 亿美元：270 亿美元（其中 30 亿美元银行借款，70 亿美元公司债）的债务一直不为外界所知；130 亿美元的债务属能源衍生性商品。另外，安然还采用了种种复杂的举债工具。

（三）法律与公共关系风险

企业法律风险是指企业因经营活动不符合法律规定或者外部法律事件导致风险损失的可能性。法律风险主要来自两个方面：一是法律环境因素，包括立法不完备，执法不公正，合同相对人失信、违约、欺诈等；二是企业自身法律意识淡薄，对法律环境认知不够，经营决策不考虑法律因素，甚至故意违法经营等。相比之下，企业自身原因引起的风险比例较高，主要原因是企业法律意识和依法治企的能力与法律环境变化存在差距。法律风险主要表现为六方面，包括企业设立与运营、合同订立和履行、企业并购、知识产权、人力资源管理和财务税收。

在公司运转过程中，还会碰到各种各样的公共关系问题，包括企业内部环境和外部环境中的公共关系风险。内部问题包括创业团队矛盾引起的问题，如团队解散等。内部问题产生的原因包括经营决策失误、法制观念淡薄、策划不当、公众摩擦纠纷、损害企业声誉等。外部问题包括自然环境突变、企业恶性竞争、政策体制不利、社会公众误解、全新传媒出现等。因此，在创业计划书中应体现起法律意识和公关意识。

八、附录

创业计划书的附录是整个创业过程中的支撑材料，能够增强创业计划书的科学性、可信度，具有合理性、合法性、真实性，主要包括以下四个部分。

（1）市场调研。一个可落地的创业计划书应提供市场调研的有关材料，来证明市场调研的可信度，包括市场调研的有关文献、材料，以此来证明整个创业设想、定位、策略不是凭空产生的，而是源于多方面的实际调研。

（2）核心数据。所谓言之有据，"据"就是数据，包括基础数据、市场数据、资金数据。所有与创业计划有关的数据，都应在附录里体现出来。在大数据时代，核心数据更为重要，所以对核心数据的呈现，要用多种维度对这个数据进行深层次的挖掘、分析。

（3）专利证书。如果是技术产品，专利证书、专利的拥有权须体现。

（4）合作单位证明，或合作团队证明。有些创业团队由各类单位或群体构成，如技术合作、资本合作、市场合作等，也应在附录中体现。

拓展阅读

撰写创业计划书的原则

1. 市场导向

在撰写创业计划书时，起导向作用的应该是市场。创业计划书应基于对市场的深入分析，没有市场认可的产品不是产品，只有得到市场认可的产品，才可能成功。大学生的创业计划书常常是非市场导向的，以个人兴趣或创意为导向。没有市场调研，或者市场调研不充分的计划书，不具备代表性。如果实施这样的创业计划书，将来失败的可能性会很大。因此创业计划书应该以市场为导向。

2. 开门见山

创业计划书的撰写要开门见山，直奔主题。有些创业大赛参与者演讲时的论述很清楚，但计划书却观点不明确，其原因便在于演讲是概括和浓缩，是在有限时间内直奔主题，相反计划书却重点不突出，主题被背景所埋没。因此创业计划书在表述上，要尽量做到开门见山。

3. 清晰明了

清晰明了的标准是在表述的时候，观点明确，包括框架结构和观点支持。从大学生创业大赛来看，有些创业计划书很清晰，让人容易理解；有些却很晦涩，甚至无法提炼观点，影响了整个项目的呈现。

4. 观点客观

在表达想法、创意的时候，表现创业计划书可行性的时候，要观点客观，尽量避免过多的个人主观色彩。如何避免主观性？应该依托调查和分析，观点、结论来源于实践、来源于实际，而非来源于想象和理论。在撰写计划书时，要实事求是地进行陈述，不能夸大事实和不确定的内容。

5. 通俗易懂

通俗易懂是创业计划书编写过程中非常重要的原则，避免出现技术性很强的术语，技术性问题可以在附录里面出现。在投资者的心中，更关注创业计划的价值创造，而非产品的技术过程。例如，A 与 B 产品，可能在经济回报上 A 小于 B，但在社会价值上 A 大于 B，有些投资者价值多元，可能更关注社会价值的重要性，从而选择 A 项目。因此，产品的理念、市场的预测应以通俗易懂的话表述出来，要具备可读性、可接受性。

6. 前后一致

创业计划书的内容应该保持前后的观点一致、数据一致、方法一致。前后一致既能赋予计划书可信度，也能赋予计划书可行性。此外，在计划书的陈述过程中，也应该保持基本思路、方法的一致性，显示整个项目考虑的成熟度。

7. 突出优势

创业计划书里应该明晰表述出团队优势、技术优势、商业模式优势、市场认识优势等，以及这些优势能否在实际操作中带来收益，是否起到关键性作用。有些投资者已经拥有某项技术，因此相比技术更重视团队，那么就应该突出分析团队优势。有些团队的组成相类似，那么应突出更好的技术，或者更低的成本、更高的效率等。有些团队、技术相差不大，那么就可以彰显营销模式的特点，如网商的出现就是商业模式的改变，为消费者带来便利和优惠，也在同行竞争中获得先机。

8. 循序渐进

在创业计划书中，切忌表现得急功近利，不切实际地夸夸其谈。创业的成功不是一蹴而就的，因人、因行业而异，从整体上看，其是一个循序渐进的过程。有些大学生在制作创业计划书的过程中，好高骛远，总想着一步登天，其产品的表述与同类产品相差无异，销售额的预估却相差巨大，想象成分远高于科学评估，这样的创业计划书没有任何使用价值。

总之，在撰写创业计划书的时候，应该遵循上述八条基本原则。我们在撰写创业计划书时，面临着哪些难题，哪些问题是以前所忽视的，哪些问题是以前想到却难以解决的？这种系统化的深刻分析，对创业计划书的撰写非常重要，对能否取得创业成功也至关重要。

习题回顾

1. 什么是创业计划书？

2. 制定创业计划书有什么作用？

3. 进行市场调查的方法有哪些？

4. 如何撰写创业计划书？

5. PEST 分析模型包括哪些方面？

6.在撰写创业计划书时要遵循哪些原则？

🔗 实践练习

实践活动：创业计划融资展示。

情境设定：

如果你的小组有了一个创业计划，或者找一份自己比较熟悉的创业计划书，认真研读和思考，确保自己掌握了项目的所有信息，然后凝练出创业计划的所有要点。

现在，你要代表这个创业项目，去面见投资人。而投资人比较忙，仅给你3分钟时间陈述你的项目计划。你会如何设计这3分钟的第一次融资沟通呢？你准备用什么样的方式和策略，去打动投资人，引起投资人的兴趣，从而获得融资机会呢？

模拟步骤：

1.准备一份3分钟的展示材料和演讲稿。

2.寻找指导老师和创业项目相关权威人士，扮演投资人。

3.利用3分钟的时间，充分展示你的风采。

4.征询"投资人"意见，聆听其感受和点评。

5.总结反馈信息，进一步思考，改进计划书。

📷 广角视点

检测商业计划书是否合格的11条标准

1."电梯"测验

你能在大约上一层电梯的时间里——用最多两个短句告诉我你的生意如何获利吗？电梯测试是广为人知的电梯销售演讲的变本。你需要一个"电梯商业演讲"。为什么？因为你必须清楚自己要如何赚钱。这个简单道理看似不言自明，但实际上很多企业刚成立时对如何最终盈利的概念非常模糊。所以，商业计划必须简单明了。

用来检验新公司的一个测验就是看公司被解释的难易程度。如果一个人能在他的名片后面概括他的公司计划的话，通常这意味着他能向员工、顾客和利益相关者描述公司的目标。一份需要一段文字或者10分钟来解释的商业计划是含糊不清的。

2."最多三件事情"测验

成功有赖于创业者将其能力集中在有限的几个关键领域的能力。当你审视一个商业创意时，你需要问自己如下问题：这里决定我成功的三件事是什么？我具备在这个范围内成功的必备能力吗？如果没有，如何获得？

3. "假如你是顾客"测验

把你放在潜在顾客的位置上。问你自己一系列问题：

在已有选择的基础之上，我会买这个公司的新产品和服务吗？

如果会，为什么？

作为一个潜在的买家，我是独一无二的吗？还是很多人和我一样？

我会以现在的全价购买产品和服务吗？

购买服务有多快？多容易？我会立刻购买，还是先了解一下？然后，回到企业家的角色，问：现在的商业计划允许适当的时间和精力吗？

从这开始，你必须去找潜在顾客，现场收集实际市场经验。

4. "差异化和市场领导权"测验

无论何时有人说："这是一个巨大的市场，我们只需占有一小部分就能成功。"赶紧转身离开，远走高飞。不惜一切代价避开这个陷阱！成功需要你的生意与众不同并能统治一些东西。当小池塘里的大鱼比当大海里的小鱼要好得多。

定义你的市场——即使它只是一个更大市场的一小部分——这样你才有与众不同之处吸引这部分顾客，让你统治这个领域。

5. "我会被包围吗？"测验

在创业之前，你必须估计很常见的现象带来的风险，以及妨碍你长期成功的可能性。公司有一些结构特性让供应商和合伙人难以竞争。从一开始你就要考虑你是否能有效地构建你的公司，阻止合伙人和供应商复制你向顾客提供价值的企图。

6. "成本翻番"测验

正像电梯演讲测验一样，"成本翻番"测验也广为使用。本质上是这样的：你预料到会出现问题，每件事都比预期的费用要高，通常需要更多的时间实现收益流。这个测验检查你犯错误的回旋余地——很显然，余地越大越好。看一下你的利润计划（你预期的花费、预期收益、取得收益的时间），问自己如下的问题：如果成本翻番，这还是一份好的商业计划吗？如果第一年的收益只有预期收益的一半，成本又翻番，这还是一个好创意吗？

7. 留下"犯错误试验的空间"测验

好的商业创意通常留给你很大的犯错误的空间。并且记住，你最后挣的钱不一定来自打算挣钱的地方，所以留下试验的空间。在你投入时间和精力检测你的公司前使用这个测验最有价值。一旦你已经完善了你的业务模式——继续白天工作的同时——你就没必要选择如此大胆的假设，因为你有亲身体验告诉你什么管用。

8."依赖性"测验

任何公司的重要风险来源之一就是对某个供应商或者顾客的巨大依赖。首要法则就是单一顾客不能占据一个公司销售额的35%。所以，问问自己：如果环顾四周，我的公司是否严重依赖某个公司呢？如果答案是肯定的，有办法减少这种依赖性或者减轻潜在的损失吗？如果你打算创立的公司严重依赖某个公司，要考虑如下两个问题：这种依赖性会榨取我的利润吗？如果我依赖的公司停业或者不再同我做生意，将会发生什么事情？要花时间仔细构思一个详细的权变计划，用笔写下来。你或许从来不用它，但是写下来，你强迫自己真正思考这个问题，你什么时候需要就能马上找出来做参考。

值得注意的是：在当今激烈的竞争环境中，不幸的现实是公司不再像以前那样具有同样的价值了。过去，一个公司在一年中获得特定收入，下一年（管理良好的情况下）也会得到类似的收入。今天，很有可能没有持续地创新，一个公司的收入将迅速逐年下滑。当今的买家要购买的是一个能够不断自我更新的平台，而不是一个一成不变的东西。

9."多股收入流"测验

尽可能控制你的风险。控制风险的传统方法之一就是多样化。涉及公司收入，这就是说公司从多个来源获得收益的能力。

10."脆弱性"测验

"脆弱性"测验，或者说用来分析商机的"最坏的情况是什么"的方法，是在开始时问这样一些问题：如果公司开业运转了，什么事情会让我的公司瞬间倒塌？我如何预测现有的和潜在的竞争者对我的公司做出的反应？是否有竞争者，作为对我这个潜在威胁的反应，有能力将我的公司立刻扫地出门？为什么现有竞争者不会对我的进入做出反应？

11."不只是一条路"测验

创始人找到了迅速低成本扩大产品线的方法。这种低廉简单的测试并启动新产品和服务的能力通常反映了在职经验。但仍然有可能在启动公司之前了解能否并如何扩大你的产品线。如果你的公司——或者你将使用的技能——能够灵活地朝多个方向发展，你将更有可能成功。但是如果你知道你正在启动一个只有一条路可走的公司，那么停下来，反复思考，你没有多少犯错误的机会。

项目五 筹集创业资金

凡是不能获得他人信任的人，永远不要想获得成功。

——马洛

🔔 学习目标

1. 了解常用的创业融资方式。

2. 根据创业企业实际，提出融资需求并选择恰当的融资渠道。

3. 能够设计出符合创业企业要求的融资方案，并提出有效建议。

⚙ 项目结构

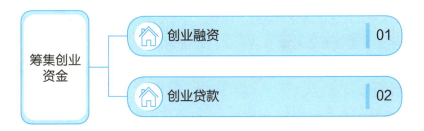

筹集创业资金

🏠 创业融资　01

🏠 创业贷款　02

"蜜桃哥"张民：农产品电商是我一生的事业

"我在甘肃待过一年""我们非常愿意跟你去农村""我家也是山东农村的""我小时候在密云待过，祖上肯定是农民"……为了获得融资者的青睐，五位挑剔的投资人纷纷向他"推销"自己，希望获得合作的机会。2016年1月21日央视大型创业真人秀节目《我是独角兽》出现了这不同寻常的一幕。最终五位投资人共同为这位创业者的融资项目"瓜熟蒂落"（原"一原一品"）投资1000万，远超出了最初500万的融资目标。这位创业者叫张民，人称"蜜桃哥"，是北京市昌平区小汤山镇酸枣岭村的一位大学生村官。在资本进入寒冬期的2016年，张民到底是凭借什么获得了投资人如此的青睐呢？

1. 离开家乡时，他许下了一个承诺

张民出生在一个农民的家庭，从小在沂蒙农村长大的他，亲眼目睹了太多农民因为缺乏销售渠道而导致农产品大量滞销的情况，这让张民非常痛心，也给了他一种使命感，希望通过自己的努力改变这种境况。

2007年，张民大学毕业走上社会。三年里，他做过服务生、销售，也在公司做过网络营销管理层，虽然积累了一定的社会经验，但张民感觉自己离最初的梦想越来越远。在人生的低谷期，张民决定考研。他在顺义铁匠营租了个月租180块的房子，花1200元买了35本书，白天上班，晚上复习考研，每天只睡三个小时。不到半年的时间，张民以总分379、数学专业课接近满分的成绩，跨校、跨专业考上了北京农学院的研究生。

张民始终没有忘记自己对家乡的承诺，读研期间，他走访了一百多个乡村，对农村进行了深入调研。此时，中国的电商也开始蓬勃发展，张民瞄准了这一势头，成为"中国第一批玩团购网站的人"。

2013年到2015年是中国的资本市场的火爆期，很多人在这时候赚得盆钵满溢，但张民一直不为所动。2016年，中国资本市场进入寒冬期，张民却在这时候决定成立一个农村电商整合平台，并推出"瓜熟蒂落"项目。很多人表示不理解，但对张民来讲"农村是我一生的事业，投资并不会决定我是否继续走下去。"曾经有个村子自发为张民筹钱，助他创业。张民说，"我背后有几千几万的老农，甚至包括返乡创业青年的支持"，自己是带着这些人的信任和嘱托与投资人谈判的。

2. "半截身子扎在土地的实干家"

研究生毕业后，张民响应国家号召，成为一名大学生村官。走出校园回到农村，张民每天都拿着农户情况调研本、大学生村官创业实践记录本和工作日志等3个本在村里转悠，随时记录。看到农产品滞销，他比村民都着急。2014年到2015年两年时间，他通过各种众筹平台帮助农民销售水蜜桃等各种农产品，金额达到300多万元，被亲切地称为"蜜桃哥"。

发挥自身优势之余，张民还积极吸纳一批大学生村官加入他的团队。在他看来，村官是最靠近和接近农村一线的人，大学生村官本身就是有理想和抱负的群体。

采访中，张民向记者反复强调："瓜熟蒂落"是一个团队共同的目标，大家从全国各地主动加入他的团队、聚集到一起，就是为了一个共同的目标而奋斗的。在张民的团队里，既有本地扶持的退伍军人、大学生村官，也有不少匠心老农、返乡创业青年。这些人都是全职加入团队，全面负责选品和品控。

在团队中，张民起到了很好的表率作用。为了挑选最好的农产品，他跑遍了全国各地，深入到农村，并在山东的临沂、烟台，贵州贵阳，四川丹棱，北京密云、怀柔，陕西富平，海南万宁建立了八个乡村服务站。

"半截身子扎在土地的实干家"，这是投资者对张民的评价。在问到为何投资人和农民愿意与自己合作时，张民认为：资本市场看好农村电商由来已久，但想要选出适合做这一行的人并不容易。要做好农产品电商，需要下到乡村，与农民打成一片，这是所有农村电商最难办到的，而自己有很强的学习能力，有丰富的实战经验，最懂农村、农民，对农产品事业发展有坚定的信念，能将农产品创业作为一生的事业，是所有电商创业者中最有情怀的创业者。他还认为，自己将想法有效落地，能保证事业的可持续发展。因此投资人和农民才能放心将这项事业交给自己完成。

张民对自己的团队和产品有非常严格的要求。"瓜熟蒂落"提供全方位溯源的产品，保证每个产品都能找到生产者，每个站长都要下乡下村亲自品尝。水果当天采摘发货，保证第二天全国各地都能收到，同时坚持所有产品原产地直发，采用预售模式、众筹模式保证产品质量、新鲜度、口感。"瓜熟蒂落"的水蜜桃就要求早上五点太阳还没出来的时候必须采摘完成，桃子必须在最新鲜的时候入箱子，保证客户收到时的桃子口感最好。"瓜熟蒂落"所有的产品背后都有站长全职负责，在中国消费水平逐渐升级的今天，张民相信，这将是中国农产品发展的方向。

3."我的背后，是成千上万农民的利益"

即使坚韧如张民，创业过程中也遇到了不少的困难。为了拓展"瓜熟蒂落"项目的前身"一原一品"，张民决定参加《我是独角兽》节目融资，但在讨论的时候，对于是否让张民上场的意见分成了两派，有一拨人坚决反对张民上节目。这种情况下，张民拍桌子了："这么有影响力的节目，如果没有一个农业项目，如何对得起千百万的农民！"张民如此坚定，是因为他知道做的事业是为了他背后成千上万农民的利益而不是个人的利益。看到如此坚定的张民，节目组最终同意让张民上节目。现场，张民是唯一一个被五家投资人同时看好、抢着投资的融资人。最终五位投资人共同为张民的融资项目"一原一品"投资 1000 万，远超出了张民最初 500 万的融资预期。

有时老农会给张民写感谢信，有的村民看到创业资金困难会自发为张民筹钱，这些都让张民特别感动，更坚定了张民做这个事业的决心，他坚信自己做的是有价值有前景的事业。

4. 选择创业就要对社会有影响和改变

对于未来，张民有自己的打算。他希望通过"瓜熟蒂落"让中国农村真正优质的农产品直达城市餐桌，把一份沉甸甸的信任传递到城市。

"瓜熟蒂落要做中国最实在、最具有信任度的可聚合乡村特产购买平台，中国乡村非物质文化遗产传承平台，农村大电商大数据时代的领军品牌。"张民信心满满。

（资料来源：中国青年网，2016-06-22）

点评

近年来，国家大力支持年轻人创新创业，并出台了一系列政策措施优化创业环境。年轻的创业者们在选择创业时必须有明确目标和愿景，既要仰望星空还要脚踏实地。创业要体现人生的价值，要有对社会影响和改变，这是创业要首先考虑的事情，不能只顾着赚钱、只看重经济效益。有了目标和愿景，才能在面对任何困难和挫折时不动摇。很多年轻人创业失败是因为没有明确而强烈的价值观和愿景，很容易被社会上的一些诱惑所误导。

任务一　创业融资

创业者面临的主要问题是为创业融资。

融资，即资金融通，有广义和狭义之分。广义融资，指资金在持有者之间流动，以余补缺的一种经济行为，它是资金双向互动的过程，不仅包括资金的融入，还包括资金的融出，即不仅包括资金的来源，还包括资金的运用。狭义融资，指资金的融入，即资金来源，具体指企业从自身生产经营及资金运用情况出发，根据未来经营发展的需要，通过科学的预测和决策，采用一定的渠道和方式，利用企业内部积累或向企业投资者及债务人筹集资金，保证企业经济发展需要的一种经济行为。它既包括不同资金持有者之间的供应，也包括某一经济主体通过一定方式在企业内部进行的资金融通，即企业自我组织与自我调剂资金的活动。

创业企业启动资金测算

专家建议新企业在启动阶段，至少要备足 6 个月的各种预期费用，公司投入运营后，很难立即带来收入，创业者最好对所有可能发生的意外情况都有所准备，并测算其总费用。启动资金的类型、所包含的内容及明细如表 5-1 所示。

表5-1　创业企业启动资金表

启动资金类型	包含内容	明细
固定资产	企业用地和建筑	
	设备	机器、工具、车辆、办公家具等
	购买并储存原材料和成品	购买原材料和商品存货
流动资金	促销	广告、有奖销售、上门推销、推广活动
	工资	自己家庭的费用、员工的工资
	租金	办公场所、仓库等租金费用
	保险费用和其他	保险费、电费、水费、交通费、办公用品费
开办费	办公费、验资费、装潢费、注册费、培训费、技术转让费（卖专利）、营业执照费、加盟费	

如何融资、何时融资和向谁融资是创业者最为关心的问题。

一、股权融资与债权融资

按大类来分，企业的融资方式有两类：股权融资和债权融资。

（一）股权融资

所谓股权融资，是指企业的股东愿意出让部分企业所有权，通过企业增资的方式引进新的股东的融资方式。股权融资所获得的资金，企业无须还本付息，但新股东将与老股东同样分享企业的盈利与增长。股权融资的特点决定了其用途的广泛性，既可以充实企业的营运资金，也可以用于企业的投资活动。

1. 股权融资的特点

（1）长期性。股权融资筹措的资金具有永久性，无到期日，不归还。

（2）不可逆性。企业采用股权融资无须还本，投资人欲收回本金，需借助于流通市场。

（3）无负担性。股权融资没有固定的股利负担，股利的支付与否和支付多少视公司的经营需要而定。

2. 股权融资的渠道

股权融资按融资的渠道来划分，主要有两大类：公开市场发售和私募发售。

（1）公开市场发售。

所谓的公开市场发售，是指通过股票市场向公众投资者发行企业股票来募集资金，包括我们常说的企业上市、上市企业的增发和配股都是利用公开市场进行股权融资的具体形式。

通过公开市场发售的方式来进行融资是大多数民营企业梦寐以求的融资方式，企业上市一方面会为企业募集到巨额资金，另一方面资本市场将给企业一个市场化的定价，使民营企业的价值为市场所认可，为民营企业的股东带来巨额财富。

与其他融资方式相比，企业通过上市来募集资金有以下突出的优点：①募集资金的数量巨大；②原股东的股权和控制权稀释得较少；③有利于提高企业的知名度；④有利于利用资本市场进行后续的融资。但由于公开市场发售要求的门槛较高，只有发展到一定阶段，有了较大规模和较好盈利的民营企业才有可能考虑这种方式。

与银行贷款类似，民营企业上市在国内的资本市场上也会面临不公正的对待，虽然在相关的法律和法规中找不到限制民营企业上市的规定，但在实际审批中，上市的机会绝大多数都给了国有企业，很多民营企业只能通过借壳上市或买壳上市的方式绕过直接上市的限制进入资本市场，期待通过未来的配股或增发来融资。

（2）私募发售。

所谓的私募发售，是指企业自行寻找特定的投资人，吸引其通过增资入股企业的融资方式。因为绝大多数股票市场对于申请发行股票的企业都有一定的条件要求，例如，我国对公司上市除了要求连续 3 年盈利之外，还要求企业有 5000 万的资产规模，因此对大多数中小企业来说，较难达到上市发行股票的门槛，私募成为民营中小企业进行股权融资的主要方式。

在当前环境下，私募发售是所有融资方式中民营企业相较国有企业占优势的融资方式。这种方式产权关系简单，无须进行国有资产评估，没有国有资产管理部门和上级主管部门的监管，大大降低了民营企业通过私募进行股权融资的交易成本和效率。私募成为近几年来经济活动最活跃的领域。对于企业，私募融资不仅仅意味着获取资金，同时，新股东的进入也意味着新合作伙伴的进入。新股东能否成为一个理想的合作伙伴，对企业来说，无论是当前还是未来，其影响都是积极而深远的。

在私募领域，不同类型的投资者对企业的影响是不同的，在我国有以下几类投资者：个人投资者、风险投资机构、产业投资机构和上市公司。

一是个人投资者。个人投资者虽然投资金额不大，一般在几万元到几十万元之间，但在大多数民营企业的初创阶段起了至关重要的资金支持作用。这类投资者很复杂，有的人直接参与企业的日常经营管理，有的人只是作为股东关注企业的重大经营决策。这类投资者往往与企业的创始人有密切的私人关系，随着企业的发展，在获得相应的回报后，一般会淡出该企业。

二是风险投资机构。风险投资机构是 20 世纪 90 年代后期在我国发展最快的投资力量，其涉足的领域主要与高技术相关。2000 年，几乎每一家互联网公司都有风险投资资金的参与。国外如 IDG、Softbank、ING 等，国内如上海联创、北京科技、广州科投等都属于典型的风险投资机构。它们能为企业提供几百万乃至上千万的股权融资。风险投资机构追求资本增值的最大化，它们的最终目的是通过上市、转让或并购的方式，从资本市场退出，特别是通过企业上市退出是它们追求的最理想的方式。

上述特点决定了选择风险投资机构对于民营企业的好处主要有以下几个方面：①没有控股要求；②有强大的资金支持；③不参与企业的日常管理；④能改善企业的股东背景，有利于企业进行二次融资；⑤可以帮助企业规划未来的再融资及寻找上市渠道。但与此同时，风险投资机构也有其不利之处，它们主要追逐企业在短期的资本增值，容易与企业的长期发展形成冲突。另外，风险投资机构缺少提升企业能力的管理资源和业务资源。

三是产业投资机构。产业投资机构又称策略投资者，其投资目的是希望被投资企业能与自身的主业融合或互补，形成协同效应。该类投资者对民营企业融资的有利之处非常明显：①具备较强的资金实力和后续资金支持能力；②有品牌号召力；③业务的协同效应；④在企业文化、管理理念上与被投企业比较接近，容易相处；⑤可以向被投企业输入优秀的企业文化和管理理念。其不利之处在于：①产业投资机构可能会要求控股；②产业投资机构若自身经营出现问题，对所投资企业会产生负面影响，影响企业的后续融资；③可能会对被投企业的业务发展领域进行限制；④可能会限制新投资者进入，影响企业的后续融资。

四是上市公司。上市公司作为私募融资的重要参与者，在我国有其特别的行为方式。特别是主营业务发展出现问题的上市公司，由于上市时募集了大量资金，参与私募大多是利用资金优势为企业注入新概念，伺机抬高股价，以达到维持上市资格或再次圈钱的目的。当然，也不乏一些有长远战略眼光的上市企业，因为看到了被投资企业广阔的市场前景和巨大的发展空间，投资是其产业结构调整的需要。但不管是哪类上市公司，他们都会要求控股，以达到合并财务报表的需要。对这样的投资者，民营企业必须十分谨慎，一旦出让控股权，又无法与控股股东达成一致，企业的发展将会面临巨大危机。

以上各种投资者，民营企业可以根据自身业务特点或经营方向进行选择。

3. 股权融资在企业投资与经营方面的优势

（1）股权融资需要建立较为完善的公司法人治理结构。公司的法人治理结构一般由股东大会、董事会、监事会、高级经理组成，它们相互之间形成多重风险约束和权力制衡机制，降低了企业的经营风险。

（2）在现代金融理论中，证券市场又称公开市场，它是指在比较广泛的制度化交易场所，对标准化的金融产品进行买卖活动，是在一定的市场准入、信息披露、公平竞价交易、市场监督制度下规范进行的。与之相对应的贷款市场，又称协议市场，亦即在这个市场上，贷款者与借入者通过直接协议进行融资活动。在金融交易中，人们更重视的是信息的公开性与可得性，因此证券市场在信息公开性和资金价格的竞争性两方面来讲优于贷款市场。

（3）如果借贷者在企业股权结构中占有较大份额，那么他运用企业借款从事高风险投资和产生道德风险的可能性就将大为减小。因为如果这样做，借款者自己也会蒙受巨大的损失，所以借款者的资产净值越大，借款者按照贷款者的希望和意愿行事的动力就越大，银行债务拖欠和损失的可能性就越小。

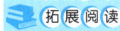
拓展阅读

认清股权融资和非法集资

1. 非法集资的概念与表现形式

非法集资的定义是：单位和个人未按照法定的程序经有关部门批准，以发行股票、债券、彩票、投资基金证券或其他债权凭证的方式向社会公众筹集资金，并承诺在一定期限内以货币、实物及其他利益等方式向出资人还本付息给予回报的行为。

非法集资的主要表现形式：一些单位和个人假冒金融机构，以高于同期银行利率若干倍的高息为诱饵，吸收公众存款，用于投资或非法放贷。他们常常利用互联网搞网上购物、网上求职培训等方法，或借助传销手段进行非法集资活动。另外，大多以配送产品为幌子，诱使客户存款。

图 5-1 非法集资

2.非法集资的特点

（1）未经有关部门依法批准，包括没有批准权限的部门批准的集资以及有审批权限的超越权限批准的集资。

（2）承诺在一定期限内给出资人还本付息。还本付息的形式除以货币形式为主外，还包括以实物形式或其他形式。

（3）向社会不特定对象即社会公众筹集资金。

（4）以合法形式掩盖其非法集资的性质。

（二）债权融资

所谓的债权融资，是指企业通过借钱的方式进行融资，债权融资所获得的资金，企业不仅要承担资金的利息，还要在借款到期后向债权人偿还资金的本金。债权融资的特点决定了其用途主要是用于解决企业运营资金短缺的问题，而不是用于资本项下的开支。

1. 债权融资的特点

（1）短期性。债务融资筹集的资金具有使用上的时间性，需到期偿还。

（2）可逆性。企业采用债务融资方式获取资金，负有到期还本付息的义务。

（3）负担性。企业采用债务融资方式获取资金，需支付债务利息，从而形成企业的固定负担。

2. 债权融资的形式

（1）银行贷款。

银行贷款是企业债务融资常见的一种方式。商业银行等金融机构是我国企业获取资金的重要渠道，目前我国资本市场不够完善，融资渠道狭窄。随着我国商业银行等金融机构逐渐从贷款额度管理改为资产负债管理，金融机构对企业的贷款更为小心谨慎。同时，由于市场经济中，企业经营存在着更高的经营风险和信用风险。因此，企业通过银行融资存在相当的难度。

（2）组合贷款。

组合贷款是一种引入第三方甚至第四方的贷款方式。它可以有效提高贷款融资的可行性，主要方式包括："中资银行＋外资银行""中资银行＋担保机构""中资银行＋担保企业"，这样组合的过程就是融资创新的过程。下面主要介绍银行＋担保机构的担保融资方式。

担保融资，即企业在自身信用资质达不到银行贷款要求的情况下，由第三方提供担保，增加信用资质以获得融资的一种方式。担保机构对企业所在的行业没有特别要求。首先，企业需在其行业内具备比较优势，企业产品或资源等某些方面能够超越竞争对手，不一定是国际或国内领先，只要比竞争对手抢先一步即可。其次，担保机构要求企业应具有健康、稳步、持续的经营能力。从企业历史经营记录来判断企业今后是否具备偿还债务的能力，在财务上反映为资产负债率、现金流量、利润增长率等数据指标。此外，担保机构还看重人的因素，即企业的领导是否具有战略眼光，团队是否具有凝聚力等。

担保机构能从融资的角度帮助企业改善治理机构，提升对企业自身价值的认识，能迅速根据融资需求制定相应方案。担保机构规避和降低了银行风险，许多企业由此获得发展资金。

担保机构是经营信用的企业，在担保机构所面临的风险中，最突出、最不可控的是企业的信用风险，因此，担保机构非常看重企业及其企业家以往的信用记录。如果申请企业或其企业家以往有不良信用记录，担保机构和银行都会把这家企业拒之门外。除了银行信用，企业还应该保持良好的纳税记录，严格履行经济合同，注重产品（服务）质量。

（3）贸易融资。

贸易融资是指与进出口贸易结算相关的短期融资或信用便利，主要包括打包贷款、承兑汇票、出口押汇、进口押汇、保理业务等。贸易融资的关键是银行依托对物流、资金流的控制，或对有实力关联方的责任和信誉捆绑，在有效控制授信资金风险的前提下进行的授信。贸易融资业务注重贸易背景的真实性和贸易的连续性、信用记录、交易对手、客户违约成本、金融工具的组合应用、银行的贷后管理和操作手续等情况的审查，贸易过程中所产生的销售收入构成贸易融资业务的主要还款来源，融资额度核定由贸易额扣除自有资金比例确定，期限严格与贸易周期匹配，保证资金不会被挪用。风险控制手段，包括注重贸易合同的审查，并调查上下游企业，重点审查短期偿债能力，加强对单据的控制、对现金流的封闭管理。贸易融资业务可以根据企业的具

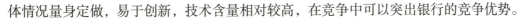

体情况量身定做，易于创新，技术含量相对较高，在竞争中可以突出银行的竞争优势。

（4）固定回报投资。

固定回报投资表现为股权投资，实质上是一种债权投资行为，类似于股权质押的借贷行为。因此，这种方式对于项目本身的要求会更高。对于企业来说，这种融资方式的成本也非常高，不低于委托贷款。固定回报的资金来源通常是境内外的企业、境外的银行和基金以及财务公司。固定回报的方式大致分为两类：一类是资金的期限很长，一般超过 8 年，期间每年支付较高利息，到期后不必归还本金；另一类是期限较短，常见的有 5~8 年，每年支付利息，资金采用折现的方式提供，到期归还本金。以这种方式计算下来，融资成本非常高。

（5）委托贷款。

委托贷款实际上是企业将资金委托银行进行管理。企业间进行直接借贷的行为不具有法律效力，而企业通过银行委托贷款的方式贷款给企业则是一种合法的方式，通过定向的委托贷款，行企业间借贷之实。委托贷款的资金成本一般高于银行同期贷款利率，更适合资金需求比较急迫、项目回报率高的企业。委托贷款一般要求企业提供足额的抵押品或担保品，同时要求企业跟银行有较好的沟通。银行一般对这种贷款形式也比较谨慎。委托贷款的核心是要先找到投资方。投资方通常要对企业的担保品或抵押品认可，同时对企业的项目也要进行可行性判断。因此，委托贷款中实际上有四个主体：投资方、银行、担保方、融资方。融资成本的利益在前三者之间进行分配，通常总成本会超过 10%。

（6）金融租赁。

在成熟的资本市场国家，金融租赁作为与银行和上市融资并重的一种非常通用的融资工具，成为大量企业实现融资的一个非常重要和有效的手段，在一定程度上降低了中小企业融资的难度。同时金融租赁和其他债权、股权以及信托等金融工具的结合，产生了大量的金融创新。

金融租赁这种方式在中国资本市场上并非全新的概念，但是中国固定资产投资中金融租赁所占的比例不过 1%。金融租赁的本质是一种债权，欧洲金融租赁联合会对金融租赁的一般性的定义是："金融租赁是出租方和租赁方以书面形式达成的协议，在一个特定的期限内，由出租方购买承租方选定的设备和设施，同时拥有其所有权，而承租方拥有使用权。"

构成金融租赁的几个关键要素有：承租方主体、出租方主体、期限、租赁标的。而随着市场的发展和需求的多样性，金融租赁的表现形式也越来越丰富多样，出现了许多新式的租赁服务，比如回租、委托租赁、转租赁、合成租赁、风险租赁等，但总体来讲不外乎两种基本模式，一种是出租方将标的物购买后移交承租方使用；另一种则是将购买标的物的资金以类似于委托贷款的方式交给承租方，由租赁方购买既定的标的物。而通过金融租赁实现融资的基本特征在于承租方的最终的目的是取得标的物的所有权。因此，从期限和金额上来看，租期通常会接近标的物的使用寿命，在金融租赁相对成熟的市场中，这个期限一般界定为设备使用寿命的 75%；而从租金的总额度上来看，也会接近标的物的购买价格，通常界定为购买价格的 90%，或者双方约定在期满后承租人以某种方式获取标的物的所有权。

金融租赁适用范围也非常广，对于企业来说从厂房、设备、运输工具到软件、信息系统都可以适用，无论是大型的国有企业、医院，还是中小型的企业，都可以采用金融租赁的方式。

金融租赁同时还具备了这样几个特征：第一，可以获得全额融资；第二，可以节省资本性投入；第三，无须额外的抵押和担保品；第四，可以降低企业的现金流量的压力；第五，可以起到一定的避税作用；第六，从某种意义上来说，可以用作长期贷款的一个替代品。

金融租赁不可避免地有自身的诸多限制，无论是在国内还是国外，它所能满足的需求总量是有限的，同时也具有比较强的风险收益特征和行业指向性。从总量的角度来看，目前国内金融租赁相对侧重的行业是医疗和公用事业类，但是针对中小企业的租赁服务也在逐步增加；在企业规模上也有一些对资产、经营状况的硬性指标要求。

金融租赁公司有一套严格的审核手续，首先会对企业及其融资项目的风险进行充分评估；其次是对项目盈利能力的判断，而这一点与租赁公司收取的租金或者利率以及租赁期限有着紧密的关联，通常金融租赁的总成本会高于同期银行贷款利率；最后就是从金融租赁风险控制的角度出发，对于标的物有着严格的要求，通常集中在具有一定抵押意义和可变现的设备、厂房等动产和不动产上，部分租赁公司还将标的物限制在特定的行业和应用领域中。此外，作为融资方或者承租方还需要提供一定数量的保证金，额度相当于总融资额度的 20% 左右。

3. 债权融资的优势与不足

（1）优势。

①银行具有信息收集的优势。银行有条件，有能力自己收集并分析企业投资、经营、分配、收益的状况，同时能在一个比较长的期间考察和监督企业，有助于防止"道德风险"的出现。

②银行具有信息分析研究的规模经济特点。一方面，银行收集同样的信息具有规模经济作用；另一方面，分析大量信息本身也具有规模经济效益。

③在长期"专业化"的融资活动中，金融机构发展了一套专业的技能。

④银行对企业的控制是一种债权的控制。债权的作用在于当企业能够清偿债务时，控制权就掌握在企业手中；如果企业还不起债，控制权就转移到银行手中。

（2）不足。

负债有利于控制经营者的"道德风险"，但企业利用负债融资也可能导致股东的"道德风险"。股东的这种"道德风险"行为主要表现在以下两个方面。

①股东存在着将债权人的财富转移到自己手中的机会。手段有两种，其一是利用股权政策逃债。在投资无法改变的情况下，股东及经营管理者可以将负债筹集到的资金作为红利支付的来源，分配给股东；而在投资政策可以变更的情况下，股东及经营管理者就有可能削减投资，增加红利。其二是资产替代行为。在股东有限责任的前提下，经营管理者有可能在投资决策时放弃低风险低收益的投资项目而选择高风险、高收益的投资项目，从而产生替代行为，使债权人面临过大风险。

②股东及企业经营者有可能出现因债务超过，使股东放弃对债权人而言有利的项目投资现象，从而使债权人遭受损失。

上述分析表明：股权融资和债权融资在风险控制上各有优势，但两种融资方式对企业经营风险以及对金融体系风险的控制都存在一定缺陷。债权融资有利于抑制企业因股权融资而引起的经营管理者"道德风险"，但却有可能导致股东"道德风险"行为的发生。因此，为建立对经营管理者和股东有效的激励约束机制，企业的负债融资额必须选择在使这两种类型的"道德风险"降低到最低水平。单纯倾向于某种融资方式的选择，并不能达到控制金融风险的目的，只有两种方式的合理选择与组合，才能为防范金融风险增加保证机制。

二、风险投资

 案例 5-1

中芯国际引入风险投资

迪克·克拉姆里奇在 NEA 的合伙人告诉他，当他建议 NEA 投资 1 亿美元到中芯国际时，他们认为他疯了。然而，在 2004 年的 IPO 中，中芯国际募集了 17 亿美元，这笔交易使得 NEA 获得了多倍的回报。

克拉姆里奇和 NEA 通过投资中国技术市场获得了这些回报，而硅谷的其他风险投资公司并没有认真对待它。

2003年，中芯国际完成了6.3亿美元的C轮融资，其中包括NEA，Oak Investment Partners和Walden International，以及一些主要的国际投资公司：Vertex Ventures Israel，淡马锡控股，H & Q亚太，Beida Microelectronics Investment和上海实业控股。

当时，中国刚刚对外资开放了半导体产业，大多数美国投资者不知道会发生什么。这是一个未知的领域，没有确切的模型可供参考，克拉姆里奇的合伙人称之为"地缘政治风险"。然而，克拉姆里奇坚称中芯国际是一笔有价值的投资，原因有以下几个方面。

首先，中国的经济增长率哪怕在20世纪90年代后期减慢了下来，还能稳定保持在约7%或8%。作为参考，美国平均每年的经济增长约3.22%。其次，中国的半导体消费率每年增长24.8%，而全球半导体消费率的平均增长率为3.8%。最后，中芯国际的团队由来自亚洲其他国家的半导体行业资深人士组成，他们已经在韩国和其他地方建立了成功的半导体业务，现在终于可以对这些业务进行投资了。

2002年，克拉姆里奇和NEA在飞往中国进行尽职调查时看到了这一点。不久之后，NEA签署了一项9000万美元的投资协议。之后，在2003年中芯国际上市之前，该公司再投资了3000万美元，总计1.2亿美元。到2007年，NEA向中国公司投资了大约3亿美元。

（资料来源：简书，新智财经，2018-11-30，有删改）

风险投资（venture capital，简称VC），在我国是一个约定俗成的具有特定内涵的概念。广义的风险投资，泛指一切具有高风险、高潜在收益的投资；狭义的风险投资，是指以高新技术为基础，生产与经营技术密集型产品的投资。

（一）风险投资的六要素

风险资本、风险投资人、投资目的、投资期限、投资对象和投资方式构成了风险投资的六要素。

1. 风险资本

风险资本，是指由专业投资人提供给快速成长并且具有很大升值潜力的新兴公司的一种资本。风险资本通过购买股权、提供贷款或既购买股权又提供贷款的方式进入企业。风险资本的来源因时因地而异。在美国，1978年全部风险资本中个人和家庭资金占32%；其次是国外资金，占18%；再次是保险公司资金、年金和大产业公司资金，分别占16%、15%和10%。到了1988年，年金比重迅速上升，占了全部风险资本的

46%，其次是国外资金、捐赠和公共基金以及大公司产业资金，分别占 14%、12% 和 11%；个人和家庭资金占的比重大幅下降，只占到了 8%。与美国不同，欧洲国家的风险资本主要来自于银行、保险公司和年金，分别占全部风险资本的 31%、14% 和 13%。其中，银行是欧洲风险资本最主要的来源，而个人和家庭资金只占到 2%。在日本，风险资本主要来源于金融机构和大公司资金，分别占 36% 和 37%；其次是国外资金和证券公司资金，各占 10%；而个人与家庭资金也占到 7%。按投资方式分，风险资本分为直接投资资金和担保资金两类。前者以购买股权的方式进入被投资企业，多为私人资本；而后者以提供融资担保的方式对被投资企业进行扶助，并且多为政府资金。

2. 风险投资人

风险投资人大体可以分为以下四类。

（1）风险资本家。他们是向其他企业家投资的企业家，与其他风险投资人一样，他们通过投资来获得利润。但不同的是，风险资本家所投出的资本全部归其自身所有，而不是受托管理的资本。

（2）风险投资公司。风险投资公司有很多，但是大部分公司通过风险投资基金来进行投资，这些基金一般以有限合伙制为组织形式。

（3）产业附属投资公司。这类投资公司往往是一些非金融性实业公司下属的独立风险投资机构，他们代表母公司的利益进行投资。这类投资人通常主要将资金投向一些特定的行业。和传统风险投资一样，产业附属投资公司也同样要对被投资企业递交的投资建议书进行评估，深入企业做详细调查并期待得到较高的回报。

（4）天使投资人。这类投资人通常投资于新创办的公司以帮助这些公司迅速启动。在风险投资领域，"天使投资人"这个词指的是企业家的第一批投资人，这些投资人在公司产品和业务成型之前就把资金投入进来。

 拓展阅读

著名风险投资人

1. IDG 技术创业投资基金

它是最早引入中国的风投机构，也是迄今为止国内投资案例最多的风投机构，成功投资过腾讯、搜狐等公司。其投资领域包括：软件产业、电信通信、通信电子、半导体芯片、IT服务、网络设施、生物科技、保健养生。

2.高盛亚洲

著名券商，引领世界IPO潮流，投资过双汇集团等。

3.红杉资本中国基金

红杉资本是美国著名互联网投资机构，投资过甲骨文、思科等公司。

4.摩根士丹利

世界著名财团，投资过蒙牛等公司。

5.美国华平投资集团

投资过哈药集团、国美电器等公司。

6.鼎辉投资

投资过南孚电池、蒙牛等企业。

3. 投资目的

风险投资虽然是一种股权投资，但投资的目的并不是为了获得企业的所有权，也不是为了控股，更不是为了经营企业，而是通过投资和提供增值服务把投资企业做大，然后通过公开上市（IPO）、兼并收购或其他方式退出，在产权流动中实现投资回报。

4. 投资期限

风险投资人帮助企业成长，但他们最终寻求渠道将投资撤出，以实现增值。风险资本从投入被投资企业起到撤出投资为止所间隔的时间长短就称为风险投资的投资期限。作为股权投资的一种，风险投资的期限一般较长。其中，创业期风险投资通常在7~10年内进入成熟期，而后续投资大多只有几年的期限。

5. 投资对象

从我国投资领域的分布来看，2021年我国的投资主要分布在医疗、先进制造和企业服务领域，三大领域投资事件数量分别为2361件、2493件和2225件，合计占比近50%。

从融资金额来看，医疗领域仍是2021年我国创投市场主要投资的领域，2021年我国医疗领域融资金额达2544亿元，占比19%，同比增长26%。其次分别为先进制造、汽车出行和企业服务领域。

6. 投资方式

从投资性质看，风险投资的方式有三种：一是直接投资；二是提供贷款或贷款担保；三是提供一部分贷款或担保资金，同时投入一部分风险资本购买被投资企业的股权。但不管是哪种投资方式，风险投资人一般都附带提供增值服务。风险投资还有两种不同的进入方式：第一种是将风险资本分期分批投入被投资企业，这种情况比较常见，既可以降低投资风险，又有利于加速资金周转；第二种是一次性投入，这种方式不常见，一般风险资本家和天使投资人可能采取这种方式，一次投入后，很难也不愿提供后续资金支持。

（二）风险投资的特点

风险投资是一种权益资本，而不是借贷资本。风险投资为风险企业投入的权益资本一般占该企业资本总额的 30% 以上。对于高科技创新企业来说，风险投资是一种昂贵的资金来源，但是它也许是唯一可行的资金来源。银行贷款虽然说相对比较便宜，但是银行贷款回避风险，注重安全性，高科技创新企业无法得到它。

风险投资机制与银行贷款完全不同，其差别在于以下几点。第一，银行贷款讲安全性，回避风险；而风险投资却偏好高风险项目，追逐高风险后隐藏的高收益，意在管理风险、驾驭风险。第二，银行贷款以流动性为主；而风险投资却以不流动性为特点，在相对不流动中寻求增长。第三，银行贷款关注企业的现状、企业目前的资金周转和偿还能力；而风险投资放眼企业未来的收益和高成长性。第四，银行贷款考核的是实物指标；而风险投资考核的是被投资企业的管理队伍是否具有管理水平和创业精神，考核的是高科技的未来市场。最后，银行贷款需要抵押、担保，一般投向成长和成熟阶段的企业；而风险投资不要抵押，不要担保，它往往投资到新兴的、有高速成长性的企业和项目。

风险投资是一种长期的（平均投资期为 5~7 年）流动性差的权益资本。一般情况下，风险投资家不会将风险资本一次性全部投入风险企业，而是随着企业的成长不断地分期、分批地注入资金。

风险投资家既是投资者又是经营者。风险投资家与银行家不同，他们不仅是金融家，而且是企业家；他们既是投资者，又是经营者。风险投资家在向风险企业投资后，便加入企业的经营管理。也就是说，风险投资家为风险企业提供的不仅仅是资金，更重要的是专业特长和管理经验。

风险投资家在风险企业持有约 30% 的股份，他们的利益与风险企业的利益紧密相连。风险投资家不仅参与企业的长期或短期的发展规划、企业生产目标的测定、企业营销方案的建立，还要参与企业的资本运营过程，为企业追加投资或创造资金渠道，甚至参与企业重要人员的雇用、解聘。

风险投资最终将退出风险企业。风险投资虽然投入的是权益资本，但他们的最终目的不是获得企业所有权，而是盈利，是得到丰厚利润和显赫功绩，然后从风险企业退出。风险投资从风险企业退出有三种方式：首次公开发行；被其他企业兼并收购或股本回购；破产清算。显然，能使风险企业达到首次公开上市发行是风险投资家的奋斗目标。破产清算则意味着风险投资可能一部分或全部损失。

以何种方式退出，在一定程度上是风险投资成功与否的标志。在做出投资决策之前，风险投资家就制定了具体的退出策略。退出决策就是利润分配决策，以什么方式和什么时间退出可以使风险投资收益最大化为最佳退出决策。

（三）如何筛选和接洽风险投资商

1. 筛选

寻求风险投资的企业应预先了解风险投资市场的行情。风险企业可以去查阅像《风险投资公司大全》这样的参考文献。在这些文献中常会有一些关于风险投资公司偏好方面的信息，也可以查阅一下本行业中那些即将上市企业的投资者名录，或直接访问行业中其他公司的管理者。此后，风险企业可根据本企业的特点和资金需要量筛选出若干可能的投资公司。在筛选时，风险企业所要考虑的因素包括：企业所需投资的规模；企业的地理位置；企业所处的发展阶段和发展状况；企业的销售额及盈利状况；企业的经营范围等。在此过程中，律师和会计师要起很大的作用。

2. 主要投资者

在筹集风险资金的过程中，有时风险企业家需要找到一个主要投资者，这个主要投资者将会和企业家一起推动、评价、达成这笔交易。此外，这个主要投资者还会把周围的投资者组织起来形成一个投资者集团。风险企业家应从最有实力的投资者中选择他的主要投资者。

3. 接触

多数情况下，与风险投资家的接触可以通过电话开始。此时，只是探讨一下你的新想法是否和风险投资公司的业务范围相适合。绝大多数的风险投资家都会拿起听筒，因为他们也不知道下一个好的项目会从哪儿来。然而，由于寻求资金的人很多，风险投资公司也需要一个筛选的过程。如果风险企业家能得到某位令风险投资公司信任的律师、会计师或某位行业内"权威"的推荐，他获得资助的可能性就会提高许多。

尽管如此，多数的风险投资公司都要比人们想象的更容易接近。有些企业家常抱怨自己不能找到风险投资者，试想，如果一个风险企业家连去和风险投资者进行接触都做不到，那么，投资者又怎能期望他会成功地向顾客推销产品呢！因此，在接触过程中，风险企业家还要有坚韧、顽强的精神。

在和风险投资公司接触的过程中，如果企业家觉得自己的项目很难吸引那些投资者的注意，他可以反复地问自己这样一些问题：企业的管理队伍是否有能力完成他们的使命？企业的产品是否能赢得一个足够大的令人满意的市场？企业是否可以保证投资者的投资不被浪费？当然，一个风险投资项目不可能保证投资者100%获利，总是存在着这样或那样的风险。因此，即使企业家的经营计划还不是十全十美，企业家也可以毫不犹豫地把它推出去。因为风险企业家常常愿意和那些先驱者们合作，帮助他们实现那些美好的想法。

为了保证筹资成功，有的风险企业家喜欢一次性接触的风险投资家越多越好，但结果往往不尽如人意。事实上，如果和20位或30位风险投资家联系，就会让人感觉这不是一笔好生意，从而不愿花时间去考虑这个项目（因为这个项目可能已经被别人拿走了）。反过来，如果风险企业家每次都是一个一个地去找风险投资家，那么，他可能永远也筹集不到资金。因此，最可靠的方法是先选定8~10位可能对你的项目感兴趣的风险投资家作为目标，然后再开始跟他们接触。在接触之前，要认真了解一下那些有可能对项目感兴趣的风险投资家们的情况，并准备一份候选表。这样一来，如果没有人表示出兴趣，企业家不仅可以知道原因，也可以找另外的候选投资家去接触。总之，企业家千万不要把项目介绍给太多的风险投资家。风险投资家们不喜欢那种产品展销会的形式，他们更希望发现那些被人丢弃在路边的不被人注意的商业机会。

在创业融资过程中，在创业者和投资者以及贷款者之间会存在着出资人和资金接受者、债务人和债权人等关系。维系这种关系的必要条件是：创业者具有良好的信用。近年来，我国风险投资业发展受挫，这与国内信用普遍缺失有关。在风险投资领域，从风险投资家对创业者的判别标准也可以看到信用水平在风险投资中的重要性。

风险投资家对创业者的判别标准如下：

第一，人要正直，可信程度高。必要时须对其过去的业绩及信誉进行调查。

第二，要看他的创业动机。如果他的创业动机是单纯赚钱的话，这个人绝不可信。好的创业者应当怀有一种成就感，对其提出的项目具有热情，确实是想做事业而不是单纯赚钱。

第三，要有坚韧不拔的精神，充满朝气和活力。风险投资家不喜欢那种一遇到挫折就垂头丧气的人。

第四，思路清晰、敏锐，并有较高的悟性。风险投资家认为，思路敏锐的创业者能在乘电梯的时间内就把他的商业模式说清楚，那种说了半天还让人听不出要领的人是不能支持的。另外，创业者还要有较高的悟性，能够迅速吸收各方意见来改进自己的商业计划。

第五，学识广博，但也要有一定的实际经验。只会空谈理论，对实际问题一窍不通的人是不可以相信的。

第六，有较强的组织领导能力。因为创业者要组织和管理一个企业，没有组织领导能力，不会处理人际关系，就难以取得成功。

 案例5-2

创业融资故事两则

1. 李立寅：4年打工逐步积累创业资金

"上大学时，我就萌生了创业的想法。大学四年没闲着，我利用课余时间拍摄婚礼纪录片，4年积累了5万元创业资金。"8月24日，河北大学导演系学生的李立寅笑着说。他于年初创办的"雕虫小记文化传播服务中心"，主营广告片摄制、婚庆专辑制作。目前公司经营已经步入正轨，并和省会的电视台建立了合作关系，他个人的月收入已达万余元。

"上大一时，我给新人做婚庆专辑，一场的收入能有150元左右。"回顾上学时打工的辛苦，李立寅有些唏嘘，"那会儿既要跑市场找客户，又要拍摄婚礼，还得进行后期的剪辑制作，很辛苦，但是也很有成就感，每天都感到自己离创业的目标又近了一些。"

在李立寅看来，大学四年的打工经历，不仅为他筹集了创业资金，更让他提升了个人能力，积累了社会资源和经验。"建议大学生不要盲目创业，可以先在校打工或是先就业。这样不仅可以筹集创业资金，而且能够积累经验和资源。"李立寅建议说。

2. 路晓波："实打实"规划赢得创业基金

石家庄职业技术学院学生路晓波和同学开设的"车之家"汽车养护中心，已经小有名气。几个月下来，养护中心最多的时候每周能为100多辆车提供养护服务。

"创业之初，资金确实是我们面对的最大难题。"8月23日，路晓波在接受采访时说："都这么大了，总不能全靠父母吧。在老师的帮助下，我们想到了向学校申请创小业基金。"

要想争取到学校的创业基金，必须通过评审及项目监控专家小组的审核，在众多申请资金的学生中脱颖而出。于是，路晓波开始忙碌起来——跑市场、做调查、出创业规划书。

"那段时间，我们几乎每天都是站在马路边，一边数车一边吃饭。"路晓波说。

就这样，利用休息时间，路晓波和同学对学校周围的汽车数量、车主的保养需求等进行了详细统计，并在校网站上搜集服务意见，充分掌握了学校汽车养护市场的状况，最终凭借精准的数据和市场分析赢得了3万元创业基金。

多所高校都有为大学生提供创业基金的政策。用赢取创业基金的方式筹集创业的"第一桶金"，不失为一个高效、可行的办法。但同时也要求创业者具备足够的实力，从众多申请者中脱颖而出。用路晓波的话说，"机会只给有准备的人，实打实规划是抓住机会的关键"。

任务二 创业贷款

创业贷款，是指具有一定生产经营能力或已经从事生产经营的个人，因创业或再创业提出资金需求申请，经银行、典当行等认可有效担保后而发放的一种专项贷款。其中银行又是最主要的贷款渠道，以下主要介绍银行贷款的相关知识。

一、个人创业贷款的申请

(一) 个人创业贷款需要的条件

个人投资创业贷款适用的范围广泛，只要符合一定贷款条件，能够提供银行认可的担保方式的个人、个体工商户、独资企业，都可申请投资贷款。另外，各银行针对申请个人创业贷款的借款人还有以下条件。

（1）具有完全民事行为能力，年龄在50岁以下。

（2）持有工商行政管理机关核发的工商营业执照、税务登记证及相关的行业经营许可证。

（3）从事正当的生产经营活动，项目具有发展潜力或市场竞争力，具备按期偿还贷款本息的能力。

（4）资信良好，遵纪守法，无不良信用及债务纪录，申请额度在一定范围内可以不需要抵押，若申请额度较高，则需要提供银行认可的抵押、质押或保证。

（5）在经办机构有固定住所和经营场所。

（6）银行规定的其他条件。

（二）贷款额度、期限和利率

（1）个人创业贷款金额最高不超过借款人正常生产经营活动所需流动资金、购置（安装或修理）小型设备（机具）以及特许连锁经营所需资金总额的 70%。

（2）个人创业贷款期限一般为 2 年，最长不超过 3 年，其中生产经营性流动资金贷款期限最长为 1 年。

（3）个人创业贷款执行中国人民银行颁布的期限贷款利率，可在规定的幅度范围内上下浮动。

（三）贷款偿还方式

（1）贷款期限在一年（含一年）以内的个人创业贷款，实行到期一次还本付息，利随本清。

（2）贷款期限在一年以上的个人创业贷款，贷款本息偿还方式可采用等额本息还款法或等额本金还款法，也可按双方商定的其他方式偿还。

（四）贷款申请者需提供的申请资料

（1）借款人及配偶身份证件（包括居民身份证、户口簿或其他有效居住证原件）和婚姻状况证明。

（2）个人或家庭收入及财产状况等还款能力证明文件。

（3）营业执照及相关行业的经营许可证，贷款用途中的相关协议、合同或其他资料。

（4）担保材料：抵押品或质押品的权属凭证和清单，有权处置人同意抵（质）押的证明，银行认可的评估部门出具的抵（质）押物估价报告。

（五）创业贷款的申请程序

1. 准备材料

这些材料包括：身份证明、婚姻状况证明、个人或家庭收入及财产状况等还款能力证明文件；贷款用途中的相关协议、合同；担保材料，涉及抵押品或质押品的权属凭证和清单，银行认可的评估部门出具的抵押物估价报告。最后就是要有抵押物，抵押方式较多，可以是动产、不动产抵押，或定期存单质押、有价证券质押，以及流通性较强的动产质押，等等。

2. 填写申请

申请人持开业计划书（或贷款项目书）向贷款担保推荐机构或开业专家提出论证要

求，经论证通过者可申领《开业贷款申请书》。

3. 获得推荐

推荐机构组织开业指导专家或有关人员对申请项目进行论证后，对符合开业贷款要求的，在《开业贷款申请书》的推荐意见栏签署推荐意见；对不符合要求的，应对申请人提出咨询意见，退回申请人所提供的有关材料。

4. 身份确认

申请人到户籍所在地街道就业服务机构取得身份确认并在《开业贷款申请书》的身份确认栏签章。

5. 银行受理

申请人持已签署推荐意见和身份确认意见的《开业贷款申请书》，向指定银行的受理点提出贷款申请，并提供有关材料。

6. 贷款审核

银行从受理之日起十日内做出贷款审核意见，并在《开业贷款申请书》的银行审核意见栏填写意见，报送开业指导服务中心。如不同意贷款的，应及时通知申请人，并提出咨询意见。

7. 办理贷款

受理银行获得贷款担保意见后，即可在五个工作日内按银行信贷规章制度要求，办理贷款人的个人（或单位）担保手续和贷款手续。

二、农村创业贷款介绍

创业不仅仅是城市人的选择。在农村、乡镇，拥有创业梦想的人也可以选择创业。如果手头资金不足，他们也可以像城里的创业者一样，申请创业贷款。可以说，农村创业贷款是国家给予广大农村创业者的一种政策，能帮助他们实现创业的梦想。

（一）农村创业贷款的政策

对农村创业贷款授信主要根据其创业规模来进行，同时结合道德品质、信用记录、经营能力、偿债能力等因素进行授信，授信额度在 10 万元以内，其中符合信用条件的可实行信用贷款，授信额度在 5 万元以内。农村创业贷款按合作银行同期同档次贷款现行利率优惠 10%，最低不得低于人民银行规定的基准利率；对农村创业青年从事粮、棉、油生产的贷款原则上实行基准利率。

（二）农村创业贷款的条件

（1）从事的生产、经营活动合法合规，符合国家产业政策和社会发展规划要求。

（2）有具体创业项目、经营场所和一定自有资金。

（3）借款人在当地农村信用社开立个人结算账户并有一定业务量发生，自愿接受信贷监督和结算监督。

（4）资信良好，具有清偿贷款本息能力，无不良信用记录。

（5）农村信用社规定的其他贷款条件。

（三）申请农村创业贷款所需的材料

申请农村创业贷款要按照团组织和农村信用社的具体要求提供相关材料，一般包括借款申请人及其家庭主要成员基本情况，包括居民身份证、户口簿、其他有效身份证明等；从事个体经营的还需要营业执照、税务登记证、组织机构代码证、特殊行业经营许可证、开户证明、收入证明、承包合同或合作协议等证明材料；需要提供担保的，还要提供担保资料；农村信用社认为需要提供的其他资料。

（四）农村创业贷款的流程

创业者自愿随时报名参加创业培训→创业者携创业培训合格证、营业执照、税务登记证原件在人力资源大厅进行申贷登记→县担保公司、就业局、承贷银行按申贷登记次序到创业现场开展创业指导服务，并根据经营规模、带动就业情况、偿还能力核查确定申贷金额，现场发放贷款表格→创业者整理成合格的申贷资料交人力资源大厅创业服务窗口→县就业局、担保公司、信用社按担保资金的情况按序发放小额担保贷款→申贷者按期归还贷款，对不按期归还者将按承诺的担保手续申请相关部门强制执行。

（五）农村创业贷款的申请建议

创业贷款一般分为短期贷款和中长期贷款，贷款期限越长利率越高。如果创业者资金使用需求的时间不是太长，应尽量选择短期贷款，比如原打算办理两年期贷款可以一年一贷，这样可以节省利息支出。另外，创业融资也要关注利率的走势情况，如果利率趋势走高，应抢在加息之前办理贷款，这样可以在本年度内享受加息前的低利率；如果利率走势趋降，在资金需求不急的情况下则应暂缓办理贷款，等降息后再适时办理。

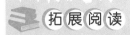

学写大学生创业贷款申请书

大学生创业贷款申请书是成功申请到大学生创业贷款的重要前提条件。一篇真挚诚恳的大学生创业贷款申请书可以打动相关部门领导，从而成功申请到创业贷款。但是很多想办理创业贷款的大学生苦于不知道怎么写大学生创业贷款申请书。

可以参考下面的范本并结合自己的实际情况试写创业贷款申请书。

尊敬的市委、市政府领导：

我叫_____，出身农村，毕业于_____学校，_____专业。_____年毕业后由于各方面原因，一直处于失业状态。忆求学之艰辛，顾应聘之痛楚，展前程之迷茫，触吾心悲凉至极。但是，贫苦的农村培育了我坚韧、豁达，追求卓越的性格。

党和国家鼓励大学生自主创业的优惠政策，严峻的金融危机和就业形势，让我选择了自主创业。在亲历亲为的社会实践中，我积累了一定的创业经验和创业思想，可是，资金问题现在已经成为制约众多像我一样的创业者创业的瓶颈。我想过向家人、亲戚和朋友筹借，但结果是杳无音讯。因为确实太穷，我的父母供完我上大学已经是负债累累，面对环堵萧墙的家境，他们更是无能为力。

资金的困难导致我创业的道路受阻，但我无法放弃用自己的知识和努力来改变自己和大山命运的想法，因为我现在至少还是一个大学生，是一个应该承担社会责任的青年。带着期待的想法，我写下这篇大学生创业贷款申请书。申请党和政府有关部门能考虑贷给我××万元的创业贷款资金，我一定按时按量归还贷款，虔诚期待领导能考虑。

此致

敬礼！

祝领导工作愉快，身体健康！

申请人：×××

20××年×月×日

創业**解码**

习题回顾

1. 股权融资的渠道有哪些？
2. 债权融资有哪些形式？
3. 什么是风险投资？
4. 风险投资包括哪些要素？
5. 请简述创业贷款的申请步骤。

实践练习

融资计划，其实是一份说服投资者的方案与策略。结合小组设计的创业项目，设计一份融资计划的概要，填写在下表中。

概要说明	融资计划	融资说明
融资项目论证：主要指项目可行性和项目收益率		
融资途径选择：选择成本低、融资快的融资方式		
融资分配：所融资金专款专用，主要用途与周期		
融资成本收益：代价与利润分配		
融资风险：主要风险分析		

广角视点

对天使投资最常见的5种误解

1. 天使投资者掌握着生杀大权

现在关于天使投资者希望从一家初创公司中寻找些什么的文章已经很多了，管理层、用户数量、收入、渠道合作伙伴、市场规模等都可能成为吸引天使投资者的因素。但是现在却没有文章谈过企业家应该如何挑选早期投资者，应该关注投资者的哪些方面。天使投资者的预期似乎暗含了那个答案，当你在寻求投资的时候，所有的权力都被抓在掌钱者的手中。他们寻求的是什么？你如何向他们证明你已经拥有他们想要的东西？为了获得投资，你需要用你的公司的价值来打动投资者，这一点固然不错，但是如果说你在寻求投资的过程中是没有权力的，那就错了。

为了说服合适的投资者提供投资，你需要积极行动起来，你必须从众多的投资者中挑选对公司最有利的投资者，投资者能够给你的公司提供一些重要的帮助，如人脉资源、背景和知识等。这并不是"乞讨者无权挑选"的故事。你可以而且应该只瞄准那些在你所处的市场领域享有信誉，让你能够信任并放心地与其建立合作关系的天使投资者。

2. 获得天使投资比完成一轮风险投资更容易一些

这种看法是不对的。实际上，真实的情况恰好相反。天使投资者投出的是自己的钱，这会让他们在选择投资对象时更加谨慎。天使投资者很可能还是你所处行业的专家，这会让说服他们投资变得更为困难。请记住，天使投资者并不一定要投资其他公司。换句话说，那不是他们的工作。与靠投资来赚钱的风险投资者不同，天使投资者可以选择投资，也可以选择根本不投资，而是用他们的资金去做别的事情。

3. 天使投资比风险投资好一些 / 坏一些

事实上，天使投资与风险投资不具备必然的可比性，这是两种不同种类的投资。你决定去寻求风险投资应基于很多不同的因素，包括你需要的资金量、你的公司正处于发展的哪个时期以及除了资金之外，你还想从你与风险投资者的合作关系中获得些什么，如行业知识、忠告建议、发展指导等。除了考虑你现在需要的资金量之外，你还应当将未来可能需要进行的融资也考虑在内（追加投资对于风险投资者来说是很有可能的）。如果你希望公司能够得到规模较大的投资者的投资，那么风险投资可能比天使投资更适合一些。如果你不太在意分享权力，那么你也许可以选择天使投资。你需要考虑所有的因素，然后再做出最佳的融资选择。

4. 公司被评估的价值越高越好

你不能仅仅因为一位天使投资人给你的估值比另一位天使投资人的估值高就选择前者。就投资而言，虽然你可能因此而获得你所需求的资金量，但是这样做实际上是错误的。你的公司能否获得成功取决于你如何运用手中的钱，而不是你能得到多少钱。资本效率是衡量一家初创公司是否成功的一个更好的指标。在这个过程中，资金来源也需要被考虑进去。也就是说，如果你从一位不谙人情世故而且在行业内没有任何人脉关系的投资者那里获得了较高的评价，那你就要当心了。更高的评价会导致更多的资金投入，那会造成你的持股被不必要地稀释，规模扩展太快以及期望值过高等不良后果。

5. 如果投资者不愿意为你提供任何帮助，那么你的创意注定会以失败收场

这可不一定。即使是某些最成功的公司，一开始也没有获得足够的投资，因此，你大可不必为此气馁。你应该稳扎稳打地实现一个又一个的阶段性目标，朝着最终的目标坚定迈进。此外，你还可以借此机会提高自己对公司发展方向的掌控。请记住，自力更生是一项强大的经营决策，而不是失败的标志。

项目六 创建新企业

什么叫作不简单？能够把简单的事情天天做好，就是不简单。什么叫做不容易？大家公认的、非常容易的事情，非常认真地做好它，就是不容易。

——张瑞敏（海尔集团董事局主席）

学习目标

1. 了解相关的创业政策。
2. 通过对企业法律形式的学习，能选择适合自己企业的法律形式。
3. 了解创办企业的程序。

项目结构

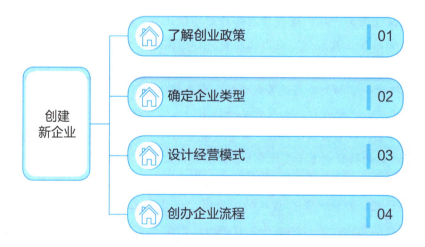

创建新企业
- 了解创业政策 01
- 确定企业类型 02
- 设计经营模式 03
- 创办企业流程 04

 案例导入

凌大金——从打工仔到企业家

"我是93年来深圳的。当时我还很年轻，因为老家在农村，家里兄弟姐妹也挺多，家庭负担挺大的，于是就想出来打工。"凌大金对记者如此说道。

上世纪九十年代初，凌大金听说深圳是改革开放的前沿城市，赚钱机会多，于是就带着几十块钱和老乡们一起来到深圳打拼，一转眼，已经快三十年了。卖过水果、睡过天桥、当过服务员……一路走来，凌大金收获了许多，也经历了不少挫折和失败，如今他已经是罗湖区老牌酒楼——金碧大酒楼的总负责人。

1. "我借钱也要发放员工的工资"

走进金碧大酒楼，一如既往的热闹映入眼帘，复古磁带机播放着一首又一首的港风经典音乐，邻里街坊和慕名而来的顾客悠哉地喝着早茶。经过疫情的冲击，逐渐恢复生机的酒楼如今变得更顽强。

金碧大酒楼是凌大金在2003年开办的，在这之前，他从基层干起，慢慢积累经验和人脉，等到逐渐有了一定积蓄和资源后，开始和合伙人开办酒楼，但因为各种原因，遭受到了股东的背叛，被抽走了资金。凌大金愤怒、迷茫、也想到过放弃，但最终，他选择了重新出发，决定自己独立再开办一家酒楼，就是如今的金碧大酒楼。

"我在罗湖经营多年，结交了不少朋友，他们都很支持我。"凌大金回忆说，有位朋友告诉他："大金，你在罗湖积累了那么多资源和人脉，不应该就这样放弃，我相信你只要再开一家酒楼，那些老客户还会来支持你的。"朋友的这番话让他拾起不少信心和勇气。

同时，熟悉凌大金为人的老员工们也愿意一直追随他，这也成了促使他一直坚持下去的理由之一。在他们眼里，虽然他是老板，但他同时也是一名同事和战友。据悉，金碧大酒楼目前80%的员工都是跟了凌大金多年的老员工。"坚持这么多年，我认为主要还是靠朋友的支持和鼓励，还有我的团队对我不离不弃的跟随。"他说道。

在他的日常工作中，凌大金总是愿意亲力亲为，经常会亲自为客人提供服务，为客人制作食材。"即使在酒楼很困难的时候，我借钱也要发放员工的工资。团队稳定了，酒楼的士气就足了，再加上食材是选用新鲜和高质量的产品，出品稳定了，就会积累大量的回头客。"也许正因为人品、决心还有持之以恒的奋斗精神，才有了如今的金碧大酒楼。

2."我们的市场核心竞争力：真诚、不放弃"

疫情之下，餐饮业也受到了重大冲击，主打粤菜的金碧大酒楼也不例外。面对困难，凌大金说疫情下压力还是很大的，好在得到了政府的大力支持，免了一年租金，还有退税、退社保等政策，酒楼得到了很大的帮助。

他说："还是要坚持下去，因为我相信疫情终将过去。做为一个企业的经营者一是要有社会责任感，二是要有前瞻性和预见性，相信疫情后餐饮业经过洗牌后，留下来的企业会越来越好。"

对于深圳的印象，凌大金说，深圳是一个包容、务实、且敢于承担的城市。因为餐饮业主要是服务于人，他首先感受到的是深圳人越来越多。随着来深圳工作、创业的人员越来越多，餐饮酒楼也越来越多，竞争也越来越激烈，因此很多餐厅都会面临着各种挑战。

凌大金认为，不改变经营思路就会慢慢被市场淘汰，但同时也会促进行业的发展和进步。"因此，我每天也在不断思索这些问题。我们在市场的核心竞争力是什么？"

回忆起创业多年印象深刻的事情，他说，疫情刚开始的时候，有一位顾客来消费1200元后，因工作人员大意按多了一个"0"收了12000元，但当时酒楼没有客人的联系方式，只是知道客人住在芙蓉宾馆。于是他就带着多出的钱在宾馆等着，最后终于等到了这位顾客办理退房，客人也非常感动，直到现在也经常到店支持，他们也成了朋友。

"这么多年的创业经历，感受最深的还是要真诚对待每个人，包括客户、朋友、员工，以及不放弃每个机会，相信努力最终会得到回报。"凌大金说道。

除了企业家的身份，凌大金平时还是一个有爱的市民，从2016年开始，每个月的初一和十五，他都会亲自给有需要的人派发盒饭。问及原因，他说："我自己也是农村出来的，吃过苦，也获得过许多的帮助，我觉得心怀感恩并将爱心传递，社会才会越来越美好。"

（资料来源：深圳新闻网，刘嘉敏，2022-6-2）

点评

对于餐饮行业来说，"以诚待人"是核心竞争力。凌大金正是通过对员工和消费者诚以相待，用诚心和诚信换来了市场的信任，才能在疫情的冲击下坚挺发展。

任务一　了解创业政策

一、国家对大学生创业的具体优惠政策

（一）税收优惠

持人社部门核发《就业创业证》的高校毕业生在毕业年度内创办个体工商户、个人独资企业的，3 年内按每户每年 8000 元为限额依次扣减其当年实际应缴纳的营业税、城市维护建设税、教育费附加和个人所得税。

对高校毕业生创办的小型微利企业，按国家规定享受相关税收支持政策。

（二）创业担保贷款和贴息

对符合条件的大学生自主创业的，可在创业地按规定申请创业担保贷款，贷款额度为 10 万元。

鼓励金融机构参照贷款基础利率，结合风险分担情况，合理确定贷款利率水平，对个人发放的创业担保贷款，在贷款基础利率基础上上浮 3 个百分点以内的，由财政给予贴息。

（三）免收有关行政事业性收费

毕业 2 年以内的普通高校学生从事个体经营（除国家限制的行业外）的，自其在工商部门首次注册登记之日起 3 年内，免收管理类、登记类和证照类等有关行政事业性收费。

（四）享受培训补贴

对大学生创办的小微企业新招用毕业年度高校毕业生，签订 1 年以上劳动合同并交纳社会保险费的，给予 1 年社会保险补贴。

对大学生在毕业学年（即从毕业前一年 7 月 1 日起的 12 个月）内参加创业培训的，根据其获得创业培训合格证书或就业、创业情况，按规定给予培训补贴。

（五）免费创业服务

有创业意愿的大学生，可免费获得公共就业和人才服务机构提供的创业指导服务，包括政策咨询、信息服务、项目开发、风险评估、开业指导、融资服务、跟踪扶持等"一条龙"创业服务。

(六) 取消高校毕业生落户限制

高校毕业生可在创业地办理落户手续（直辖市按有关规定执行）。

(七) 创新人才培养

创业大学生可享受各地各高校实施的系列"卓越计划"、科教结合协同育人行动计划等，同时享受跨学科专业开设的交叉课程、创新创业教育实验班等，以及探索建立的跨院系、跨学科、跨专业交叉培养创新创业人才的新机制。

(八) 开设创新创业教育课程

自主创业的大学生可享受各高校挖掘和充实的各类专业课程和创新创业教育资源，以及面向全体学生开发开设的研究方法、学科前沿、创业基础、就业创业指导等方面的必修课和选修课，享受各地区、各高校资源共享的慕课、视频公开课等在线开放课程以及在线开放课程学习认证和学分认定制度。

(九) 强化创新创业实践

自主创业的大学生可共享学校面向全体学生开放的大学科技园、创业园、创业孵化基地、教育部工程研究中心、各类实验室、教学仪器设备等科技创新资源和实验教学平台。

参加全国大学生创新创业大赛、全国高职院校技能大赛和各类科技创新、创意设计、创业计划等专题竞赛，以及高校学生成立的创新创业协会、创业俱乐部等社团，提升创新创业实践能力。

(十) 改革教学制度

自主创业的大学生可享受各高校建立的自主创业大学生创新创业学分累计与转换制度，学生开展创新实验、发表论文、获得专利和自主创业等情况可折算为学分，学生参与课题研究、项目实验等活动可被认定为课堂学习的新探索。同时也可享受为有意愿、有潜质的学生制订的创新创业能力培养计划，创新创业档案和成绩单等系列客观记录并量化评价学生开展创新创业活动情况的教学实践活动。优先支持参与创业的学生转入相关专业学习。

(十一) 完善学籍管理规定

有自主创业意愿的大学生，可享受高校实施的弹性学制，放宽学生修业年限，允许调整学业进程、保留学籍休学创新创业等管理规定。

（十二）大学生创业指导服务

自主创业的大学生可享受各地各高校对自主创业学生实行的持续帮扶、全程指导、一站式服务，以及地方、高校两级信息服务平台，为学生实时提供的国家政策、市场动向等信息，和创业项目对接、知识产权交易等服务。可享受各地在充分发挥各类创业孵化基地作用的基础上，因地制宜建设的大学生创业孵化基地，以及相关培训、指导服务等扶持政策。

二、《广东省进一步支持大学生创新创业的若干措施》

为深入贯彻落实党中央、国务院决策部署，为大学生创新创业营造良好环境、创造有利条件，增强创新创业活力，进一步支持大学生创新创业，结合我省实际，制定以下措施。

（一）落细落实创新创业资助政策

充分发挥好广东省科技创新战略专项资金（大学生科技创新培育）的引导作用，每年资助不少于 1000 个大学生团队开展科技创新项目研究。开展大学生创新创业训练计划，对入选国家级创新训练项目和创业训练项目给予平均不低于 2 万元 / 项的经费支持，入选国家级创业实践类项目给予平均不低于 10 万元 / 项的经费支持。符合条件的自主创业大学生可申请 1 万元一次性创业资助，以及每年 4000—6000 元、最长 3 年租金补贴。省人力资源社会保障部门评定为省级优秀创业项目的，可按规定享受 5—20 万元资助。落实大学生创业帮扶政策，毕业后创业的大学生按政策规定缴纳"五险一金"，减少大学生创业的后顾之忧。加大对创业失败的大学生的扶持力度，按规定落实就业服务、就业援助和社会救助。（省教育厅、财政厅、民政厅、人力资源社会保障厅、医保局，团省委等按职责分工负责）

（二）落实创新创业税费减免政策

落实国家现行有关减税降费政策，高校毕业生在毕业年度内从事个体经营，符合规定条件的，在 3 年内按一定限额依次扣减其当年实际应缴纳的增值税、城市维护建设税、教育费附加、地方教育附加和个人所得税；对销售额在免税标准以下的小规模纳税人免征阶段性增值税，对小微企业和个体工商户按规定减免所得税。对创业投资企业、天使投资人投资于未上市的中小高新技术企业以及种子期、初创期科技型企业的投资额，按规定抵扣所得税应纳税所得额。对国家级、省级科技企业孵化器和大学科技园以及国家备案众创空间按规定免征增值税、房产税、城镇土地使用税。（省财政

厅,省税务局等按职责分工负责)

(三)加大创业担保贷款支持

加大创业担保贷款及贴息支持力度,符合条件的大学生个人可申请最高30万元的创业担保贷款,创业带动5人以上就业的可申请最高50万元的创业担保贷款,对大学生创办的符合条件的小微企业可申请最高500万元的创业担保贷款。引导社会资金进入大学生创业投资领域,为大学生创新创业项目提供资金支持。(省财政厅、人力资源社会保障厅、国资委,省税务局、人民银行广州分行、广东银保监局、广东证监局等按职责分工负责)

(四)提升大学生创新创业便利化服务水平

鼓励各类孵化器、众创空间、大学科技园、创业孵化基地等孵化载体开放一定比例的免费孵化空间,降低大学生创新创业团队入驻条件,为入驻大学生团队提供政务服务代理、补贴申请、创业辅导等服务。政府投资开发的孵化器等创业载体应安排30%左右的场地,免费提供给高校毕业生。有条件的地方可对高校毕业生到孵化器创业给予租金补贴。支持完善科技创新资源开放共享平台,鼓励各地、各高校和科研院所为大学生创新创业提供技术创新服务。鼓励国有大中型企业、行业企业面向高校和大学生发布技术创新需求、企业需求清单,采用"揭榜挂帅"或"军令状"等方式,支持大学生精准创新创业。(省发展改革委、教育厅、科技厅、人力资源社会保障厅、国资委,各地级以上市人民政府等按职责分工负责)

(五)促进大学生创新创业成果转化

引导大学科技园设立大学生创新创业成果转化服务机构,建立相关成果与行业产业对接长效机制,帮助支持大学生参加各类科技成果对接会等活动,促进大学生创新创业成果在有关行业企业推广应用。做好大学生创新项目成果归属确权、知识产权保护和便利化服务工作,强化激励导向,加快落实以增加知识价值为导向的分配政策,落实成果转化奖励和收益分配办法。鼓励孵化载体与国有大中型企业和产教融合型企业对接合作,支持高校科技成果转化,促进高校科技成果和大学生创新创业项目落地发展。鼓励省属企业积极与重点高校合作成立高校创业基金,为大学生创新创业项目提供资金支持。(省教育厅、科技厅、国资委、知识产权局等按职责分工负责)

(六)深化高校创新创业教育改革

将创新创业教育融入高校人才培养全过程,建立以创新创业为导向的新型人才培养模式，完善多方协同育人的创新创业人才培养机制。鼓励有条件的高校申报创业管理专业，支持高校将创新创业教育业绩列入教师专业技术职务评聘、岗位聘用和绩效考核的重要指标，将教师创新创业教育成果纳入职称申报的业绩成果。高校要完善学生创新创业管理办法和创新创业成果的学分认定、置换及成绩评定实施细则，支持在校大学生创新创业。"十四五"期间，持续推进广东省创新创业教育示范学校建设，遴选一批省级创新创业精品教材，建设 10 个省级双创导师培训基地、100 门省级创新创业教育特色示范课程，实施省级优秀双创校外导师千人计划，发挥好带动引领作用。（省教育厅、人力资源社会保障厅等按职责分工负责）

（七）推进大学生创新创业实践平台建设

进一步推进高校创新创业实践平台建设，支持校企协同共建创新创业实验室、创新创业园、创新创业基地、大学生创新创业实践教学基地等平台，依托平台广泛开展大学生创新创业活动和创业项目孵化。加快推动全省高水平大学及高水平理工科大学实现省级大学科技园全覆盖，为大学生提供更多创新创业平台。"十四五"期间，建设 50 个省级大学生创新创业实践教育示范基地，发挥好示范引领作用。（省教育厅、科技厅、人力资源社会保障厅等按职责分工负责）

（八）完善中国国际"互联网＋"大学生创新创业大赛省赛机制

鼓励各普通高校和有关单位积极承办中国国际"互联网＋"大学生创新创业大赛省赛，省级教育行政部门进一步加强组织领导和综合协调，落实配套支持政策和条件保障。坚持政府引导、公益支持，支持行业企业深化赛事合作，拓宽办赛资金筹措渠道。强化大赛创新创业教育实践平台作用，鼓励各学段学生积极参赛。坚持以赛促教、以赛促学、以赛促创，丰富竞赛形式和内容。鼓励大学生积极参与"互联网＋""众创杯""挑战杯""创青春"等品牌赛事，激发大学生创新创业热情。定期举办粤港澳大湾区大学生创新创业项目对接洽谈活动、推介会，加强对"互联网＋"等大赛中涌现的优秀项目进行后续跟踪，落实相关税收优惠政策，推动一批大赛优秀项目落地。（省教育厅、人力资源社会保障厅，团省委，建设银行广东省分行等金融机构按职责分工负责）

（九）加强大学生创新创业工作保障机制建设

充分发挥省就业工作领导小组作用，研究协调大学生创新创业工作，强化部门联动，形成工作合力，切实提升工作实效。各级教育部门要会同各有关单位加强协调指导，督促支持大学生创新创业各项政策的落实。各高校要优化经费支出结构，多渠道统筹安排资金，支持创新创业教育教学，资助学生创新创业项目；要建立健全学生创业指导服务专门机构，做到机构、人员、场地、经费四到位，对自主创业大学生实行持续帮扶、全程指导、一站式服务。（省发展改革委、教育厅、财政厅、人力资源社会保障厅等部门按职责分工负责）

（十）加大大学生创新创业宣传引导

加强信息资源整合，依托广东省高校毕业生就业创业智慧服务平台，及时为大学生发布相关政策文件与政策解读。整合各级公共就业人才服务机构和基层人力资源社会保障服务平台资源，及时发布创业扶持政策、办事流程、创业信息等公共信息，为有需要的大学生提供免费的政策咨询、项目推介、开业指导、融资服务、补贴发放等全方位创业服务。充分发挥各级各类新闻媒体作用，广泛宣传大学生创新创业优秀案例，树立大学生创新创业典型。组织好高校创新创业宣讲会和经验交流会，广泛培育高校"双创"文化，引导大学生树立科学的创新观、创业观、成才观。

 案例 6-1

浅析大学生创业成功的故事

一个创业者，尤其是大学生创业者，其成功的因素是主观和客观的结合。然而，创业的成功与否，原因往往是多方面的，它可能来自创业者本身，也可能来自社会，当然，还可能源自各种复杂的关系。

请试着对下面的大学生创业小故事从天时（政策大环境）、地利（地区发展小环境）、人和（团队合作）三个方面进行剖析。

李同行，广西交通职业技术学院城市轨道交通工程技术专业本科毕业生，在"启航计划——广东省互联网＋青年创业大赛"中，他所带领的团队荣获广东省二等奖，并获得 20 万元创投资金。

创业路注定是不平坦的、充满荆棘的，其中执行力是成功的关键元素。回顾李同行的创业经历，执行力始终贯彻其中。中学时代，李同行便萌生了创业的想法，并在家人的支持下，在学校与同学一起举办轮滑培训班，还在春节放假期间到镇上卖起了对联。大学毕业后，李同行凭借着自身实力成为了佛山南海一间技工学校的专业教师。当所有朋友都对其羡慕不已时，两年后，他毅然辞去了稳定的教师工作，选择了再次创业。他说："教师工作并不是我想要的生活，太安逸，我希望在年轻时选择在大海搏浪、在天空翱翔。"

于是，李同行于2015年6月份开始正式创业，成立了斯沽Schools教育平台。凭借着丰富的创业经验，李同行先后完成了组建团队和租赁场地等重要事项。紧接着，根据公司规划的蓝图，李同行及其团队一步步地撰写计划和方案；同时，他们强调分工合作，开发网站、开发系统，并链接微信公众号。最后，当项目搭建完毕，寻找资源和路演机会，便是团队任务的重中之重。创业过程中，李同行与团队遭受了各种挫折，但凭借着坚定的信念，斯沽Schools教育平台不断成长。当前，斯沽Schools教育平台正凭借着其"奉献、互助、共享、创新、务实"的核心理念大踏步前进，李同行也正凭借着坚定的信念不断在创业路上奋勇拼搏。

（资料来源：广东交通职业技术学院就业创业信息网，屈文文，2020-6-6）

任务二　确定企业类型

 案例 6-2

垂钓者的选择

几个人在岸边垂钓，旁边几名游客在欣赏海景。只见一名垂钓者竿子一扬，钓上了一条大鱼，足有三尺长，落在岸上后，仍腾跳不止。可是钓者却用脚踩着大鱼，解下鱼嘴内的钓钩，顺手将鱼丢进海里。

围观的人发出一阵惊呼，这么大的鱼还不能令他满意，可见垂钓者雄心之大。就在众人屏息以待之际，钓者鱼竿又是一扬，这次钓上的是一条两尺长的鱼，钓者仍是不看一眼，顺手扔进海里。

第三次，钓者的钓竿再次扬起，只见钓线末端钩着一条不到一尺长的小鱼。围观众人以为这条鱼也肯定会被放回，不料钓者却将鱼解下，小心地放进自己的鱼篓中。游客百思不得其解，就问钓者为何舍大而取小。想不到钓者的回答是："喔，因为我家里最大的盘子只不过有一尺长，太大的鱼，盘子装不下。"

创业者首先必须做出的一个决策是企业准备采用什么样的法律形式。但需要说明的是，这种初始的决策并不是一成不变的。随着时间的推移、企业的发展和运作方式的改变，都可能要求企业在法律形式上做出调整。

依据财产组织形式和法律责任，国际上通常把企业分为三类，即公司企业、合伙企业和独资企业。但在现代高度发达的市场经济条件下，企业的组织形式日益多样化。

一、独资企业

独资企业是指依法独立，由一个自然人投资，财产为投资者个人所有，投资人以其个人财产对企业债务承担无限责任的经营实体。

（一）设立独资企业的条件

根据法律规定，设立独资企业应当具备五个条件。

（1）投资人为自然人。法律、行政法规禁止从事营利性活动的人，不得作为投资人申请设立个人独资企业。

（2）有合法的企业名称。

（3）有投资人申报的出资额。

（4）有固定的生产经营场所和必要的生产经营条件。

（5）有必要的从业人员。

（二）独资企业的优点

（1）企业设立、转让和解散等行为手续非常简便，仅需向登记机关登记即可。

（2）企业主独资经营，制约因素较少，经营方式灵活，能迅速对市场变化做出反应。

（3）利润归企业主所有，不需要与其他人分享。

（4）在技术和经营方面易于保密，利于保护其在市场中的竞争地位。

（5）若企业主因其个人努力而使企业获得成功，则可以满足个人的成就感。

（三）独资企业的缺点

（1）当独资企业财产不足以清偿债务时，企业主将依法承担无限责任，必须要以其个人的其他财产予以清偿，因此经营风险较大。

（2）独资企业受信用限制不易从外部获得资本，如果企业主资本有限或者经营能力不强，则企业的经营规模难以扩大。

（3）一旦企业主发生意外事故或者犯罪、转业、破产，则独资企业也随之不复存在。

二、合伙企业

合伙企业是指自然人、法人和其他组织依照《中华人民共和国合伙企业法》在中国境内设立的，由两个或两个以上的自然人通过订立合伙协议，共同出资经营、共负盈亏、共担风险的企业组织形式。

（一）设立合伙企业的条件

根据法律规定，设立合伙企业应当具备以下条件。

（1）有两个以上合伙人，合伙人为自然人的，应当具有完全民事行为能力。

（2）有书面的合伙协议。

（3）有合伙人认缴或者实际缴付的出资。

（4）有合伙企业的名称和生产经营场所。

（5）法律行政法规规定的其他条件。

法律、法规禁止从事营利性活动的人，不得成为合伙企业的合伙人，如国家公务员、机关、学校、医院、部队等机构的人员。

合伙人可以用货币、实物、土地使用权、知识产权或者其他财产权利出资。对货币以外的出资需要评估作价的，可以由全体合伙人协商确定，也可以由全体合伙人委托法定评估机构进行评估。经全体合伙人协商一致，合伙人也可以以劳务出资，其评估办法由全体合伙人协商确定。

合伙协议是合伙企业成立的依据，也是合伙人权利和义务的依据，必须以书面形式订立，且经过全体合伙人签名、盖章方能生效。合伙人依照协议享有权利，并承担责任。经合伙人协商一致，可以修改或者补充合伙协议。

（二）合伙企业的优点

（1）由于出资人较多，扩大了资本来源和企业信用能力。

（2）由于合伙人具有不同的专长和经验，能够发挥团队作用，各尽其才，有利于提高企业的管理能力。

（3）由于资本实力和管理能力的提高，增强了企业扩大经营规模的可能性。

（三）合伙企业的缺点

（1）在合伙企业存续期，如果某一个合伙人有意向合伙人以外的人转让其在合伙企业中的全部或部分财产时，必须经过其他合伙人的一致同意。

（2）当合伙企业以其财产清偿合伙企业债务时，其不足部分，由各合伙人用其在合伙企业出资以外的个人财产承担无限连带清偿责任。

（3）尽管合伙企业的资本来源以及信用能力比个人独资企业有所增加，但其融资能力仍然有限，不易充分满足企业进一步扩大生产规模的资本需要。

三、公司企业

《中华人民共和国公司法》（以下简称《公司法》）第 2 条规定："公司是指依照本

法在中国境内设立的有限责任公司和股份有限公司。"第 3 条规定："公司是企业法人，有独立的法人财产，享有法人财产权。公司以其全部资产对公司的债务承担责任。"

有限责任公司，是指股东以其认缴的出资额为限对公司承担责任。股份有限公司，是指将全部资本分为等额股份，股东仅就所认购的股份为限，对公司的债务负清偿责任。公司股东作为出资者，按投入公司的资本额享有所有者的资产收益、重大决策和选择管理者等权利。公司享有由股东投资形成的全部法人财产权，依法享有民事权利，承担民事责任。

（一）设立公司的条件

1. 有限责任公司的设立条件

有限责任公司由 50 个以下的股东出资设立，设立时应当具备下列条件。

（1）股东符合法定人数（50 个股东以下）。

（2）股东出资达到法定资本最低限额（有限责任公司注册资本的最低限额为人民币 3 万元，法律、行政法规对有限责任公司注册资本的最低限额有较高规定的，从其规定）。

（3）股东共同制定公司章程。

（4）有公司名称，建立符合有限责任公司要求的组织机构。

（5）有公司住所。

2. 股份有限公司的设立条件

《公司法》第 77 条规定："股份有限公司的设立，可以采取发起设立或者募集设立的方式。发起设立，是指由发起人认购公司应发行的全部股份而设立公司。募集设立，是指由发起人认购公司应发行股份的一部分，其余股份向社会公开募集或者向特定对象募集而设立公司。"

设立股份有限公司应当具备六个条件。

（1）发起人符合法定人数（设立股份有限公司应当有 2 人以上 200 人以下的发起人，其中须有半数以上的发起人在中国境内有住所）。

（2）发起人认购和募集的股本达到法定资本最低限额。

（3）股份发行、筹办事项符合法律规定。

（4）发起人制定公司章程，采用募集方式设立的经创立大会通过。

（5）有公司名称，建立符合股份有限公司要求的组织机构。

（6）有公司住所。

《公司法》第 80 条规定："股份有限公司采取发起设立方式设立的，注册资本为在公司登记机关登记的全体发起人认购的股本总额。在发起人认购的股份缴足前，不得向他人募集股份。股份有限公司采取募集方式设立的，注册资本为在公司登记机关登记的实收股本总额。法律、行政法规以及国务院决定对股份有限公司注册资本实缴、注册资本最低限额另有规定的，从其规定。"

（二）公司企业的优点

（1）公司的股东只对公司承担有限责任，与个人的其他财产无关，因而股东的风险不大。并且股份有限公司的股东还可以自由转让股票从而转移风险。

（2）通过公开发行股票，提高了公司的社会声望，因而融资能力很强。

（3）公司具有独立存续时间，除非因经营不善导致破产或停业，不会因个别股东或高层管理人员的意外或离职而消失。

（4）对比个人独资企业和合伙企业，公司的所有权与经营管理权分离，可以聘任专职的经理人员管理公司，因而管理水平高，能够适应竞争激烈的市场环境。

（三）公司企业的缺点

（1）公司设立的程序比较复杂，创办费用高。

（2）按照相关法律要求，股份有限公司需要定期披露经营信息，公开财务数据，因而容易使商业机密外泄。

（3）由于公司是从社会吸纳资金，为了保护利益相关者，政府对公司的限制较多，法律法规的要求也较为严格。

📖 拓展阅读

一人有限责任公司

《中华人民共和国公司法》第57条规定："本法所称一人有限责任公司，是指只有一个自然人股东或者一个法人股东的有限责任公司。"第58条规定："一个自然人只能投资设立一个一人的有限责任公司。该一人有限责任公司不能投资设立新的一人有限责任公司。"第59条规定："一人有限责任公司应当在公司登记中注明自然人独资或者法人独资，并在公司营运执照中载明。"第60条规定："一人有限责任公司章程由股东制定。"第61条规定："一人有限责任公司不设立股东会。股东作出本法第37条第一款所列决定时，应当采用书面形式，并由股东签名后置备于公司。"第62条规定："一人有限责任公司应当在每一会计年度终了时编制财务会计报告，并经会计师事务所审计。"第63条规定："一人有限责任公司的股东不能证明公司财产独立于股东自己的财产的，应当对公司债务承担连带责任。"

任务三 设计经营模式

一只猴子在四处寻找食物。它从一个岩石的间隙中看到在岩石另一边有一棵结满果子的果树，于是拼命想从岩石狭小的间隙中钻过去。如果对于猴子来说，岩石那边的果实是它渴求的利润，那么猴子会怎么做呢？它选择的是意志坚定地一直使劲钻，身体都被岩石磨破了好多处。因为劳累和饥饿，猴子瘦了。就这样，在第3天时，它竟然很轻松地钻了过去，并美美地吃上了果子。等树上的果子全部吃完后，猴子准备继续寻找食物时才发现，因为身体变胖，它又钻不出来了。其实它可以在自己辛苦钻过去后，把果子先搬到岩石的那一边，然后再钻出来，边吃边寻找下一棵果树；它也可以叫一个小一点的猴子钻过间隙，把果子运出来一起分享。显然，寻找到了盈利模式，结果就会天壤之别。

企业盈利模式或曰经营模式，就像人体的血管。血管有毛病，血液通行就不可能顺畅，一个人就不可能活得健康、舒适。企业也一样，没有一个合理的经营模式，不管这个企业名气有多大，多么能折腾，你所能做的，也只是苟延残喘。对于企业经营者来说，这是一件多么痛苦的事！

一、经营模式概述

（一）什么是经营模式

经营模式是企业根据企业的经营宗旨，为实现企业所确认的价值定位所采取某一类方式方法的总称。其中包括企业为实现价值定位所规定的业务范围，企业在产业链的位置，以及在这样的定位下实现价值的方式和方法。

由此看出，经营模式是企业对市场做出反应的一种范式，这种范式在特定的环境下是有效的。

根据经营模式的定义，企业首先有企业的价值定位。例如，在现有的技术条件下，企业实现价值是通过直接交换，还是通过间接交易；是直接面对消费者，还是间接面对消费者。处在产业链中的不同的位置，实现价值的方式也不同。

由经营模式的定义可以看出，其模式的内涵包含三方面的内容：一是确定企业实现什么样的价值，也就是其在产业链中的位置；二是企业的业务范围；三是企业如何来实现价值，采取什么样的手段。

（二）经营模式的分类

根据企业在产业链中的位置、企业的业务范围、企业实现价值的不同方式，我们可以区分出不同的经营模式，下面从经营模式的内涵所包含的三个维度对经营模式进行分类和总结。

1. 根据企业在产业链中的位置

产业链可以分为以下几个部分：设计活动、营销活动、生产活动和其他的辅助活动，其中最重要的是信息服务部门，如图 6-1 所示。

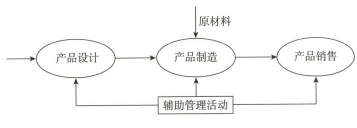

图6-1　产业链

因此，根据对产业链中位置的不同选择，可以得出八种不同的组合，即八种不同的经营思想和模式：销售型、生产代工型（纺锤型）、设计型、销售＋设计型（哑铃型）、生产＋销售型、设计＋生产型、设计＋生产＋销售（全方位）型和信息服务型。

下面给出几种主要类型的经营结构图。

（1）生产代工型（纺锤型）经营模式。

采用这类经营模式的企业的特点是企业作为产业链中下游企业的供应商，一般根据客户的订单加工产品，在市场上贴上其他企业的标牌进行销售，企业仅仅负责某一产业中某种或者几种产品或零件的生产，对于产品的销售和产品的设计不做过多涉及，如图 6-2 所示。

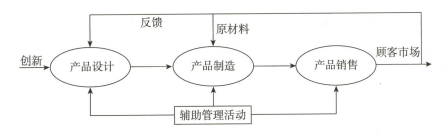

图6-2　生产代工型经营模式

对于选取这种经营模式的企业，要求具有很强的制造能力，相对于产业链中这个节点，企业要有相当的竞争优势。其中最重要的因素有两个：一个是质量，另一个是成本。其他需考虑的因素还有交货期、制造的柔性能力等。

（2）设计＋销售型（哑铃型）经营模式。

这种类型的经营模式与生产代工型经营模式正好相反，其不涉及生产领域的任何业务，只负责设计和销售。企业设计出市场上顾客所需求的产品和服务，然后寻找相应的生产代工。这种模式要求企业具有很强的设计能力和销售能力以及拥有自己的知名品牌。这类企业和市场的联系非常密切，对于市场动态和顾客的需求非常敏感，是市场最快的响应者，如图 6-3 所示。这种类型的企业非常多，如戴尔公司。

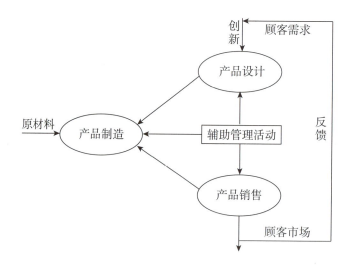

图6-3　哑铃型经营模式

（3）生产＋销售型经营模式。

采用这种经营模式的生产型企业最为普遍，企业涉及业务流程中的后两个部分：生产和销售。对于产品设计，由于某种原因，企业并没有涉及。在这个节点的企业集合当中，企业之间的竞争异常激烈，经营结构图如图 6-4 所示。

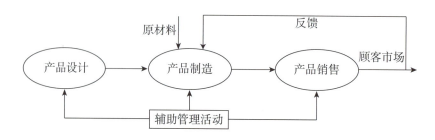

图6-4　生产＋销售型经营模式

这种类型的企业最大的特点就是模仿，对于行业内领导者的行为非常敏感，一旦市场领导者推出新的产品，这种类型的企业就会马上进行模仿，并进行改制和改进。因此，这种类型经营模式要求企业的生产制造柔性比较好，能够适应产品的变化。

（4）设计＋生产＋销售型经营模式。

这种经营模式是在产业链节点上涉及较多的经营模式。采用这种经营模式，使企业具备一定的新产品开发能力。企业根据市场上的需求，自己开发出市场上需要的产品，同时对以往的产品进行改造；在制造方面，企业具有一定的制造能力，制造设备的柔性能力比较好，开发出来的新产品能够通过现有的设备进行生产或者有足够的资金进行新的生产线的建设。自己生产的产品通过自己的营销体系建立自己的客户群体。其经营结构如图6-5所示。

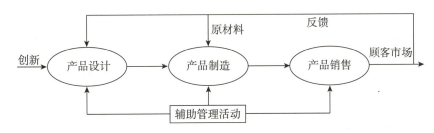

图6-5　设计＋生产＋销售型经营模式

（5）信息服务型经营模式。

采用信息服务型经营模式的企业中较典型的是咨询公司。这种类型的企业或者公司，不涉及制造的一切活动，但是在很大程度上与制造业有着密切的联系。其经营结构如图6-6所示。

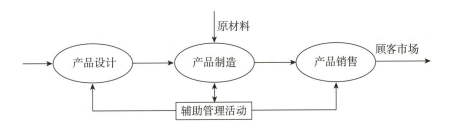

图6-6　信息服务型经营模式

如何为企业提供信息服务和决策咨询，如何帮助企业进行管理的变革和软件的实施，如何帮助企业进行员工的培训和教育等是其提供服务的主要内容。

对于只管销售的这类公司和企业大多数被称为经销商、分销商或代理商，对于只管设计的这类企业，一般称为科研单位或专门从事创意工作的组织。

2. 根据企业的业务范围

业务范围的确定也就是产品和服务的确定，它始于产品或者服务给企业带来价值的大小，以及新的产品和服务对原有产品和服务的影响。根据业务范围，可以划分两类经营模式：单一化经营模式和多元化经营模式。

（1）单一化经营模式。

单一化经营，又称专业化经营，是指企业仅仅在一个产品领域进行设计、生产或者销售，企业的业务范围比较单一。这类经营模式的优点是企业面对的市场范围比较有限，能够集中企业的资源进行竞争；风险在于众多的竞争者可能会认识到专一经营战略的有效性，并模仿这种模式。

（2）多元化经营模式。

多元化经营模式分为三种基本类型：集中化多元经营、横向多元化经营和混合多元化经营。

①集中化多元经营。集中化多元经营是指将一些新增加的但与原有业务相关的产品与服务一同被广泛地称之为集中化经营。这种经营方式的特征，是提供的产品或者服务和现有的产品或者服务有一定的相关性，提供的对象有可能是现有的顾客，也可能是新顾客；企业可能投入相当的资源拓展新的市场，也可能通过现有的营销网络进行经营。

②横向多元经营。横向多元经营是指向现有的用户提供新的与原有的业务不相关的产品或者服务。它的特点是提供的产品或服务与现有的产品或服务没有相关性，并且被提供的对象是现有的顾客，而不是新的顾客，也就是利用现有的市场，通过现有的营销网络进行经营。

③混合多元化经营。混合多元化经营是指增加新的与原有的业务不相关的产品或者服务。它的特点是企业提供的产品或者服务和现有的产品或者服务不相关，提供的对象有可能是原来的顾客，也可能是新的顾客；企业有可能投入相当的资源进行新的市场开拓，也有可能通过现有的营销网络进行经营。

3. 根据企业实现价值的方式

实现价值的方式一方面借助于战略来实现，因此实现价值的竞争战略也是一种经营模式，此类经营模式主要有以下几种：成本领先、差别化、目标集聚。

（1）成本领先模式。

成本领先模式，是指企业努力发现和挖掘所有的资源优势，特别强调生产规模和出售一种标准化的产品，在行业内保持整体成本领先，从而以行业最低价格为其产品定价。

（2）差别化模式。

差别化模式，是指企业向顾客提供的产品和服务在行业内独具特色，这种特色足以给产品带来额外的加价，如果一个企业的产品和服务的溢出价格超过其独特产品所增加的成本，那么，拥有这种差异化的企业将取得竞争优势。

（3）目标集聚模式。

目标集聚模式，是指在特定的顾客或者某一特定地理区域内，也就是在行业很小的竞争范围内建立独特的竞争优势；企业能够比竞争对手更有效地为其狭隘的顾客群体服务。该模式有两种类型：成本集中和差异化集中。

除此之外，企业实现价值的方式还有其他的途径，通过这些途径可以解决其他如资本、空间障碍等问题。因此，从为实现价值解决资本的角度可以分为独资和合资两种经营模式；从解决空间障碍角度可以分为跨国经营和区域经营两种模式。

二、几种可行的大学生创业模式

"创业没有准则。"就创业而言，没有哪一种固定的模式可以保证我们一劳永逸地接近成功。生活有多种可能，成功也并非只有一种途径，邯郸学步、东施效颦从来都只能留下笑柄。创业者只有避免盲从，根据自身的实际情况选择适当的创业模式，才有可能取得成功。下面列出几种可行的创业模式，供创业者参考。

（一）互联网创业——网中自有黄金屋

没有人会否认，互联网的出现开启了一个崭新的信息时代，这个时代在广泛深刻地改变我们的生活与行为方式的同时，也提供了一种全新的创业方式。

互联网创业不同于传统的创业模式，它不需要雄厚的资金支持，也未必需要丰富的创业经验，而是凭借一种对互联网的由衷热爱，一套扎实的专业技术就可利用现成的网络资源创造一个神奇的创业神话。虽然20世纪90年代末的互联网泡沫破灭曾让整个互联网界"风声鹤唳，草木皆兵"，但对于拥有专业知识而缺乏足够资金与创业经验的大学生而言，互联网创业仍然具有难以抵挡的吸引力。

目前的互联网创业，主要有两种形式。

（1）网上开店，即在网上注册成立网络商店。

（2）网上加盟，以某个电子商务网站门店的形式经营，利用母体网站的货源和销售渠道。

这种创业模式主要有以下优点：门槛低、成本少、风险低、方式灵活，特别适合初涉商海的创业者。很多知名的商务网站，拥有较为完善的交易系统、交易规则、支付方式和成熟稳定的客户群，加盟这些网站，可谓"近水楼台先得月"。此外，网络创业还得到了政府的重视和支持，在政策和服务上给予诸多的优惠和帮助。例如，广东已经在广州市天河区建立了粤港澳大湾区（广东）创新创业孵化基地，为创业者提供优质的创业环境和服务。

对初次尝试网络创业的大学生而言，互联网创业事先要进行多方调研，选择既适合自己产品特点又具有较高访问量的电子商务平台。相比较来说，网上加盟的方式可能更为适合，这样能在较少的投入下启动创业，边熟悉游戏规则，边依托成熟的电子商务平台发展壮大。

（二）加盟创业——站在巨人的肩膀上

牛顿曾说："我能看得更远一些，那是因为我站在巨人的肩膀上。"对于大学生创业者而言，也不妨尝试一下"站在巨人的肩膀上"的创业模式——加盟创业。

加盟创业以其分享品牌、分享经营、分享资源等诸多优势，逐渐成为备受青睐的创业新方式。目前，连锁加盟有直营、委托加盟、特许经营等形式，投资金额根据商品种类、店铺要求、技术设备的不同从 6000 元至 250 万元不等，可满足不同需求的创业者。

加盟创业的最大特点是利益共享，风险共担。创业者只需支付一定的加盟费，就能借用加盟商的品牌优势，利用现成的商品和市场资源，并能长期得到专业指导和配套服务，分享总部提供的支持、培训、管理、广告、促销等，而不必摸着石头过河，从而大大降低了创业风险。

对初次尝试加盟创业的大学生而言，加盟创业要经过以下步骤。

（1）选准行业。

（2）找对品牌。

（3）查看直营店业绩。

（4）查看是否具有完善的加盟机制。

（5）查看是否具有健全的培训体系。

（6）对总部与加盟店进行实地考察。

（7）对合同文本仔细阅读。

（8）提升创业能力。

（三）兼职创业——鱼和熊掌或可兼得

孟子曾说："鱼，我所欲也，熊掌，亦我所欲也；二者不可得兼，舍鱼而取熊掌者也。"但就创业而言，我们未必不可以尝试一种鱼与熊掌兼得的方式——兼职创业。

大学生兼职创业可分为两个阶段：其一是大学期间通过兼职，获得创业经验甚至创业资金；其二是工作后利用工作外的业余时间兼职创业。

（四）团队创业——众人划桨开大船

美国硅谷流传着这样一条"规则"：由一个 MBA 和一个 MIT 博士组成的创业团队，几乎就是获得风险投资的保证。虽然这种说法有些夸大其词，但揭示了这样一种事实：创业已告别个人英雄主义时代，团队创业渐入佳境。一个由研发、技术、市场、融资等各方面组成的优势互补的创业团队，更有可能获得创业的成功。

另据媒体报道，团队创业因其将资本、人力化零为整的优势，使一些有着相似经历、背景的创业者们因为某种吸引而聚集在团队创业的大旗之下，如由退役军人、大学校友、下岗工人组成的创业团队迅速壮大。

发轫于清华大学的"大学生创业计划大赛"为大学生团队创业提供了一个新的创业孵化器，这个平台孕育了包括雅虎、网易等知名企业，以及一大批新兴企业。

需要注意的是，这一模式在组建创业团队时，最重要的是要考虑成员在知识、资源、能力或技术等方面上的互补性，充分发挥个人的知识和经验优势，这种互补将有助于强化团队成员间的相互协作。一般来说，团队成员的知识、能力结构越合理，团队创业成功的概率就越大。

（五）个人独资（个体经营）和合伙制开个小店面——从"小"做起

这是一种较为常见的大学生创业模式，主要是指大学生个人或者几个人创办的"工作室型小企业"，或者选择一些企业，凭借它们的品牌和产品质量开展业务。据有关调查显示，大学生选择这种创业模式的比例很高，约占所有创业模式的 90% 以上。这种模式对创业者的要求不高，而且此创业模式多集中在科技含量较低的服务业。选择此模式的大学生创业者主要有以下几种情况。

（1）立足于校园以及周边市场，为广大的学生消费群体服务。这些创业者来源于学生，服务于学生，基于自身对学生消费需求的了解，能更好地挖掘出学生这个特殊的消费市场存在的潜力。

（2）迫于生计，勤工俭学。我国高校学生约有 20% 为贫困学生，单靠学校的贫困补助及有限的勤工助学的岗位难以解决他们所面临的经济困难，不少贫困大学生通过这种创业模式获得了更多的经济来源。

（3）由于自身条件，包括资金、时间、学业压力、心理压力等限制，这种低投入、低风险的创业模式更容易为大学生创业者所接受。这一模式与大学生经商部分类似，但不能将二者相提并论。

这种创业模式具有以下特点：涉及行业多，选择自由灵活。创业者可以抓住学生消费群体的特点来确定行业，在各个领域进行创业；启动资金少，大大降低了大学生的创业风险；代理加盟创业品牌形象较好；代理加盟创业客户信任度较高；需要较多的精力投入，创业者需要花大量的时间来经营店面，对于在读的大学生而言，有可能影响学业。

（六）概念创业——从点子中挖掘金矿

如果有人告诉你，一个点子就可以成就一项事业，你相信吗？

凭借创意、点子或想法创业的方式催生了一种新的创业模式——概念创业。对既具有强烈的创新意识而又缺乏资源的创业者来说，概念创业无疑是一条实现梦想的终南捷径。但需要注意的是，创业需要创意，然而创意绝不等同于创业，概念创业要求点子必须标新立异，但这些超常规的想法还必须具有可操作性，天方夜谭从来不可能变为现实。此外，创业还需要在创意的基础上，融合技术、资金、人才、市场经验、管理等各种因素，如果仅凭着点子盲目行动，想创业成功无异于痴人说梦。

任务四　创办企业流程

大学生自主创业可采用的市场主体类型主要有个体工商户、个人独资企业、合伙企业、农民专业合作社和有限责任公司等。创办不同类型的市场主体，需要准备的材料和办理流程如下。

一、注册成立个体工商户需要的材料和办理流程

（一）需准备的材料

（1）经营者签署的个体工商户注册登记申请书。

（2）委托代理人办理的，还应当提交经营者签署的《委托代理人证明》及委托代理人身份证明。

（3）经营者身份证明。

（4）经营场所证明。

（5）《个体工商户名称预先核准通知书》（设立申请前已经办理名称预先核准的须提交）。

（6）申请登记的经营范围中有法律、行政法规和国务院决定规定必须在登记前报经批准的项目，应当提交有关许可证书或者批准文件。

（7）申请登记为家庭经营的，以主持经营者作为经营者登记，由全体参加经营家庭成员在《个体工商户开业登记申请书》经营者签名栏中签字予以确认。提交居民户

口簿或者结婚证复印件作为家庭成员亲属关系证明，同时提交其他参加经营家庭成员的身份证复印件。

（8）国家工商行政管理总局规定提交的其他文件。

（二）办理流程

1. 申请

（1）申请人或者委托的代理人可以直接到经营场所所在地登记机关登记。

（2）登记机关委托其下属工商所办理个体工商户登记的，到经营场所所在地工商所登记。

（3）申请人或者其委托的代理人可以通过邮寄、传真、电子数据交换、电子邮件等方式向经营场所所在地登记机关提交申请。通过传真、电子数据交换、电子邮件等方式提交申请的，应当提供申请人或者其代理人的联络方式及通信地址。对登记机关予以受理的申请，申请人应当自收到受理通知书之日起5日内，提交与传真、电子数据交换、电子邮件内容一致的申请材料原件。

2. 受理

（1）对于申请材料齐全、符合法定形式的，登记机关应当受理。申请材料不齐全或者不符合法定形式，登记机关应当当场告知申请人需要补正的全部内容，申请人按照要求提交全部补正申请材料的，登记机关应当受理。申请材料存在可以当场更正的错误的，登记机关应当允许申请人当场更正。

（2）登记机关受理登记申请，除当场予以登记的外，应当发给申请人受理通知书。对于不符合受理条件的登记申请，登记机关不予受理，并发给申请人不予受理通知书。

申请事项依法不属于个体工商户登记范畴的，登记机关应当即时决定不予受理，并向申请人说明理由。

3. 审查和决定

登记机关对决定予以受理的登记申请，根据下列情况分别做出是否准予登记的决定。

（1）申请人提交的申请材料齐全、符合法定形式的，登记机关应当当场予以登记，并发给申请人准予登记通知书。根据法定条件和程序，需要对申请材料的实质性内容进行核实的，登记机关应当指派两名以上工作人员进行核查，并填写申请材料核查情况报告书。登记机关应当自受理登记申请之日起15日内做出是否准予登记的决定。

（2）对于以邮寄、传真、电子数据交换、电子邮件等方式提出申请并经登记机关受理的，登记机关应当自受理登记申请之日起15日内做出是否准予登记的决定。

（3）登记机关做出准予登记决定的，应当发给申请人准予个体工商户登记通知书，并在 10 日内发给申请人营业执照。不予登记的，应当发给申请人个体工商户登记驳回通知书。

二、创办个人独资企业需要的材料和办理流程

（一）需准备的材料

（1）投资人签署的《个人独资企业登记（备案）申请书》。

（2）投资人身份证明。

（3）投资人委托代理人的，应当提交投资人的委托书原件和代理人的身份证明或资格证明复印件（核对原件）。

（4）企业住所证明。

（5）《名称预先核准通知书》（设立申请前已经办理名称预先核准的须提交）。

（6）从事法律、行政法规规定须报经有关部门审批的业务的，应当提交有关部门的批准文件。

（7）国家工商行政管理总局规定提交的其他文件。

（二）办理流程

1. 申请

由投资人或者其委托的代理人向个人独资企业所在地登记机关申请设立登记。

2. 受理、审查和决定

登记机关应当在收到全部文件之日起 15 日内，做出核准登记或者不予登记的决定。予以核准的发给营业执照；不予核准的，发给企业登记驳回通知书。

三、创办合伙企业需要的材料和办理流程

（一）需准备的材料

（1）全体合伙人签署的《合伙企业登记（备案）申请书》。

（2）全体合伙人的主体资格证明或者自然人的身份证明。

（3）全体合伙人指定代表或者共同委托代理人的委托书。

（4）全体合伙人签署的合伙协议。

（5）全体合伙人签署的对各合伙人缴付出资的确认书。

（6）主要经营场所证明。

（7）《名称预先核准通知书》（设立申请前已经办理名称预先核准的须提交）。

（8）全体合伙人签署的委托执行事务合伙人的委托书；执行事务合伙人是法人或其他组织的，还应当提交其委派代表的委托书和身份证明复印件（核对原件）。

（9）以非货币形式出资的，提交全体合伙人签署的协商作价确认书或者经全体合伙人委托的法定评估机构出具的评估作价证明。

（10）法律、行政法规或者国务院规定设立合伙企业须经批准的，或者从事法律、行政法规或者国务院决定规定在登记前须经批准的经营项目，须提交有关批准文件。

（11）法律、行政法规规定设立特殊的普通合伙企业需要提交合伙人的职业资格证明的，提交相应证明。

（12）国家工商行政管理总局规定提交的其他文件。

（二）办理流程

1. 申请

由全体合伙人指定的代表或者共同委托的代理人向企业登记机关申请设立登记。

2. 受理、审查和决定

申请人提交的登记申请材料齐全、符合法定形式，企业登记机关能够当场登记的，应予当场登记，发给合伙企业营业执照。

除前款规定情形外，企业登记机关应当自受理申请之日起20日内，做出是否登记的决定。予以登记的，发给合伙企业营业执照；不予登记的，应当给予书面答复，并说明理由。

四、创办农民专业合作社需要的材料和办理流程

（一）需准备的材料

（1）《农民专业合作社登记（备案）申请书》。

（2）全体设立人签名、盖章的设立大会纪要。

（3）全体设立人签名、盖章的章程。

（4）法定代表人、理事的任职文件和身份证明。

（5）载明成员的姓名或者名称、出资方式、出资额以及成员出资总额，并经全体出资成员签名、盖章予以确认的出资清单。

（6）载明成员的姓名或者名称、公民身份证号码或者登记证书号码和住所的成员名册，以及成员身份证明。

（7）能够证明农民专业合作社对其住所享有使用权的住所使用证明。

（8）全体设立人指定代表或者委托代理人的证明。

（9）《名称预先核准通知书》（设立申请前已经办理名称预先核准的须提交）。

（10）农民专业合作社的业务范围有属于法律、行政法规或者国务院规定在登记前须经批准的项目的，应当提交有关批准文件。

（11）法律、行政法规规定的其他文件。

（二）办理流程

1. 申请

由全体设立人指定的代表或者委托的代理人向登记机关申请设立登记。

2. 受理、审查和决定

申请人提交的登记申请材料齐全、符合法定形式，登记机关能够当场登记的，应予当场登记，发给营业执照。

除前款规定情形外，登记机关应当自受理申请之日起20日内，做出是否登记的决定。予以登记的，发给营业执照；不予登记的，应当给予书面答复，并说明理由。

五、创办有限责任公司需要的材料和办理流程

（一）需准备的材料

（1）公司法定代表人签署的设立登记申请书。

（2）全体股东指定代表或者共同委托代理人的证明。

（3）公司章程。

（4）股东的主体资格证明或者自然人身份证明。

（5）载明公司董事、监事、经理的姓名、住所的文件以及有关委派、选举或者聘用的证明。

（6）公司法定代表人任职文件和身份证明。

（7）企业名称预先核准通知书。

（8）公司住所证明。

（9）国家工商行政管理总局规定要求提交的其他文件。

法律、行政法规或者国务院决定规定设立有限责任公司必须报经批准的，还应当提交批准文件。

（二）办理流程

1. 申请

由全体股东指定的代表或者共同委托的代理人向公司登记机关申请设立登记。

2. 受理

公司登记机关根据下列情况分别做出是否受理的决定。

（1）申请文件、材料齐全，符合法定形式的，或者申请人按照公司登记机关的要求提交全部补正申请文件、材料的，决定予以受理。

（2）申请文件、材料齐全，符合法定形式，但公司登记机关认为申请文件、材料需要核实的，决定予以受理，同时书面告知申请人需要核实的事项、理由以及时间。

（3）申请文件、材料存在可以当场更正的错误的，允许申请人当场予以更正，由申请人在更正处签名或者盖章，注明更正日期；经确认申请文件、材料齐全，符合法定形式的，决定予以受理。

（4）申请文件、材料不齐全或者不符合法定形式的，当场或者在5日内一次告知申请人需要补正的全部内容；当场告知时，将申请文件、材料退回申请人；属于5日内告知的，收取申请文件、材料并出具收到申请文件、材料的凭据，逾期不告知的，自收到申请文件、材料之日起即为受理。

（5）不属于公司登记范畴或者不属于本机关登记管辖范围的事项，即时决定不予受理，并告知申请人向有关行政机关申请。

公司登记机关对通过信函、电报、电传、传真、电子数据交换和电子邮件等方式提出申请的，自收到申请文件、材料之日起5日内做出是否受理的决定。

3. 审查和决定

公司登记机关对决定予以受理的登记申请，分情况在规定的期限内做出是否准予登记的决定。

（1）对申请人到公司登记机关提出的申请予以受理的，当场做出准予登记的决定。

（2）对申请人通过信函方式提交的申请予以受理的，自受理之日起15日内做出准予登记的决定。

（3）通过电报、电传、传真、电子数据交换和电子邮件等方式提交申请的，申请人应当自收到《受理通知书》之日起15日内，提交与电报、电传、传真、电子数据交换和电子邮件等内容一致并符合法定形式的申请文件、材料原件；申请人到公司登记机关提交申请文件、材料原件的，当场做出准予登记的决定；申请人通过信函方式提交申请文件、材料原件的，自受理之日起15日内做出准予登记的决定。

（4）公司登记机关自发出《受理通知书》之日起60日内，未收到申请文件、材料原件，或者申请文件、材料原件与公司登记机关所受理的申请文件、材料不一致的，做出不予登记的决定。

公司登记机关需要对申请文件、材料核实的，自受理之日起 15 日内做出是否准予登记的决定。公司登记机关做出准予公司设立登记决定的，出具《准予设立登记通知书》，告知申请人自决定之日起 10 日内，领取营业执照。公司登记机关做出不予登记决定的，出具《登记驳回通知书》，说明不予登记的理由，并告知申请人享有依法申请行政复议或提起行政诉讼的权利。

习题回顾

1. 为支持大学生创业，国家有哪些优惠政策？

2. 个人独资企业、合伙企业、公司设立的优缺点有哪些？

3. 企业有哪些经营模式？

4. 当代大学生有哪些可选的经营模式？

实践练习

假如你爸爸、叔叔、舅舅三人分别准备出资 30 万元（现金）、20 万元（专利技术折价）、10 万元（现金）合伙办一家服装厂。现在请你为他们选择一种企业形式，并为他们顺利办成企业及后续经营做参谋。

回答以下问题：

1. 你为他们选择哪种企业形式？为什么？

_____

_____

2. 现在，要给服装厂取一个名字，你有什么好的建议？

_____

_____

3. 对于服装厂的选址你有什么建议？

_____

_____

4. 公司股份结构如何安排？你觉得怎样安排股东和董事会比较妥当？

_____

_____

5. 你认为公司注册过程中应注意哪些问题?

_____

_____

📷 广角视点

"微专业"的探索意义不微

据媒体报道,日前广东工业大学首个微专业智能建造正式开班。今年,该校启动微专业项目建设工作,计划每个学院至少开设一个微专业,充分利用科研与企业资源,打造一批"小而美"的特色人才培养项目。

不独广东工业大学,据媒体统计,北京大学、中国传媒大学、武汉科技大学、湖南工商大学等高校都陆续开设了微专业,一些高职院校也面向高职学生开设了微专业。开设微专业,已成为高校创新人才培养模式的重要探索。

由此,人们期待更多高校开设更多的微专业。不过,相较之下,笔者更期待把微专业建设的成功经验用到所有专业的教学改革与创新之中,让每个学生在专业课程的学习中,可以根据自己的兴趣、学业发展与职业发展需求,选择来自其他学科、专业领域的交叉学科模块,以此激发学习兴趣、拓宽视野并提高就业竞争能力。

高校开设微专业的探索路径很清晰,就是由各院系开设微专业,面向全校其他专业"招生",由学生自主选择并组建一个微专业班。与辅修另一个专业不同,微专业更重视学科交叉,课程内容更灵活,教学方式更多元,可以在一定程度上解决传统专业课程设置陈旧、与社会需求脱节等问题,促进学科交叉,培养复合型人才。

"主专业+微专业"的人才培养模式在当前高校也易于推进。这种模式并不是对传统专业教学模式的冲击,而是在传统专业基础上做增量。微专业可在双休日或者短学期授课,在开设微专业方面各院系能获得更大自主权,从而能探索开设前沿课程。微专业建设还可作为学校培养创新人才的改革项目。不过,进一步推进微专业建设,也面临难以回避的问题。例如,"小而美""小而特"的微专业还只是少数学生的选择,能不能做到让全校所有学生都学到自己感兴趣的微专业课程?如何确保课程质量,形成有特色的微专业课程体系?能不能把微专业课程体系建设为学生可以自主选择的专业课程模块?

过去20多年来,我国高校一直在推进完全学分制教学与管理改革。但是,完全学分制在某种程度上看,还是学年学分制。这是因为要推进完全学分制教学与管理,必须落实和扩大学校的办学自主权，重视对人才培养的投入，改革对教师的考核评价体系，引导教师投入精力进行教学研究与创新。同时，还应在公共必修课、专业必修课之外，开设大量的选修课，包括跨学科、跨专业的选修课，由学生自主选择。如果提供给学生的课程选择空间小，那么就很难建设真正的完全学分制，因此要扩大学生的课程选择权，让学生的学习更灵活、更自主。

开设微专业，其实也是高校深入推进完全学分制改革的探索。换言之，如果缺乏实施完全学分制的理念与制度支撑，开设微专业之路很难走远。比如，随着微专业的增多，怎么解决微专业教学与传统专业教学的冲突问题？微专业课程建设和传统专业课程建设怎么协调？

因此，开设微专业是推进完全学分制教学的阶段性举措，最终，微专业将融入所有专业建设的课程改革之中，成为各专业学生完成大学学业所需选修的跨学科课程学习模块内容。从这一角度看，开设微专业的探索，对推进高校的整体教学改革具有现实意义，不但可以积累一批跨学科课程，还可以积累提高教学质量的经验。要鼓励各学科专业教师结合学科前沿发展与社会对人才的需求，开设跨学科课程，就需要进一步赋予教师教育教学自主权，建立激励教师重视课程建设、课程教学的考核评价体系。整体提高我国高校的人才培养质量，应该使每一门课都能让学生有所收获。

（资料来源：光明日报，2022-06-21）

项目七 新企业运营与管理

> 授权就像放风筝，部属能力弱，线就要收一收，部属能力强了就要放一放。
>
> ——林正大

🔍 学习目标

1. 掌握创业企业对员工的选择、管理与激励方法。
2. 认识到新创业企业的成本与财务管理的重要性。
3. 学会创业企业的风险管理。
4. 认识到营销是一种艺术。

⚙ 项目结构

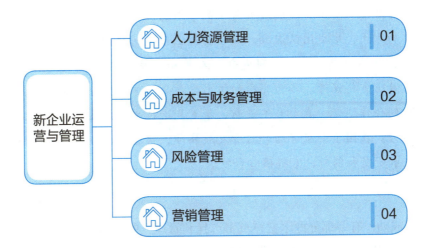

 案例导入

华为的管理模式

华为在高度整合东西方人力资源管理最优实践的基础上，有很多独特而创新的做法。

团队精神是华为企业文化的重要组成部分。寥寥数位员工和约 3000 美金的资本是华为的初始状态。经历了一代代华为人的团结奋斗，如今华为业务遍及 170 多个国家和地区，拥有 18.8 万名员工。

对于华为公司所在的通信产业而言，想要发展高新技术，吸引和管理知识型人才尤为重要。华为在招聘时着重考察应聘者的硬实力，即应聘者的技能、经验、学历。入华为大学进修和全员导师制是人才培训的两个主要方式。华为大学拥有优质的资源，不仅有高级培训师进行理论知识的讲授，还有经历丰富的专家和技术人员给予实战经验培训。全员导师制即一对一帮扶前进的模式，是否担任过导师也是职位晋升的前提和必要条件之一。华为公司是罕见的没有上市的大公司之一，虽然没有面向全社会融资，但是为了吸引和留住人才，华为公司采取员工持股制。截至2018 年底，已有一半的员工持有公司股权。员工持股制有效提升了华为员工的工作成就感和主人翁精神。

华为公司一向以其尊重技术、尊重人才而闻名。员工是公司发展的主要推动者，适当的激励会使员工更加积极的投入到工作中。一方面，华为以高薪的方式留住人才，并且采取员工持股制提升员工的参与感；另一方面，实现价值引领，采取干部表率的方式，形成团队激励，促使公司上下共同努力。技术创新是企业发展的先决条件，华为以超过 8 万的研发部门人员和每年 10% 以上的销售收入，为其生产、销售做出重要保障。华为公司的技术发展历程体现了企业从弱到强的发展路径，从模仿到合作创新，直至自主创新，唯有先进技术的发展才能为我国企业发展提供持久动力。我国企业应当结合自身发展实际，紧追时代潮流，积极培育技术人才、进行技术研发和创新，掌握核心科技。

点评

华为的成功，有一部分源于它在员工选择和管理上的成熟与标准化。案例中体现的人力资源管理模式可以为其他企业所借鉴。

人力资源在每个企业中都起着至关重要的作用，如何组织管理好企业里的员工，使团队力量最大化，通过人力资源的整合与开发，实现人力资本增值，为企业发展提供源源不断的动力，考验着所有新创企业主和正在创业路上的准"老板"们。

一、初创企业人力资源预测

人力资源预测是企业根据其战略目标、发展战略及内外部环境，以科学规范的方法进行人力资源需求和供给的分析预测，编制相应的吸引、留住、使用、激励方案，为企业的发展提供其所需要的员工，以完成企业发展目标的过程。人力资源预测的实质是促进企业实现其目标，因此它必须具有战略性、前瞻性和目标性，要体现企业的发展要求。

（一）企业人力资源信息

人力资源信息非常丰富，常用的人力资源信息如下。

1. 人力资源数量

人力资源规划中对人力资源数量的分析，重点在于探求现有的人力资源数量是否与企业的业务量相匹配，也就是检查现有的人力资源配置是否符合一个机构在一定业务量内的标准人力资源配置。人力资源数量是一项重要的分析指标。

2. 员工类别

通过对员工类别进行分析，可体现一个企业业务的重心所在。员工类别包括业务序列（如营销人员、生产人员、技术人员）和职能序列（如行政人员、财务人员）等。

3. 员工素质

对员工素质的分析就是分析现有工作人员的受教育程度及培训状况，如学历等。一般而言，受教育程度与培训状况在一定程度上反映了工作知识和工作技能的情况。

4. 年龄结构

对员工的年龄结构进行分析，可以按年龄段统计出公司人员的年龄分布情况，得出公司人员的平均年龄，从而了解员工是日趋年轻化还是日趋老化，员工吸收新知识、新技术的能力，员工工作的体能负荷，工作职位或职务的性质与年龄大小可能的匹配要求，这些均将影响组织内员工的工作效率和组织效能。企业员工的理想年龄分配应呈金字塔形，顶端代表 50 岁以上的高龄员工；中间部位次之，代表 35~50 岁的中龄员工；而底部人数最多，代表 20~35 岁的低龄员工。

5. 职位结构

根据管理幅度原理，主管职位与非主管职位应比例适当。通过分析人力结构中主管职位与非主管职位，可以显示组织中管理幅度的大小以及部门与层次的多少。如果一个组织中主管职位太多，可能导致组织结构不合理，管理控制幅度太狭窄，部门与层次太多，工作程序繁杂，沟通协调的次数增加，浪费很多时间，并容易导致误会和曲解。由于本位主义，造成相互牵制，势必会降低工作效率，导致官僚作风。

此外还有人力资源存量信息，如员工期初数、期末数等；人力资源效率信息，如人均工资、人均利润等；招聘效率信息、培训效率信息、绩效信息等。

以上这些信息既是人力资源管理的基础信息，也是人力资源管理的运营信息，同时也是人力资源管理的决策依据。

（二）企业人力资源需求预测方法

1. 德尔菲法

德尔菲法的目标是通过综合专家们的意见来预测某一领域的发展。德尔菲法是一种特别的专家意见咨询方法，是一种能避免专家之间相互影响及"从众行为"，并能够逐步达成一致意见的结构化方法。专家们的选择依据是专家们对影响组织的内部因素的了解程度。专家可以是组织内部的专家，也可以是外聘专家。例如，在评估未来某公司对人力资源的需要时，可选出公司的计划、人事、市场、生产和销售等部门的经理作为专家。

2. 经验预测法

经验预测法是企业根据以往的经验对人力资源进行预测的方法，简便易行。采用经验预测法是根据以往的经验进行预测，预测效果受经验的影响较大。企业在有人员流动的情况下，如晋升、降职、退休或调动等，可以采用与人力资源现状规划相结合的方法来订定规划。

3. 描述法

描述法是人力资源规划人员对本企业/组织在未来某一时期的有关因素的变化进行描述或假设，并从描述、假设、分析和综合中对将来人力资源的需求进行预测规划。由于这是假定性的描述，因此人力资源需求有几种备选方案，目的是适应和应对环境因素的变化。

4. 工作负荷预测法

工作负荷预测法是指按照历史数据、工作分析的结果，先计算出某一特定工作每单位时间（如一天）内每人的工作负荷（如产量），再根据未来的生产量目标（或者劳务目标）计算出所需要完成的总工作量，然后依据前一标准折算出所需要的人力资源数量。这种方法考虑的对象是企业工作总量和完成工作所需要的人力资源数量之间的关系，是每位员工的工作负荷和企业总体工作量之间的比率。可用公式表示，如下所示。

未来每年所需员工数＝未来每年的工作总量／每年每位员工的工作负荷＝未来每年的总工作时数／每年每位员工的工作时数。

因此，工作负荷预测法的关键部分是准确预测出企业总的工作量和员工的工作负荷。当企业所处的环境、劳动生产率增长速度相对稳定的时候，这种预测方法比较方便，预测效果也比较好。

5. 劳动定额预测法

劳动定额是对劳动者在单位时间内应完成的工作量的规定。公式如下。

$$N = W/Rq$$

其中，N 为企业人力资源需求量，W 为计划期任务总量，q 为企业制定的劳动定额，R 为部门计划期内生产率变动系数。$R = R_1 + R_2 + R_3$，其中，R_1 为企业技术进步引起的劳动生产率提高系数，R_2 为由经验积累引起的劳动引起率提高系数，R_3 为由于员工年龄增长及某些社会因素导致的劳动生产率下降系数。

（三）企业人力资源需求预测步骤

人力资源需求预测分为现实人力资源需求预测、未来人力资源需求预测和未来流失人力资源需求预测三部分。具体步骤如下。

（1）根据职务分析的结果，确定职务编制和人员配置。

（2）进行人力资源盘点，统计出人员的缺编、超编及是否符合职务资格要求。

（3）将上述统计结论与部门管理者进行讨论，并修正统计结论。

（4）该统计结论为现实人力资源需求预测。

（5）根据企业发展规划，确定各部门的工作量。

（6）根据工作量的增长情况，确定各部门还需增加的职位及人数，并进行汇总统计。

（7）该统计结论为未来人力资源需求预测。

（8）对预测期内退休的人员进行统计。

（9）根据历史数据，对未来可能发生的离职情况进行预测。

（10）将8、9统计和预测的结果进行汇总，得出未来流失人力资源需求预测。

（11）将现实人力资源需求、未来人力资源需求和未来流失人力资源需求预测进行汇总，即得企业整体人力资源需求预测。

二、新员工的招聘与定岗

（一）招聘程序

招聘新员工对应聘者和创业者来说都相当重要。它既可能是一种互利关系的开始，也可能是一系列错误的开端。

影响员工流转的两个主要因素是招聘和选择程序。创业者有必要发布招聘广告，处理应聘者的申请材料，举行面试，选择新员工并为他们安排工作。

潜在的员工来源：企业内部提拔、招聘广告、就业中介、教育机构、以前的员工推荐、在职员工推荐。

选择员工的程序：接受申请材料、面试、核实应聘者的相关信息、应聘者的技能测试。

（二）定岗程序

按照惯例，新员工到来的第一天应该带他们参观企业。在这个过程中，把新员工介绍给在职的其他员工，让新员工了解企业的整体运行情况，明确要求新员工适应企业的经营环境并融入企业当中。这项工作并不需要花很多精力，但却十分有用。从长远来看，这项工作省时又省钱。

最重要的是，要让新员工从进入企业的第一天起就能找到自己的恰当位置。正确定岗有助于提高员工的工作效率，并且有助于长期留住优秀员工。

员工定岗的四个原则：定人，确定需要定岗的员工；定事，明确必须完成的工作任务；试用，让员工在监督下进行尝试；转正，让合格者继续工作下去。

给新员工定岗准备工作的六个要素。

（1）落实工作，让新员工了解他们所要从事的工作。

（2）进行监督，让在职员工对新员工进行辅导和监督。

（3）设置障碍，设计简单的工作障碍。

（4）确定时间，制订新员工培训时间表。

（5）划定范围，规定工作范围。

（6）绩效评估，每天对新员工工作绩效进行评估。

（三）员工选择企业的因素

薪酬计划：对员工来说，工资是决定他们工作的一个重要因素。他们希望所得报酬能够反映他们贡献给企业的各种技能以及所付出的辛勤劳动。

额外福利：在所有额外福利中，病休和假期对员工们是最为重要的。创业者应该设计一整套包括各种额外福利的方案。

人际关系：高工资报酬和优厚的福利待遇并不一定能够使员工们感到快乐，良好的人际关系对他们来说更重要。创业者有责任为员工提供最好的工作环境，确保员工与企业之间总是能够畅通无阻地进行双向交流。

工作条件：良好的工作条件与员工的健康和安全一样都应该是创业者真正关心的事情。一个好的工作环境不仅可以防止发生意外事故，而且有助于提高员工的工作效率。

三、企业人力资源绩效管理

（一）绩效考核的基本步骤

绩效考核的有效性依赖于一定的执行程序。在绩效考核的过程中应该尽量避免使用那些不能动态反映内外环境变化的执行程序。绩效考核一般分为以下几个步骤。

1. 确定特定的绩效考核目标

在不同的管理层和工作岗位上，每一个员工所具备的能力和所做出的贡献是不同的，而一种绩效考核制度不可能适用于所有考核目标。所以在考核员工时，首先要有针对性地选择并确定特定的绩效考核目标，然后根据不同岗位的工作性质，设计和选择合理的考核制度。

2. 确定考点和责任者

考核工作往往被视为人事管理部门的任务。实际上，要使考核的方案取得成效，还必须让那些受过专门考核培训的直线管理人员参与到方案的实施中来，因为直线领导可以更为直接地识别员工的能力和业绩，并负有直接的领导责任。当然，下属和同事的评价也可以作为参考。

3. 考核业绩

在确定了特定的绩效考核目标和考核责任者之后，就应当通过绩效考核系统特定的考核目标内容，对员工进行正确的考核。考核应当客观、公正，杜绝平均主义和个人偏见。得出考核结论，并对考核结论的主要内容进行分析，特别是要检查考核中不符合事实以及不负责任的评价，检验考核结论的有效程度。

4. 公布考核结果，交流考评意见

考评者应及时将考核结果通知被考核者。如果认为考核中有不公平或不全面的地方，也可以进行申辩或补充，这有利于被考核者本人的事业发展，也有利于组织对其工作要求的重新建立。

（二）绩效考核的方法

1. 360 度绩效考评方法

该方法是指通过员工自己、上司、同事、下属、内外部客户、专家等不同主体来了解其工作绩效，全面体现出员工的成绩，使绩效考核更加客观、公平、公正、全面，还能加强部门之间的沟通，人事部门据此开展工作将更为容易。360 度考核特别注重通过反馈来提高员工的绩效。每个人的工作有多方面的表现，因此将各方面的人对于每一个员工绩效考核的意见结合起来，能够比较准确地给出每一个员工的绩效。

2. 目标管理法

所谓的目标管理，就是管理者通过目标对下属进行管理，并且定期检查完成情况的一种管理方式。它通过让组织成员亲自参加工作目标的制订，实现"自我控制"，并激励员工努力完成工作目标。而对于员工的工作成果，由于有明确的目标作为考核标准，从而对员工的评价和奖励将更加客观、更加合理。

（三）员工激励

初创企业的员工激励需要考虑以下几方面的因素。

（1）认清个体差异。员工并不是完全相同的，他们在需求、态度、个性以及其他重要的个人变量方面各不相同。

（2）让人员与工作相匹配。大量研究表明，个体与工作的合理匹配能够起到激励作用。缺乏圆满完成工作任务的必要技能的员工将会处于劣势。

（3）利用目标。你应该确保员工拥有困难而具体的目标，并让他们将工作的完成情况进行反馈。在许多情况下，员工应该参与设定目标。

（4）确保这些目标被员工认为是可实现的。无论目标是否能够实现，如果员工认为无法实现，他们就会降低努力程度。因此，管理者必须保证员工充满自信，让他们感到只要努力就可以实现绩效目标。

（5）个人化的奖励。因为每位员工的需求不同，所以针对某些人的强化措施并不一定适合其他人。管理者应该充分了解员工的差异并对他们实施个人化的奖励。你能够支配的一些奖励包括加薪、晋升、工作自主性、参与目标设置和决策的机会。

（6）奖励与绩效挂钩。管理者必须使奖励与绩效紧密结合起来。如果不对绩效因素进行奖励，则只会强化那些非绩效因素。当员工达到特定目标时，应给予奖励。

（7）检查系统的公平性。员工应当觉得自己的付出与所得是对等的。简单来说，就是员工的经验、能力、努力及其他明显的付出应该能够解释收入、职责以及其他明显结果的差异。

（8）不要忽视金钱的作用。我们很容易只关注设置目标、提高工作的趣味性、提供参与机会这些因素，而忘记大多数人工作的主要原因是为了钱。因此，基于工作绩效的加薪、计件奖金、员工持股计划以及其他收入激励方式对决定员工激励程度具有重要影响。

 拓展阅读

海尔的员工激励法则

海尔通过满足员工的需求来达到激励员工的目的。员工为企业拼命，企业就得主动考虑员工的需要，甚至员工个人的特殊需要。张瑞敏总结了人的四大特性：具有个体差异、追求生理与心理需要的满足、需要即时激励、追求个人价值的实现。

从研究和满足人的需要来调动员工的积极性，是海尔文化的一大特色。海尔认为研究人们的需求，目的就是在完成组织目标的前提下，尽可能满足个人需求，只有这样才能调动员工积极性。组织把人们的利益联系在一起了，离开组织就无法满足个人的需求。

海尔允许员工竞争领导岗位，甚至在员工这一层面海尔也制定了"三工并存，动态转换"等奖罚措施，既通过设置切实可行的目标给人以期望，又通过制度办法刺激员工工作的动机，如成为"优秀员工"的升级，算是正刺激，而成为"不合格员工"的降级使用就算是负刺激。这样反复不断的刺激，促使每个员工都能认同新的、更高的目标。张瑞敏说："我们靠的是建立一个让每个人在实现集体大目标的过程中充分实现个人价值的机制。这种机制使每位员工都能够找到一个发挥自己才能的位置。我们创造的是这样一种文化氛围，你干好了，就会得到正激励与尊重；同样，干得不好，会受到负激励。"他解释说，为什么不叫惩罚而叫负激励，其目的在于教育你不再犯同样的错误，而不仅仅是简单地让你付出点代价。

好的公司内部存在一种表扬文化，海尔也不例外。《海尔企业文化手册》中明确规定了海尔的奖励制度。

海尔奖：用于奖励本集团内各个岗位上的员工对企业所作的突出贡献；

海尔希望奖：用于奖励企业员工的小发明、小改革及合理化建议；

命名工具：凡本集团内员工发明、改革的工具，如果明显地提高了劳动生产率，可由所在工厂逐级上报厂职代会研究通过，以发明者或改革者的名字命名，公开表彰宣传。

任务二　成本与财务管理

 案例 7-1

航空公司的成本控制

随着航空公司根据政府有关票价和航线的规定所进行的调整，航空业越来越成为舆论关注的焦点。票价大战、破产和新"经济"飞行都是该行业为生存而斗争的标志。现在许多航空公司的飞机都坐不满，燃料价格还在不断上涨，其他费用也在不断上升，激烈的竞争导致航空公司收入难以弥补其经营成本。

当航空公司竞相降价以吸引乘客时，乘客是最大的赢家。同时，航空公司还推出了常旅客飞行计划以吸引乘客，即赠予累计旅行里程数超过特定数额的乘客免费飞行的机会。航空公司的经理们认为，为了成功，航空公司必须降低经营成本并像连锁店一样提供不同价格、多种档次的服务。

某经济飞行公司，是"潮流"中的一个例外。这家公司通过飞往小且便宜的机场、仅使用一种型号的飞机、不提供餐饮、提高员工工作效率和缩短飞机飞行时间间隔来控制成本。该公司总裁说："由于你能从相同的飞机固定成本中创造更多的收入，你自然就能为顾客提供更低的价格。"

对企业的各种成本、费用进行有效的控制，充分利用企业资产使之产生更多的价值是提高经济效益的有效途径。固定资产具有占用资金多、回收期限长等特点，要求企业必须重视和加强对固定资产的投资管理，以降低风险、提高收益。

一、成本管理

创业者必须为企业购买的各类产品和服务支付大笔费用，比如购买原材料、交电话费、给工人发工资等，所有这些开支统称成本费用。

首先，创业者应准确了解企业所出售的产品或服务的成本。如果这些产品或服务的成本高于客户所愿意支付的价格，或者高于竞争对手的价格，那么，企业就很难把产品推销出去。

其次，创业者还必须明白所有为管理企业而发生的费用支出必须从当期收入中扣除。只有收入高于全部的成本费用时，企业才有可能盈利，所以为了多获利润，创业者必须努力降低成本费用。

另外，企业有各种各样的成本和费用，了解这些成本费用的发生情况将有利于更好地控制和降低支出。

（一）根据支出的性质正确区分资本性支出和收益性支出

（1）资本性支出：指企业为取得受益期在一年以上的财产而发生的支出，如购置房屋、设备等支出，这些支出因为受益时间较长，在发生时不应全部从当期收入中扣减，而应计入资产价值，在其受益期内分期摊销。

（2）收益性支出：指企业为取得本期收益所发生的支出，其受益期在本期内，所以应在支付时全部计入当期成本费用。

（二）正确区分成本费用

能够计入当期成本费用的收益性支出，按其与生产经营活动的关系，可以分为成本和费用。成本费用按其所反映的经济内容可以分为原料支出、人工支出和其他支出。

（1）原料支出：所有被用来加工产品或提供服务的各种物资都属于"原料支出"。那些虽然不是用作生产产品，但在企业经营中必不可少的物资，比如劳动保护产品、卫生保洁用品等，也算在"原料成本"之内。

（2）人工支出：一旦创业者把员工招聘到企业中来工作，他就成了雇主，就要对员工承担起法律和社会的责任。这些责任是法律和政策规章所规定的，或者是通过集体谈判达成的。比如，工人的最低工资、法定工作时间、加班报酬、年度带薪休假、病假以及各种福利。

（3）其他支出：所有不包括在上述各成本费用项目中的开支都归于"其他支出"。这些支出主要包括电费、水费、电话费、上网费、保险费、租金、广告宣传费、管理费、资金利息，等等。

二、财务管理

（一）企业账簿

在任何一家企业，财务管理都是一项重要的工作。所有的商业交易都应该完整地记录在企业的账簿上。许多小型企业由于财务管理方面的欠缺而导致经营上的失败，其教训相当深刻。有的企业可能产品质量很好，市场占有率也在稳步上升，在一定时间内还获得了相当可观的利润。但如果账簿记录不全或记录错误，财务纪律松弛，就会埋下严重的隐患。不少小企业主认为小企业不需要什么财务管理，这种想法是不正确的。创业者每天都会碰到各种各样的问题，并要及时做出决策，因此必须掌握企业各方面的信息。正确的账簿记录和健康的财务管理制度能够及时地为创业者提供其所需要的财务信息，既有助于问题的解决，也有利于创业者做出正确的经营决策。

（二）财务报表

通过财务报表可以判断某个特定企业的财务状况和经营成果。对企业自身而言，可以通过财务报表将当前的经营情况与以前的情况加以对比。这种比较不仅对于制订未来的发展计划有帮助，而且也有助于认清企业经营中的优势与劣势。

财务报表可以用以确定企业财务状况的好坏、偿债能力的强弱、盈利水平的高低和现金流量的大小。投资者最关心的是企业的获利能力和投资的风险情况，从而做出是否对该企业增加或减少投资的决定；债权人最关心的是企业的偿债能力，从而做出是否对该企业继续进行借款或赊销的决定；经营者最关心的是企业的现金流量的大小，从而确定企业的经营活动是否能正常进行下去。在一个企业中，盈利能力和偿债能力是密切相连的。如果企业获利能力强，一般可按期偿还债务；如果获利能力弱，甚至连年亏损，势必会造成偿债困难。

1. 利润表

利润表是反映企业在某一时期内（如一个月或一年）经营成果的财务报表。报表编制得越日常化越能及时了解企业的盈亏状况。

制作利润表共有以下几个具体步骤。

（1）计算出企业的销售收入，包括现金销售和赊销两部分。

（2）计算出已售产品的成本。计算时可以把销售期间购进的商品价值加到期初库存中去，然后再减去期末库存品价值。

（3）计算出销售毛利，即销售收入和销售成本之差。

（4）计算出企业的各项经营性支出，即不构成销售成本的各种成本费用。

（5）计算出企业的利润总额和净利润。

2. 资产负债表

资产负债表是总括反映企业存续期间某个特定日期财务状况的报表。资产负债表反映了企业所拥有的资产和所承担的债务，以及投资者或创业者在企业所拥有的权利。

计算资产负债表的公式如下所示。

$$资产＝负债＋净资产（所有者权益）$$

资产是由于过去的交易或事项而形成并由企业拥有或者控制的资源，该资源预期会给企业带来经济利益。资产包括企业所拥有的现金、设备、厂房和存货等。企业资产按照流动性可分为流动资产和固定资产。

（1）流动资产是指可以在一年或者超过一年的一个营业周期内变现或者耗用的资产，包括现金、银行存款、短期投资、应收账款、待摊费用、存货等。

（2）固定资产是指同时具有下列特征的有形资产：为生产商品、提供劳务、出租或经营管理而持有的；使用寿命超过一个会计年度；与生产经营活动的器具、工具、家具等，为5年。

负债是指过去的交易或者事项形成的现时义务，履行该义务预期会导致经济利益流出企业，如短期贷款、应付账款、应交税金和抵押贷款等。企业负债可分为短期负债和长期负债。

（1）短期负债：通常指那些需要在短期内（如12个月内）偿还的债务，包括应交税金、短期借款和各种应付款。偿还短期负债需要动用企业的流动资产。

（2）长期负债：指那些偿还期限在1年以上的债务，如长期借款。

净资产：也叫所有者权益，是指企业所有者在企业资产中享有的经济利益，其金额等于资产减去负债后的余额，包括业主的初始投资和留存盈余。

任务三 风险管理

风险管理是初创企业用以降低风险的消极结果的决策过程，通过风险识别、风险估测、风险评价，并在此基础上选择、优化组合各种风险管理技术，对风险实施有效控制和妥善处理风险导致的损失，从而以最小的成本获得最大的安全保障。有效地对各种风险进行管理有利于企业做出正确的决策，有利于保护企业资产的安全和完整，有利于实现企业的经营活动目标，对企业来说具有重要的意义。

一、初创企业的风险

创业环境的不确定性，创业机会与创业企业的复杂性，创业者、创业团队与创业投资者的能力与实力的有限性，是创业风险的根本来源。

具体来说，外部经济市场与技术环境的不确定性变化，如宏观经济的波动或产业的巨变等都是创业风险的可能来源之一。然而，更深入的研究表明，由于创业的过程往往是将某一构想或技术转化为具体的产品或服务的过程，在这一过程中存在几个基本的、相互联系的缺口，它们是创业风险中不确定性的来源之一，以及复杂性和有限性的主要来源。即创业风险在给定的宏观条件下往往直接来源于这些缺口。

（一）企业风险来源

1. 融资缺口

融资缺口存在于学术支持和商业支持之间，是研究基金和投资基金之间存在的断层。其中，研究基金通常来自个人资产、政府机构或公司研究机构，它既支持概念的建立，又支持概念可行性的最初证实；投资基金则将概念转化为有市场的产品原型，即创业者可以证明其构想的可行性，但往往没有足够的资金实现商品化，从而给创业带来了一定的风险。通常，只有极少数基金愿意鼓励创业者跨越这个缺口，包括富有的个人（通常在建立公司或开发新产品方面有非常丰富的经验）、专门投资于早期项目的风险投资公司，以及政府资助计划等。

2. 研究缺口

研究缺口主要存在于仅凭个人兴趣所做的研究判断和基于市场潜力所做的商业判断之间。当一个创业者最初证明一个特定的科学突破或技术突破可以成为商业产品基础时，他仅仅停留在自己满意的论证程度上。然而，这种程度的论证在后期便不可行了，在将预想的产品真正转化为商业化产品（大量生产的产品）的过程中，即具备有效的性能、低廉的成本和高质量的产品能从市场竞争中生存下来的过程中，需要面对大量困难且可能耗资巨大、耗时较长（有时需要几年时间），进而形成创业风险。

3. 信息和信任缺口

信息和信任缺口存在于技术人员和管理者或投资者之间。也就是说，在创业中存在两种不同类型的人：一是技术专家，二是管理者或投资者。这两种人对创业有不同的预期、信息来源和表达方式。技术专家比较了解哪些内容在科学上是有趣的，哪些内容在技术层面上是可行的，哪些内容根本就是天方夜谭，无法实现。在失败的案例中，技术人员要承担的风险一般是学术声誉受到影响，以及没有金钱上的回报。管理者或投资者通常比较了解将新产品引进市场的程序，但当涉及具体项目的技术部分时，他们不得不相信技术人员。可以说管理者或投资者是在拿别人的钱冒险。如果技术人员和管理者或投资者不能充分信任对方，或者不能进行有效交流，那么这一缺口将会变大，带来的风险也会更大。

4. 资源缺口

资源与创业者之间的关系就如同颜料、画笔与艺术家的关系。没有颜料和画笔，艺术家的构思则无从实现。创业也是如此，没有所需的资源，创业者将一筹莫展，创业也就无从谈起。在大多数情况下，创业者不一定也不可能拥有所需的全部资源，这就形成了资源缺口。如果创业者没有能力弥补相应的资源缺口，要么创业无法起步，要么在创业中会受制于人。

5. 管理缺口

管理缺口是指创业者并不一定是出色的企业家，不一定具备出色的管理才能。进行创业活动主要有两种：一是创业者利用某一新技术进行创业，他可能是技术方面的专业人才，但却不一定具备专业的管理才能，从而形成管理缺口；二是创业者往往有某一"奇思妙想"，可能是新的商业点子，但在战略规划上不具备出色的才能，或不擅长管理具体的实务，从而形成管理缺口。

（二）大学生创业的主要风险

1. 管理风险

创业失败者基本上都是管理方面出了问题，其中包括决策随意、信息不畅、理念不清、患得患失、用人不当、忽视创新、急功近利、盲目跟风、意志薄弱等。特别是大学生知识单一、经验不足、资金实力薄弱以及心理素质明显不足，更会增加管理上的风险。

2. 资金风险

资金风险在创业初期会一直伴随在创业者的左右。是否有足够的资金创办企业是创业者遇到的第一个问题。企业创办起来后，还要考虑是否有足够的资金支持企业的日常运转。对于初创企业来说，如果连续几个月入不敷出或因其他原因导致企业的现金流中断，都会给企业带来极大的威胁。相当多的企业会在创办初期因资金紧缺而严重影响业务的拓展，甚至错失商机而不得不关门。

3. 竞争风险

寻找蓝海是创业的良好开端，但并非所有的企业都能找到蓝海。更何况蓝海也只是暂时的，所以竞争是必然的。如何面对竞争是每个企业都要随时考虑的事，对创业企业更是如此。如果创业者选择的行业是一个竞争非常激烈的领域，那么创业之初极有可能受到同行的强烈排挤。一些大企业为了把小企业吞并或挤垮，常会采用低价销售的手段。对大企业来说，由于规模效益或实力雄厚，短时间的降价并不会对其造成致命的伤害，但对初创企业则可能意味着彻底毁灭。因此，考虑好如何应对来自同行的残酷竞争是企业生存的必要关键。

4. 团队出现分歧的风险

现代企业越来越重视团队的力量。企业在诞生和成长过程中最主要的力量来源一般都是创业团队，一个优秀的创业团队能使企业迅速发展起来。但与此同时，风险也蕴含在其中。团队的力量越大，产生的风险就会越大。一旦创业团队的核心成员在某些问题上产生分歧无法达成一致时，极有可能会对企业造成强烈的冲击。事实上，团队的协作并非易事。特别是出现与股权、利益相关的问题时，很多初创时合作良好的伙伴都会闹得不欢而散。

5. 核心竞争力缺乏的风险

对于有着长远发展目标的创业者来说，他们的目标是不断地发展壮大企业，因此，企业是否具有自己的核心竞争力就成为最主要的风险。一个依赖别人的产品或市场来打天下的企业是永远不会成长为优秀企业的。核心竞争力在创业之初可能不是最重要的问题，但要谋求长远的发展，就成为最不可忽视的问题。没有核心竞争力的企业终究会被淘汰出局。

6. 人力资源流失的风险

一些研发、生产或经营性企业需要面向市场，大量高素质专业人才或业务队伍是这类企业成长的重要基础。防止专业人才及业务骨干流失应当是创业者需要时刻注意的问题，在那些依靠某种技术或专利创业的企业中，拥有或掌握这一关键技术的业务骨干的流失是创业失败最主要的风险源。

7. 意识上的风险

意识上的风险是创业团队最内在的风险。这种风险来自于无形，却有强大的毁灭力。风险性较大的意识有投机心态、侥幸心理、试试看的心态、过分依赖他人的心理、回避的心理等。

 **案例 7-2**

经验不足导致创业失败

毕业于某高校企业管理系的小飞和家住江苏吴江的同学小梁，看准吴江是中国化纤面料重要生产基地这一优势，合伙做起了化纤布料的中介生意。其创业的细节是：小飞扎根上海某商城，寻找客户，承接订单；小梁长驻吴江，负责解决供货渠道问题。他们初步约定，如果业务发展顺利，到2016年年底，两人的股权按30%和70%分配。小梁的父母答应支持他们一年，公司所需的费用每月结算后找小梁的父亲报销。

凭借参加一年一度的面料展销会的后续效应，每天都有十几个客户打电话或上门找他们谈业务。与商场内竞争对手的产品相比，小飞自认为他们提供的产品质量有保证、价格合理，应该很有竞争力。但是，一个多月过去了，没有一个潜在客户签订单。

得知此事后，小梁的父母帮他们分析了原因：化纤面料这个行业很复杂，发展到现在，国内外厂商和供应商之间的关系相对比较稳定。因此，尽管产品质量好，价格低，但是如果缺乏业务往来的话未必能争取到客户。

小飞也想过变被动等人上门为主动上门洽谈，以增进跟客户的直接沟通。但因为没有明确的目标，效果很差。为此他还草拟过一个销售计划，想招聘业务员，但由于成本会增加，遭到小梁父母的反对，只好作罢。

屡次碰壁后，小飞逐渐调整工作策略，不再有求必应，而是先跟客户充分沟通，有所选择地提供报价。2016年6月初，小飞总算吃到了创业后的第一只螃蟹——合同金额1万多元，利润1000元出头，紧接着又陆续签了几笔订单。7月中旬，有个台湾老板跟小飞接洽。这笔生意如果谈成，每个月将有2万~3万元的收入。

但8月中旬，小梁突然从吴江打来电话，说家里不支持他们创业了。小飞很希望能够再拖一拖，等把手头几个正在谈的单子敲定。但考虑到粮草已断，再坚持也是枉费精力，最终创业以失败告终。

为了创业成功，小飞付出了热情和艰辛，并不断从失败中总结教训，加以改进，但低估风险和经验不足使这次创业以失败而告终。

小飞的经历给了我们一些启示。

第一，仅以地理优势作为项目选择的有利条件而忽略了大学生在客户信息和交易经验上的劣势，从而形成片面的决策，引发该创业项目的失败。

第二，充足的启动资金和后续资金保障是创业成功的必要条件，对这点在创业之初就应该做好充分的思想准备。

第三，要保证创业工作有充分的保障就应该以合同或协议的形式对相关事项予以记录，避免口头协议造成的纠纷。

二、初创企业风险管理

风险管理是指人们对各种风险的认识、控制和处理的行为，它要求人们研究风险发生和变化的规律，估算风险对社会经济生活可能造成损害的程度，并选择有效的手段有计划、有目的地处理风险，以期用最小的成本代价获得最大的安全保障。这是一个对纯粹风险暴露的系统识别与管理的过程。成熟企业都有一个专业部门和高层经理主管企业所面临的风险，以使风险损失对实现企业目标的负面影响最小化。创业企业一般规模较小，其风险管理的任务主要落到创业者身上。

发展到现在，风险管理已经形成了一般的管理原则，成熟企业通常依此来管理其所面临的风险。风险管理的程序一般包括以下几个环节：风险识别、风险评估、风险管理方法的选择和管理效果的评价等，如图 7-1 所示。

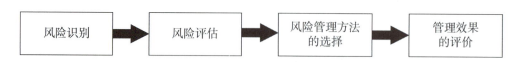

图7-1　风险管理的程序

（一）企业风险管理程序

1. 风险识别

企业和个人都会面临许多潜在的风险。识别风险是管理这些风险的第一步，是指对企业面临的现实以及潜在的风险加以判断、归类并鉴定风险性质的过程。存在于企业周围的风险多种多样，这些风险在一定时期和某一特定条件下是否会存在，存在的条件是什么，以及损害发生的可能性等都是风险识别阶段应当回答的问题。识别风险主要包括感知风险和分析风险两个方面。风险的识别对传统的经营管理有至关重要的意义，识别企业风险有助于企业目标的实现，也有助于企业的健康发展。

2. 风险评估

风险评估是指在风险识别的基础上，通过对所收集的大量详细损失资料加以分析。这一阶段可按照相关损失发生的概率来分类，进行损失概率的评估，同时对损失的规模与幅度进行分析，从而使风险分析定量化。把风险发生的概率、损失的程度与其他综合因素结合起来考虑，确定系统发生风险的可能性及其危害程度，通过比较管理风险所支付的费用，决定是否需要采取风险控制措施，以及控制措施实施的程度，从而为管理者进行风险决策、选择最佳风险管理技术提供可靠的科学依据。

3. 风险管理方法的选择

在风险评估的基础上，为实现风险管理的目标，选择最佳的风险管理技术是风险管理的实质性内容。风险管理技术分为控制型与财务型两大类。前者的目标是降低损失的频率和减少损失的幅度，重点在于改变引起意外事故和扩大损失的各种条件。后者的目的是以提供基金的方式消化发生损失的成本，即对无法控制的风险进行财务安排。对于有些情况，最好的办法是什么也不做。但在大多数情况下，可能要通过复杂的方法为潜在的损失融资。

4. 风险管理效果的评价

在做出风险管理方法选择的决策后，个人或企业必须实施其所选择的方法。风险管理应该是一个持续的过程，对实施效果进行评价是必需的。有时新出现的风险暴露或预期的损失概率、损失幅度发生了显著的变化，需要对原有决策进行重新评价。风险管理的效果评价是指对风险管理技术的适用性及收益情况进行的分析、检查、修正和评估，这是由风险的动态性所决定的。通过效果的评价，以保证具体管理方法与风险管理目标相一致，并使具体的方案具有可操作性和有效性。

（二）常用的风险处理方式

风险处理是指通过不同的措施和手段，用最小的成本达到最大安全保障的过程。风险处理的方式有很多种，最常用的是避免、自留、预防、抑制和转嫁。

1. 避免

避免是指设法回避损失发生的可能性。即从根本上消除特定的风险单位或中途放弃某些既有的风险单位。它是处理风险的一种消极方法。避免方法通常在两种情况下采用：一是当某种特定风险所致损失的频率或损失的幅度相当高时；二是在用其他方法处理风险成本大于收益时。

没有风险就没有收益，避免风险虽然简单易行，但却意味着收益机会的损失。因此，对企业而言，采用避免的方法在经济上是不适当的。在某些情况下，避免了某一风险又会产生新的风险。

2. 自留

自留是指对风险的自我承担，是企业自我承担风险损失的一种方法。风险自留有主动自留与被动自留两种，常常在风险所致损失概率和幅度较低、损失短期内可以预测以及最大损失不影响企业财务稳定性时采用。在这样的情况下，采用风险自留的成本要低于其他风险处理方式的成本，且方便有效。但是，风险自留有时也会因风险单位数量的限制而无法实现其处理风险的功效。一旦发生风险事故，可能会导致财务上的困难而失去其作用。

3. 预防

损失预防是指在风险损失发生前为了消除或减少可能引发损失的各种因素而采取的处理风险的具体措施，其在于通过消除或减少风险因素而达到降低损失发生概率的目的。损失预防通常在损失的频率高且损失的幅度低时使用。损失预防的措施可分为工程物理法和人类行为法。工程物理法是指损失的预防措施侧重于风险预防物质因素的一种方法，如防火结构的设计、防盗装置的设置等；人类行为法是指损失预防侧重于人类行为教育的一种方法，如企业安全教育、消防培训等。

4. 抑制

损失抑制是指在损失发生时或在损失发生后为缩小损失幅度而采取的各项措施。损失抑制的一种特殊形态是割离，是指将风险单位割离成很多小的独立单位而达到缩小损失幅度的一种方法。损失抑制常常在损失幅度高且风险无法避免或转嫁的情况下采用，如损失发生后的各种自救和损失处理等。

5. 转嫁

转嫁是指一些企业或个人为避免承担风险损失，有意识地将损失或与损失有关的财务后果转嫁给其他单位或个人去承担的一种风险管理方式。风险管理者会尽一切可能回避并排除风险，把不能回避或排除的风险转嫁给第三者，不能转嫁或损失幅度小的可以自留。

转嫁风险的方式主要有两种：保险转嫁和非保险转嫁。保险转嫁是指向保险公司缴纳保险费，将风险转给保险公司承担。当风险事故发生时，保险人按照保单约定得到经济补偿。非保险转嫁具体分为两种方式：一是转让转嫁，二是合同转嫁。前者一般适用于投机风险，如当股市下跌时卖出手中的股票。后者适用于企业将具有风险的生产经营活动承包给他人，并在合同中约定由对方承担风险损失的赔偿责任，如通过承包合同将某些生产、开发程序或产品销售转给他人等。

对企业而言，究竟选择哪种风险管理方式更合理，则需要根据对风险评估的结果和具体的环境来判断。对于损失金额很小的风险宜采用自留的方式。而对那些发生概率大、损失金额高的风险，如财产责任风险，则宜采用转嫁的方式。而对诸如人力资源风险、财务风险、项目选择风险、环境风险等其他风险，则宜采用预防和抑制的方法来处理。

三、初创企业风险预防

当需要用综合的办法来管理风险的时候，很多处于创业阶段的企业所采用的仅是依靠通过购买商业保险来分散风险的方法，这对一个希望健康成长的企业来说是远远不够的，因为它们所面临的风险远远不止这些可保风险。所以，企业的管理者必须了解风险的来源，并在此基础上建立一整套风险管理的程序，在需要的时候可以分别或综合地加以使用。

（一）预防风险

企业所面临的各种风险，可以用众所周知的方法加以减小，预防办法是消除可能产生风险的条件。例如，一个小企业可以采用多种方式来预防火灾，如使用更安全的建筑结构、防火的建筑材料、能够承受最大使用载荷的电线；在需要的地方使用报警设施和安全门；安装一套自动喷淋系统。对其他风险也可从风险产生的环境入手进行分析，找到相应地减小甚至消除风险的办法。

（二）自我保险

明智的财务计划总能未雨绸缪，这一理念与企业的风险管理也是相适应的。这种风险管理方式常被称为自我保险。因为这需要付出一定的成本，所以在实际的商业运作中很难实施。

自我保险可以采用一般方式或特殊方式。在一般方式中，企业每年必须从营业利润中拿出一笔钱作为未来可能发生损失的基金，无论风险的来源如何，其带来的损失都可从这笔基金中得到补偿。在特殊方式中，自我保险的程序是指定基金的专门用途，用于某些特定的风险损失，如财产、医疗或对职工的补偿。有些公司对风险的管理在很大程度上依赖于自我保险。自我保险的执行需要认真监管，以保证其利益的实现。在我国，常见的自我保险计划领域是职工的医疗保险或其他补充保险。企业可以此为参照进行风险管理。

很明显，自我保险计划并不是每个企业都可以实行的，因为企业的资金往往并不很宽裕。据美国学者对创业小企业风险管理的研究显示，一个小公司具有至少25万美元的净值，并至少有25个人时，才有可能做这方面的工作。当然，这并不是一个绝对的条件。当面临较大的责任风险时，企业就应该创造条件进行自我保险，除非这些企业在可能的损失领域都进行了商业保险，使其免于遭受较大的损失。

（三）风险分担

随着科学技术的发展、市场竞争的加剧，产品的生产周期越来越短，市场对产品的要求不断提高，这样企业不仅要有高水平的各类研究开发人员，还要拥有优良的研究设施和成熟稳定的销售渠道。但是，企业的规模、企业科研实力和财力总是有限的，技术创新能力和市场营销能力也是有限的。要求一个企业在所有领域有高水平的各类人才和设备，对企业来说不太现实。因此，在创业过程中，许多方面寻求协作和联合是必不可少的。另外，由于创新具有较大的风险，为了加强企业的薄弱环节和分散创新风险，与其他企业和科研单位共同研究开发的情况也屡见不鲜。因为这样既可以极大地降低投资风险，也可以弥补大多数技术型创业者管理能力的相对欠缺。市场开拓能力是决定企业成败的关键因素，因此，联合开发、共同营销策略不失为减少创业风险的有效途径。

无论企业性质的差异有多大，风险管理对企业来说都是一个严肃的课题，对企业来说很重要。过去，企业的失败率很高，最主要的原因是由于它们没有足够的风险管理技术，或者其主要的管理者对风险管理没能给予足够的重视。这种情况经过主观努力是完全可以改变的，企业的管理者必须在对其公司进行风险管理的过程中起到积极作用。

任务四　营销管理

初创企业要获得市场的认可，产品和服务质量是基础，营销是不可或缺的关键环节。在企业中，完善的机制、合理的管理、有效的营销渠道，构成一个完整的企业体系，发挥企业的管理职能，在企业的市场营销中举足轻重。有了管理，营销会变得井然有序，各个部门之间的配合也会非常默契。不言而喻，工作效率也会提高。

一、企业目标市场选择与定位

（一）企业目标市场选择

1. 目标市场和目标市场营销

目标市场是指在需求异质性市场上，企业根据自身能力所确定的欲满足的现有和潜在的消费者群体的需求。

目标市场营销是指企业通过市场细分选择了自己的目标市场，专门研究其需求特点并针对其特点提供适当的产品或服务，制订一系列的营销措施和策略，实施有效的市场营销组合。

为有效地实施目标市场营销，企业必须相应采取三个重要的步骤。

（1）市场细分。

在市场调研和预测的基础上，将整个市场划分为几个不同的购买者群体，向不同的群体销售不同的产品或提供不同的服务。

（2）选择目标市场。

选择对本企业具有吸引力的一个或几个细分的小市场（子市场）作为自己的目标市场，实行目标营销。

（3）市场定位。

为本企业的产品确定一个在市场上竞争的有利地位，即在目标顾客心目中树立起适当的产品形象，做好市场定位工作。

2. 企业可以开展的三种目标市场营销战略及优缺点

（1）无选择（差异）性市场营销。

企业面对整个市场，只提供一种产品，采用一套市场营销方案吸引所有的顾客，只注意需求的共性。

优点：生产经营品种少、产量大，能节省成本费用，提高利润率。

缺点：忽视了需求的差异性，较小市场部分需求得不到满足。

（2）选择（差异）性市场营销。

企业针对每个细分市场的需求特点，分别为之设计不同的产品，采取不同的市场营销方案，满足各个细分市场上不同的需要。

优点：适应了各种不同的需求，能扩大销售，提高市场占有率。

缺点：因差异性营销会增加设计、制造、管理、仓储和促销等方面的成本，会造成市场营销成本的上升。

（3）集中性市场营销。

企业选择一个或少数几个子市场作为目标市场，制订一套营销方案，集中力量为之服务，争取在这些目标市场上占有较大份额。

优点：由于目标集中，能更深入地了解市场需要，使产品更加适销对路，有利于树立和强化企业形象及产品形象，在目标市场上建立巩固的地位。同时由于实行专业化经营，可以节省生产成本和营销费用，增加盈利。

缺点：目标过于集中，把企业的命运押在一个小范围的市场上，有较大风险。

3.企业目标市场营销战略选择的因素

上述三种市场营销战略各有利弊，各自适用于不同的情况。企业在选择营销战略时，必须全面考虑各种因素，权衡得失，慎重决策。这些因素主要有如下几个方面。

（1）企业的实力。

（2）产品差异性的大小。

（3）市场差异性的大小。

（4）产品生命周期的阶段。

（5）竞争者的战略。

（二）企业市场定位

市场定位，就是针对竞争者现有产品在市场上所处的位置，根据消费者或用户对该产品某一属性或特征的重视程度，为产品设计和塑造特定的个性或形象，并通过一系列营销活动把这种个性或形象强有力地传达给顾客，从而确定该产品在市场上的位置。

1.企业如何开展市场定位

企业的市场定位工作一般应包括三个步骤。

（1）调查研究影响定位的因素。

适当的市场定位必须建立在市场营销调研的基础上，必须先了解影响市场定位的各种因素。主要包括以下几个方面。

①竞争者的定位状况。

②目标顾客对产品的评价标准。

③目标市场潜在的竞争优势。

（2）选择竞争优势和定位战略。

企业通过与竞争者在产品、促销、成本、服务等方面的对比分析，了解自己的长处和短处，从而认定自己的竞争优势，进行恰当的市场定位。市场定位的方法有很多，且还在不断开发中，一般包括七个方面。

①特色定位。即从企业和产品的特色上加以定位。

②功效定位。即从产品的功效上加以定位。

③质量定位。即从产品的质量上加以定位。

④利益定位。即从顾客获得的主要利益上加以定位。

⑤使用者定位。即根据使用者的不同加以定位。

⑥竞争定位。即根据企业所处的竞争位置和竞争态势加以定位。

⑦价格定位。即从产品的价格上加以定位。

（3）准确地传播企业的定位观念。

企业在做出市场定位决策后，还必须大力开展广告宣传，把企业的定位观念准确地传达给潜在购买者。

2. 可供企业选择的市场定位战略

（1）"针锋相对式"定位。

把产品定位在与竞争者相似的位置上，同竞争者争夺同一细分市场。实行这种定位战略的企业必须具备以下条件：①能比竞争者生产出更好的产品；②该市场容量足够吸纳这两个竞争者的产品；③比竞争者具有更多的资源和实力。

（2）"填空补缺式"定位。

寻找新的尚未被占领但为许多消费者所重视的位置，即填补市场上的空位。这种定位战略有两种情况：一是这部分潜在市场即营销机会没有被发现，在这种情况下，企业容易取得成功；二是许多企业发现了这部分潜在市场，但无力去占领，这就需要有足够的实力才能取得成功。

（3）"另辟蹊径式"定位。

当企业意识到自身无力与同行业强大的竞争者相抗衡从而获得绝对优势地位时，可根据自身的条件取得相对优势，即突出宣传自身与众不同的特色，在某些有价值的产品属性上取得领先地位。

二、企业的销售与定价

（一）企业市场销售渠道与方式选择——网络销售

2015—2020年中国网络购物市场交易规模延续了高速增长的态势，并且网络购物用户规模稳步增长，进一步带动网购市场快速发展。统计数据显示，2020年中国网络购物市场交易规模达到了11.76万亿元，约占社会消费品零售总额的25.83%。中国网络购物市场中，B2C市场增长迅猛，B2C市场将继续成为网络购物行业的主要推动力。

目前企业可操作的网络销售模式有两种。

1. 通过淘宝、易趣等知名C2C平台发布销售信息

通过淘宝、易趣等知名C2C平台发布销售信息，借助快递、邮局或者企业驻全国各地的办事处、经销商来实现物流环节。

优点：

（1）平台管理、订单管理不需要很多的人力资源。

（2）可以有稳定的客户来源和确切的消费者资料，容易通过服务提升忠诚度。在线支付可以加快企业资金周转。

（3）企业有完全自主的定价权，同时也可以更精确地了解在线活动的促销效果。

（4）可以获得客观及时的销售数据，库存管理更简洁。

弊端：

（1）通过这个平台实现的销售将远小于传统渠道。

（2）不便于企业信息化管理，订单处理和财务流程有风险。

（3）对经销商的货物流不容易监管，通过经销商直送解决物流问题可能会使得企业对销售平台的掌控力减弱。

2. 企业自己建设网上销售平台

企业自己建设网上销售平台，自己推广运营，利用全国的营销网络实现配送或者将配送业务外包给第三方平台。

优点：

（1）经销环节较少，获得更多利润空间。

（2）对渠道和经销商的依赖程度将降低，或者说在与通路的谈判中更有优势，市场人员更轻松。

（3）营销费用降低（如促销品采购、库存、运输）。

（4）加快资金周转，简化财务流程。

（5）充分利用数据挖掘技术，获取准确的市场数据和客户信息辅助决策。

弊端：

（1）促销信息和美誉传播更快更广。

（2）搭建自营平台投入较大，而且维护不善极易遭受损失。

（3）容易引起实体分销渠道价格体系混乱。

（4）自营网站的推广和配送规划难以解决。

（5）消费者投诉问题处理不当，负面信息对品牌的影响将是巨大的。

网络销售、电话订购和电视购物频道等模式的成熟，必然会给渠道变革带来新的启示。同时，消费者的行为习惯也在发生改变，若企业能抓住新的机遇，及时调整营销渠道、战略方向，与时俱进，不断创新，企业将获得更长远的发展。

（二）企业定价策略

定价策略是指企业根据市场中不同变化因素对商品价格的影响程度采用不同的定价方法，制定出适合市场变化的商品价格，进而实现定价目标的企业营销战术。

1. 新产品定价策略

新产品定价是营销策略中一个十分重要的问题。它关系到新产品能否顺利地进入市场，能否站稳脚跟，能否获得较大的经济效益。目前，国内外关于新产品的定价策略主要有三种，即取脂定价策略、渗透定价策略和满意定价策略。

（1）取脂定价策略。

取脂定价策略又称撇油定价策略，是指企业在产品寿命周期的投入期或成长期，利用消费者的求新、求奇心理，抓住激烈竞争尚未出现的有利时机，有目的地将价格定得很高，以便在短期内获取尽可能多的利润，尽快收回投资的一种定价策略。其名称来自从鲜奶中撇取乳脂，含有提取精华之意。

 案例 7-3

雷诺公司的定价策略

1945 年底，二战刚刚结束，战后第一个圣诞节来临之际，美国的消费者都热切希望买到一种新颖别致的商品，作为战后第一个圣诞节的礼物送给亲朋。于是，雷诺公司看准这个时机，从阿根廷引进了美国人从未见过的圆珠笔，并很快形成了规模生产。

当时，每支圆珠笔的生产成本只有 0.5 美元，那么市场的零售价该定多少呢？如果按照通常的成本导向定价法，定 1 美元就能赚一倍，1.5 美元就是 200% 的利润。但公司的专家们通过对市场的充分研究后认为：圆珠笔在美国属于首次出现的商品，奇货可居，又值圣诞节，应用高价格引导，刺激消费。于是，公司决定以 10 美元批给零售商，零售商则以每支 20 美元卖给消费者。

事情果然如预测的那样，圆珠笔尽管以生产成本 40 倍的高价上市，立刻以其新颖、奇特的特征风靡全美国。虽然后来跟风者蜂拥而至，生产成本降到了 0.1 美元，市场价也跌到了 0.7 美元，但雷诺公司早已狠狠地赚了一大笔。

雷诺公司之所以成功，关键的因素是高价格引起的轰动效应，即采用了取脂定价策略。这种定价策略既可以实现短期利润最大化，又可以提高产品身价，激起消费者购买欲。高价还可以控制市场的成长速度，使当时的生产能力足以应付需求，减缓供求矛盾。最后，这种定价策略还可以为价格的下调留出空间。

（2）渗透定价策略。

渗透定价策略又称薄利多销策略，是指企业在产品上市初期，利用消费者求廉的消费心理，有意将价格定得很低，使新产品以物美价廉的形象吸引顾客，占领市场，以谋取远期的稳定利润。

（3）满意价格策略。

满意价格策略又称平价销售策略，是介于取脂定价和渗透定价之间的一种定价策略。由于取脂定价法定价过高，对消费者不利，既容易引起竞争，又可能遭到消费者拒绝，具有一定风险；渗透定价法定价过低，对消费者有利，对企业最初收入不利，资金回收期也较长，若企业实力不强，将很难承受。而满意价格策略采取适中价格，基本上能够做到供求双方都比较满意。

2. 差别定价策略

所谓差别定价，也叫价格歧视，是指企业按照两种或两种以上不反映成本费用的比例差异的价格销售某种产品或劳务。差别定价有四种形式。

（1）顾客差别定价。

企业按照不同的价格把同一种产品或劳务卖给不同的顾客。例如，某汽车经销商按照目标价格把某种型号的汽车卖给顾客 A，同时按照较低价格把同一种型号的汽车卖给顾客 B。这种价格歧视表明，顾客的需求强度和商品知识有所不同。

（2）产品形式差别定价。

企业对不同型号或形式的产品分别制订不同的价格，但是，不同型号或形式产品的价格之间的差额和成本费用之间的差额并不成比例。

（3）产品部位差别定价。

企业对处在不同位置的产品或服务分别制订不同的价格，即使这些产品或服务的成本费用没有任何差异。例如，剧院中虽然不同座位的成本费用都一样，但是不同座位的票价却有所不同，这是因为人们对剧院的不同座位的偏好有所不同。

（4）销售时间差别定价。

企业对不同季节、不同时期甚至不同时刻的产品或服务也分别制定不同的价格。

案例 7-4

蒙玛公司的定价策略

蒙玛公司在意大利以无积压商品而闻名，其秘诀之一就是对时装分多段定价。公司规定，新时装上市以3天为一轮，最初一套时装以定价卖出，每隔一轮相对原价降低10%，以此类推，那么10轮（一个月）之后，蒙玛公司的时装价格就降到了只剩35%左右的成本价了。这时的时装，蒙玛公司就以成本价售出。因为时装上市仅一个月，价格已跌到1/3，谁还不来买？所以一卖即空。蒙玛公司最后结算，赚钱比其他时装公司多，又没有积货的损失。国内也有不少类似的范例。杭州一家新开张的商店，挂出日价商场的招牌，店内出售的时装价格每日递减，直到销完。此招一出，门庭若市。

营销要审时度势，不能盲目利用产品价格渠道促销，要选择好促销时机和促销手段，在充分考虑消费者的消费心理和消费行为的基础上，采取合理的定价策略，制定出适合市场变化的商品价格，利用购买动机的可诱导性引导、刺激消费者消费，进而实现企业或商家的营销目的。

3. 心理定价策略

心理营销定价策略是针对消费者的不同消费心理，制定相应的商品价格，以满足不同类型消费者的需求的策略。心理营销定价策略一般包括尾数定价、整数定价、习惯性定价、声望定价、招徕定价和最小单位定价等具体形式。以下着重讲述前三种。

（1）尾数定价策略。

尾数定价又称零头定价，是指企业针对消费者的求廉心理，在商品定价时有意定一个与整数有一定差额的价格。这是一种具有强烈刺激作用的心理定价策略。

心理学家研究表明，价格尾数的微小差异，能够明显影响消费者的购买行为。一般认为，五元以下的商品末位数为9最受欢迎；五元以上的商品末位数为95效果最佳；百元以上的商品末位数为98、99最为畅销。尾数定价法会给消费者一种经过精确计算的最低价格的心理感觉；有时也可以给消费者一种原价打了折扣、商品便宜的感觉。例如，某品牌的32寸彩电标价2998元，给人以便宜的感觉。认为只要2000多就能买一台彩电，其实它比3000元只少了2元。

尾数定价法在欧美及我国常以奇数为尾数，如0.99、9.95等，这主要是因为消费者对奇数有好感，容易产生一种价格低廉的感觉。同时由于"8"与"发"谐音，在定价中 8 的采用率也较高。

（2）整数定价策略。

整数定价与尾数定价相反，针对的是消费者的求名、求方便心理，将商品价格有意定为整数。由于同类型产品、生产者众多，花色品种各异，购买时，消费者往往只能将价格作为判别产品质量、性能的指示器。同时，在众多尾数定价的商品中，整数能给人一种方便、简洁的印象。

（3）习惯性定价策略。

某些商品需要经常、重复性地购买，因此这类商品的价格在消费者心理上已经定格，成为一种习惯性的价格。

许多商品尤其是家庭生活日常用品，在市场上已经形成了一个习惯价格。当消费者已经习惯于消费这种商品时，只愿付出这么大的代价，如买一块肥皂、一瓶洗涤灵等。对这些商品的定价，一般应依照习惯确定，不要随便改变价格，以免引起顾客的反感。善于遵循这一习惯确定产品价格者往往受益匪浅。

三、企业不同阶段的营销组合策略

营销组合策略包含产品策略、价格策略、促销策略、营销渠道策略四个策略，如何巧妙地将这四个策略密切组合，以树立企业品牌、达成销售是制定营销组合策略的目的。

营销是一门动态的科学，由于它有太多的变数，影响着营销的成效，因此营销组合策略没有既定的最佳方案，最佳的组合方案要视市场现状自己去制订。企业在不同成长阶段有各自的成长特点，要采取不同的营销组合策略，以适应企业成长各阶段的不同要求，达到企业营销战略的目标。

（一）创业期的营销组合策略

企业在创业期如果选择建立自己的品牌，需要在创业一开始就树立极强的品牌意识，对品牌进行全面规划，在企业的经营、管理、销售、服务、维护等多方面都以创立品牌为目标，不仅仅依赖传统的战术性的方法，如标志设计和传播、媒体广告、促销等，而且要侧重于品牌的长远发展。因此，企业在创业期除了要尽快打响品牌的知名度外，关键的问题是要确立品牌的核心价值，给顾客提供一个独特的购买理由，并力争通过有效的传播与沟通让顾客知晓。

尽管品牌化是商品市场发展的大趋向，但对单个企业而言，是否要使用品牌还必须考虑产品的情况和顾客的实际需要，尤其对实力较弱的创业型企业来说，受企业规模、人员、资金、时间的制约，对于在生产过程中无法形成一定特色的产品，或由于产品同质性很高，顾客在购买时不会过多注意品牌的产品。无品牌化策略不失为一个可选的方法，这样可以节省费用，扩大销售。

（二）成长期的营销组合策略

当企业步入成长期时，提高品牌的认知度、强化顾客对品牌核心价值和品牌个性的理解是企业营销努力的重点。其中最重要的途径是加强与顾客的沟通。顾客是通过各种接触方式获得信息的，既有通过各种媒体的广告、产品的包装、商店内的推销活动获得，也有通过产品接触、售后服务和邻居朋友的口碑获得。因此，企业要综合协调地运用各种形式的传播手段来建立品牌认知，为今后步入成熟期打下良好基础。建立、提高和维护品牌认知是企业争取潜在顾客、提高市场占有率的重要步骤。

处于成长期的企业由于资源相对于消费需求的多样性和可变性总是有限的，不可能去满足市场上的所有需求，因此企业必须针对某些自己拥有竞争优势的目标市场进行营销。品牌定位是企业以满足特定目标顾客群的与产品有关联的独特心理需求为目的，并在同类品牌中建立具有比较优势的品牌策略。通过锁定目标顾客，并在目标顾客心目中确立一个与众不同的差异化竞争优势和位置，连接品牌自身的优势特征与目标顾客的心理需求。在当今这个信息过度膨胀的社会里，只有有效运用定位这种传播方式和营销策略，才能使品牌在激烈的竞争中脱颖而出。这样，一旦顾客有了相关需求，就会开启大脑的记忆和联想之门，自然而然地想到该品牌，并实施相应的购买行为。

（三）成熟期的营销组合策略

企业进入成熟期，在市场上已经站稳了脚跟，但由于竞争者的大量加入和产品的普及，竞争变得尤为激烈。因此，企业应当根据成熟期的市场、产品、竞争特点，提升企业品牌的忠诚度，进行适当的品牌延伸。

企业在成熟期由于竞争者的大量涌入，通过建立品牌组合，实施多品牌战略，能尽可能多地抢占市场，避免风险。实行多品牌，可以使每个品牌在顾客心里占据独特的、适当的位置，迎合不同顾客的口味，吸引更多的顾客，能使企业有机会最大限度地覆盖市场，使竞争者感到在每一个细分市场现有品牌都是进入的障碍，从而限制竞争者的扩展机会，有效地保证企业维持较高的市场占有率。但是企业实施多品牌，有可能会面临跟自己竞争的局面，抢夺自己原有品牌所占的市场份额。因此最有成效的多品牌策略是使新品牌打入市场细分后的各个细分市场中。实施这种策略的前提是市场是可以细分的，一个成功的企业往往会利用市场细分去为重要的新品牌创造机会。

拓展阅读

小企业的营销技巧

1.免费发放你的产品

产品在没有被广泛接受之前，让大家试吃或试用是可行的。但要注意试用的东西一定是高质量的产品，会给客户留下深刻印象的产品，不能拿一些淘汰的、差的产品，那样不仅不能带来销售业绩，还会让客户讨厌你的企业！

2.赞助本地的活动

许多本地活动费用并不高，如果这次活动的参与者与你的商品息息相关，就可以为其提供赞助，要么提供场地，要么提供其他的必需品。如果这种活动是经常举行的，你也可以一直赞助下去，他每次会带来新的参与者，也变相地为你带来新的客户。

3.组织你自己的活动

如果你不喜欢别人的活动，也可以创办自己的活动，比如组织骑行活动、徒步活动或者其他公益活动。

4.利用好播客

当然你自己做的产品本来就是为了解决客户某些方面的需求，在这个领域你比一般客户了解得更多，所以在微信或者播客将自己的见解、观点发布出去，慢慢就会吸引特定一批人成为你的"粉丝"，你将成为他们的意见领袖，然后推销一些产品时就会变得很轻松。

5.赞助一个组织

许多本地的组织不是非常昂贵，如果你考虑所谓的每次会议的成本，你可以提供赞助一年。如果你的产品或者服务非常适合他们的听众，你在这个组织每次发出一封电子邮件或每次和他们见面，你都可以被曝光。参会者总是会记住并感谢赞助他们组织的公司。

6.开发一个很有特色的赠品

仔细考虑你的公司要赠送什么赠品，并确信这个东西很重要，他们不想扔掉，或者是经常丢在他们的桌子上或者包里。

习题回顾

1. 人力资源需求预测的方法有哪些？
2. 试述绩效考核的基本步骤。
3. 大学生创业面临哪些风险？
4. 企业风险的处理方式有哪些？
5. 初创企业如何有效预防风险？
6. 试述企业不同阶段的营销策略。

实践练习

现在，有一支签字笔，给你10分钟时间，请你进行产品再设计、制定营销策略和销售策略、意向客户筛选，以及制定销售流程等工作，然后面向小组和班级成员，开展你的销售工作。

广角视点

创业者要考虑的风险

1. 创业是条九死一生的荆棘路

创业这东西，经验都是血和汗积累出来的，没经历过，听别人讲述不是大打折扣就是几乎无效。在定位创业方向之前，最最重要的是看自己是否适合创业。创业前请务必先思考一下——你为什么要创业？你的短期目标和中期目标是什么？不论是什么原因创业、目标是什么，一定要写出来，而且要非常精确，比如打算在3个月内生产出产品，或是在半年内达到每月30万元的营收。不要只用想的，因为用想得很模糊，当你"写"下了目标，你的生活重心、思考方式、花钱的方式等，都会围绕这个目标打转。这就像很多人总是说"我想要很有钱"但一直没有富起来一样，因为只是想并没有做，而且也没有一个精确的目标，于是几十年来也都只是停留在想的阶段。

并非所有人都适合创业。比如有不少独立设计师也会选择创业，由于这个创业群体几乎都是从创作者本身出发，最初创业的人常常就只有创作者，在创业必备的技能上必定会有不足的地方。另一方面，这个创业群体会有着重要的核心价值，通常会与"人"的关怀、生活、感受、思维等的传达有关。虽然他们也明白如何能够赚大钱，但却对自我的核心价值有很任性的坚持，这也是能够维持与众不同的原因，却也比一般创业更艰难，必须真正对创作抱有热情与喜爱以对创业艰难有深刻的认知与坚持，才能生存下去。正因为如此，这条路上的成功者往往寥寥无几。

2. 要把握行业的复杂性

通常创业的起点来自对行业的理解，大多数公司都喜欢追求复杂性，乃至整个行业面貌也在变得越来越复杂。

比如说互联网，虽然可以称为一个行业，但它事实上是一个非常复杂的行业。之下是科技，而之上则搭载了媒体、渠道、娱乐、服务等种种行业的数字化、去中间化。因此，它继承了科技对于精准的严格要求、媒体的快速变化、渠道的最后一公里战争、娱乐的大好大坏以及服务的会员经营等诸多特性，再加上互联网独有大数据的取得、分析与应用，以及20年的发展历程，让全部知识经验被迫不断融合、重新发明、重新使用，渐渐造就了今天这个超级错综复杂的结构。

面对越来越复杂的行业环境，你需要积极与市场真实参与者交流，与消费者、渠道、平台、合作伙伴、供应链厂商这些市场参与者聊天，从他们口中获得真实的情报。你必须要广泛地吸收，才能逐渐知悉整个市场的面貌。不过市场终究是一个庞大、复杂而又不断变动的体系，你永远无法百分之百掌握它。但到了一定的程度，你就可以对它做出相当准确的假设，再用实际的产品去验证这些假设。

如果没有在这一行业里真正待过，在创业的过程中想办法全面获得这些前缘的产业知识，并且能够转化为实际策略与操作方法，事实上非常困难，取得成本也是非常高的（常常需要在错误中学习）。而相反的，去一家已经有些成绩、规模又不是太大的公司上班，反而是获得这些关键行业知识比较低成本的方式。

3. 创意被抄袭怎么办

很多年轻人头脑中充满创意，但经常发现自己的创意被其他公司抄袭而感到愤怒。老实说，如果很容易模仿，也就不是什么厉害的技术或技巧。厉害的创业者，甚至可以把他的经营门道公之于众，却没人可以真正学得来。换句话，真正能够保护创意的是创业者自己的创意能力。当你的创意被学走，你还可以想出其他的创意，还可以靠其他的创意来执行或保护原本的创意。创意是关键的起头，但绝对不可能马上就走到结尾，中间一定还有其他选择和挑战。因此，藏住最最关键的那一点就好，其他的想法都可以放开心胸跟朋友讨论，因为大家的专业领域不同、观点不同，跟别人多聊一点，就可能会挖掘出更多好的建议，或是完全颠覆自己的想法。

对于初创公司，何来门槛之有？我们不必想办法去建立什么东西让其他人无法抄，因为抄是"挡不住"的。唯一的办法是创造更多东西让对方去抄，如何让创意源源不断？唯有靠不断地学习。

4. 资金是否充足

你的资金足够用吗? 针对不同的创业方向,需要的资金也是不同的。但通常情况下,建议至少准备维持半年到一年的资金,因为基本上半年就可以知道能不能成功。如果资金不足,明明就快要成功了,但资金却撑不到那个时候而失败,是很可惜的。而且,除了开创事业的资金外,别忘了生活资金,要计算自己平日的生活、家庭开销,这部分资金关系着你未来面对事业以外的压力。

创业起步的资金,如果可行的话,可以试着选择独资或只用父母亲友的钱,不要接受任何外部资金。对首次创业者来说,你的经验越是缺乏,越不应该着急拿外来的资金。花别人的钱很痛快,但也是牵制你创业目标的羁绊,原因在于:当你向外人请求融资时,你也得听命于他们。而且,花别人的钱会上瘾。天底下没有比花别人的钱更容易的了。一旦花光你就会再向投资人要钱。每要一次,他们就会从公司再多拿走一些,直到你发现你面临两个选择:听从安排或一拍两散。

5. 做好失败的准备

你想好如何退场了吗? 你能承担失败的结果吗? 这是很多年轻人容易忽略的。为了自己也为家人,要思考真的失败之后,失去的金钱、时间甚至原本的前途,是你可以承受的吗? 大多数人都是为了有更好的将来(金钱、前途、乐趣等),也没有太多的本钱可以重来,更要去思考如何退场。

每个创业者融资的目的应该都是事业成功、梦想实现,最重要的就是可以掌握更多的时间去完成自己的梦想与人生目标,但是创业磕磕碰碰,总会遇到这样那样的挫折,创业比的是"气场",谁能平安走过雷区,就能提高创业存活率。很多创业团队经过一年左右的时间,就会面临关张,这真不是危言耸听。

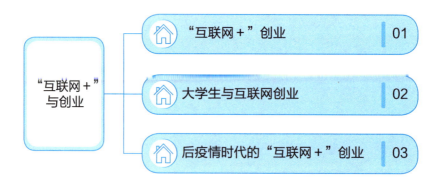

项目八 "互联网＋"与创业

等待的方法有两种：一种是什么事也不做地空等，一种是一边等一边把事儿向前推动。

——屠格涅夫

🔲 学习目标

1. 了解"互联网＋"的基本内涵。

2. 掌握"互联网＋"创业的趋势。

3. 了解大学生互联网创业的主客观优势。

4. 掌握大学生互联网创业的几种模式。

⚙ 项目结构

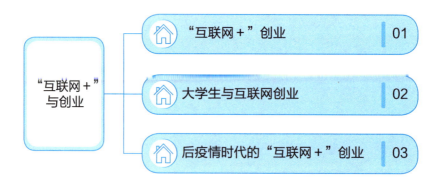

"互联网＋"与创业

🏠 "互联网＋"创业	01
🏠 大学生与互联网创业	02
🏠 后疫情时代的"互联网＋"创业	03

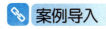 **案例导入**

陈欧布局街电，聚美突围互联网下半场

有报道显示，手机电量低于50%，人们就会产生焦虑情绪。伴随5G时代的到来，手机耗电问题越发严重。

此前，华为轮值CEO徐直军曾公开表示，华为准备推出的5G芯片耗电量是4G芯片的2.5倍。也有业内人士表示，5G手机的耗电量是4G手机的两倍以上，此外，AR、VR等技术也将逐渐应用到手机上，而市面上大部分手机都无法承受这样的电量消耗。5G时代对手机电量的高要求，对共享充电宝行业的快速发展起到了推动作用。

共享充电宝的发展，早已被埋好伏笔。2017年，陈欧看中共享充电宝风口，他曾多次从北京飞往深圳考察共享充电宝企业和厂家。最终，陈欧选择街电作为获取线下流量的突破口。2018年，街电先后布局机场、高铁站、医院等人流量巨大的场景。街电具备全场景、设备贴近用户等特点，成为城市用电基础设施之一。陈欧在接受《财约你》采访时称，街电的订单超过聚美，已经在多个城市盈利。

5G为街电带来了更大的想象空间。除了使用价值之外，共享充电宝将成为新型流量入口，兼具极大的商业价值。

点评

聚美陷入困局时陈欧开始谋划转型，收购街电。我们无法判断这是不是一次成功的投资，但无论从产品特性还是场景铺设上看，街电均与线下流量入口契合，拥有广阔的发展空间。陈欧在互联网时代的这一选择，会不会让聚美在互联网下半场占据优势地位呢？让我们拭目以待。

任务一　"互联网＋"创业

"互联网＋"的热潮席卷了整个中国，它代表着一个平等的新时代。当下，随着国家政策的大力支持，年轻人进行互联网创业越来越容易，创业的速度也越来越快。互联网带来的开放、平等、创新等理念，给创业者们带来无限宽广的机遇和空间，因为这是一个人人都可以站在同一个起跑线上重新起飞的大时代。

一、"互联网＋"的概念

（一）"互联网＋"概念的提出

国内"互联网＋"理念的提出，可以追溯到易观国际董事长兼首席执行官于扬身上。2012 年 11 月，易观第五届移动互联网博览会上，于扬在发言中首次提出"互联网＋"理念，他认为在未来，"互联网＋"公式应该是将我们所在行业的产品和服务，与我们未来看到的多屏全网跨平台用户场景结合之后产生的一种化学公式。我们可以按照这样的思路找到若干这样的想法，而怎么找到所在行业的"互联网＋"，则是企业需要思考的问题。

2014 年 11 月，李克强出席首届世界互联网大会时指出，互联网是大众创业、万众创新的新工具。其中"大众创业、万众创新"正是此次政府工作报告中的重要主题，被称作中国经济提质增效升级的"新引擎"，可见其重要作用。

2015 年 3 月 5 日，第十二届全国人大三次会议上，李克强总理在政府工作报告中首次提出"互联网＋"行动计划。李克强在政府工作报告中提出，制定"互联网＋"行动计划，推动移动互联网、云计算、大数据、物联网等与现代制造业结合，促进电子商务、工业互联网和互联网金融（ITFIN）健康发展，引导互联网企业拓展国际市场。

2015 年 7 月 4 日，经李克强总理签批，国务院印发《关于积极推进"互联网＋"行动的指导意见》，这是推动互联网由消费领域向生产领域拓展，加速提升产业发展水平，增强各行业创新能力，构筑经济社会发展新优势和新动能的重要举措。

2015 年 12 月 16 日，第二届世界互联网大会在浙江乌镇开幕。在大会的"互联网＋"论坛上，"中国互联网＋联盟"成立。到 2018 年，互联网与经济社会各领域的融合发展进一步深化，基于互联网的新业态成为新的经济增长动力，互联网支撑大众创业、万众创新的作用进一步增强，互联网成为提供公共服务的重要手段，网络经济与实体经济协同互动的发展格局基本形成。

（二）"互联网＋"概念的基本内涵

"互联网＋"是两化（信息化和工业化）融合的升级版，将互联网作为当前信息化发展的核心特征，提取出来，并与工业、商业、金融业等服务业全面融合，其中的关键就是创新，只有创新才能让这个"＋"真正有价值、有意义。正因为此，"互联网＋"被认为是创新 2.0 背景下的互联网发展新形态、新业态，是知识社会创新 2.0 推动下的经济社会发展新形态的演进。

通俗来说，"互联网＋"就是"互联网＋各个传统行业"，但这并不是简单的两者相加，而是利用信息通信技术及互联网平台，让互联网与传统行业进行深度融合，创造新的发展生态。

"互联网＋"有六大特征：

一是跨界融合。"＋"就是跨界，就是变革，就是开放，就是重塑融合。只有敢于跨界，创新的基础才更坚实；只有融合协同，群体智能才会实现，从研发到产业化的路径才会更垂直。融合本身也指代身份的融合，如客户消费转化为投资、伙伴参与创新等，不一而足。

二是创新驱动。中国粗放的资源驱动型增长方式早就难以为继，必须转变到创新驱动发展这条正确的道路上来，而创新驱动发展正是互联网的特质。用所谓的互联网思维来求变、自我革命，也更能发挥创新的力量。

三是重塑结构。信息革命、全球化、互联网业已打破了原有的社会结构、经济结构、地缘结构、文化结构，权力议事规则、话语权不断地发生着变化。互联网＋社会治理和虚拟社会治理会与传统治理有很大不同。

四是尊重人性。人性的光辉是推动科技进步、经济增长、社会进步、文化繁荣的最根本的力量，互联网力量之强大，其根本也来源于对人性最大限度的尊重、对人体验的敬畏、对人的创造性发挥的重视。例如 UGC、卷入式营销、分享经济，均是如此。

五是开放生态。关于"互联网＋"，生态是非常重要的特征，而生态本身就是开放的。我们推进"互联网＋"，其中一个重要方向就是要把过去制约创新的环节化解掉，把孤岛式创新连接起来，让研发由人性决定的市场驱动，让创业者有机会实现价值。

六是连接一切。连接是有层次的，可连接性是有差异的，连接的价值是相差很大的，但是连接一切是"互联网＋"的目标。

二、"互联网＋"创业的趋势

随着"互联网＋"的出现，传统行业与互联网深度融合，进一步创造出新产品、新技术、新模式和新生态，给创业者带来新的发展机遇，"互联网＋"迎来创业潮。网络平台加速各传统产业的跨界融合，创客团体、创新企业的协同更加深入。

(一)"互联网＋"创业与金融

互联网与金融的融合推动金融系统多元化，"互联网＋"创业围绕虚拟货币、网络借贷、在线理财、众筹平台、第三方支付工具等新型金融产品展开。面对不同垂直细分人群（学生、农民等），"互联网＋"的创业者能针对性解决不同需求。

"互联网＋"创业在金融领域的产业模式有：新型网络金融公司利用云计算、大数据等技术推出的一系列金融产品；传统金融机构灵活运用互联网技术推广营销，增强用户体验，提高营业效率；互联网公司与传统金融企业的合作。

资金流、信息流等大数据的整合分析已成为金融产业重要支撑。"互联网＋"的创业者打破信息壁垒和传统金融垄断的格局，使得商业活动更透明、高效。个人征信体系的建立依赖大量用户交易行为数据，大数据还可用于客户画像、风险管控、识别欺诈及股价预测等。

（二）"互联网＋"创业与健康

健康领域，智能硬件是"互联网＋"创业趋势。智能手表手环、治疗仪、智能血压计、智能血糖仪等渐渐活跃于市场中。此外，"互联网＋"创业还涉及健康应用、医药平台、健康管理系统等。"互联网＋"健康是以互联网为载体，以云计算、物联网、大数据等技术为手段与传统医疗健康服务深度融合而形成的一种新型医疗健康服务业态。

拓展阅读

健康中国

健康中国，是2017年10月18日习近平总书记在十九大报告中提出的发展战略。报告指出，人民健康是民族昌盛和国家富强的重要标志，要完善国民健康政策，为人民群众提供全方位全周期健康服务。

新中国成立后，特别是改革开放以来，中国卫生健康事业获得了长足发展，居民主要健康指标总体优于中高收入国家平均水平。随着工业化、城镇化、人口老龄化进程加快，中国居民生产生活方式和疾病谱不断发生变化。心脑血管疾病、癌症、慢性呼吸系统疾病、糖尿病等慢性非传染性疾病导致的死亡人数占总死亡人数的88%，导致的疾病负担占疾病总负担的70%以上。居民健康知识知晓率偏低，吸烟、过量饮酒、缺乏锻炼、不合理膳食等不健康生活方式比较普遍，由此引起的疾病问题日益突出。

人们常把健康比作 1，事业、家庭、名誉、财富等就是 1 后面的 0，人生圆满全系于 1 的稳固。2016 年 8 月，习近平总书记在全国卫生与健康大会上发表重要讲话指出：要把人民健康放在优先发展的战略地位，顺应民众关切，对"健康中国"建设作出全面部署，切实解决影响人民群众健康的突出环境问题，推动全民健身和全民健康深度融合，加强食品安全监管，努力减少公共安全事件对人民生命健康的威胁，为老年人提供连续的健康管理服务和医疗服务等。讲话明确要求环保、体育、食品安全、公共安全、民政养老等部门须"守土有责"，也契合了"把以治病为中心转变为以人民健康为中心"的新主旨。

2016 年 10 月，中共中央、国务院印发了《"健康中国 2030"规划纲要》。

2019 年 7 月 15 日，国务院印发《国务院关于实施健康中国行动的意见》。《意见》强调，国家层面成立健康中国行动推进委员会，制定印发《健康中国行动（2019 — 2030 年）》。

2019 年 7 月 15 日，国务院办公厅印发《健康中国行动组织实施和考核方案》。《方案》提出，建立健全组织架构，依托全国爱国卫生运动委员会，成立健康中国行动推进委员会。

（三）"互联网＋"创业与教育

近些年来，国内互联网教育大多数的投融资发生在儿童早教、语言学习、出国留学、职业培训、教育信息化等领域。

互联网与教育的融合为传统教育注入了新鲜活力。在线教育培训、学习辅助工具、网络学习沟通平台、专业内容平台等，促使学生群体不再局限于接受校园式课堂教育，而更倾向于根据个人喜好享受定制化服务，教育与日常生活的关系愈加紧密。

"互联网＋"的创业者应整合与共享线下教育资源，改善传统教育商业结构。目前，开放自主的互联网教育成为行业发展趋势。

拓展阅读

《教育部关于加强网络学习空间建设与应用的指导意见》〔2018〕16号（节选）

以习近平新时代中国特色社会主义思想为指导，深入贯彻党的十九大和全国教育大会精神，落实立德树人根本任务，发展素质教育，以国家数字教育资源公共服务体系为依托，以促进信息技术与教育教学实践深度融合为核心，以应用驱动和机制创新为动力，全面加强空间建设与应用，加快推进教育信息化转段升级，推动教与学变革，构建"互联网＋教育"新生态。

到2022年，面向各级各类教育、全体教师和适龄学生，全面普及绿色安全、可管可控、功能完备、特色鲜明的实名制空间。

要落实《教育部关于数字教育资源公共服务体系建设与应用的指导意见》《网络学习空间建设与应用指南》，加快推动国家和省级教育资源公共服务平台互联互通，依托国家数字教育资源公共服务体系，区域整体规划、整校推进，使空间成为各级各类学校、全体教师和适龄学生教育信息化应用的主要入口，实现"一人一空间，人人用空间"。遵循统一的数据标准和服务规范，采用自主研发、委托开发、购买服务等形式进行空间建设，做好空间数据的有效汇聚、共享，提供高质量的基本公共服务。

（四）"互联网＋"创业与出行

"互联网＋"在出行领域的发展正在改变人们的出行方式，"互联网＋"的创业者愈加关注出行领域，其中以汽车为主体的出行领域尤为明显。纵观国内汽车出行市场，出租车、拼车、代驾、专车、定制巴士、公共自行车、货运物流等仍有众多创业机会，汽车出行后端服务市场（洗车、保养、维修等）也日渐活跃起来。

"互联网＋"不仅让创业者专注于提高用户使用交通工具的便利性，也为创业者在解决资源配置、地图导航、安全出行、高效物流等方面提供了新机遇。车联网、出行共享经济、智慧出行等将成为行业发展趋势。

（五）"互联网＋"创业与娱乐

"互联网＋"打破原有产业界限，使影视、文学、动漫、游戏等相互连接、跨界融合，围绕 IP 和产业链展开创业。

从 IP 角度，互联网开放平台催生网络小说、数字音乐、网络动漫、手游、自制剧、网络大电影、在线直播视频等新题材内容；从产业链角度，网络平台已经渗透到资金储备、内容生产、拍摄制作、宣传推广、衍生品等各个环节中，形成了新生态，同时各产业主体对互联网的依赖性加大。

泛娱乐时代，"互联网＋"的消费者也可以是创作者。低门槛带动年轻制作团队的成长，更多创客参与进来，同时更多内容将通过互联网发声。

（六）"互联网＋"创业与餐饮

"互联网＋"的创业在餐饮领域的产业方式有：一是互联网企业通过网络平台，整合线下分散资源，连接用户与餐饮店，或以互联网思维创造自有餐饮品牌；二是传统餐饮企业借助网络大数据，通过技术创新，有效提高企业效率。

创业者从多个节点切入餐饮市场。互联网改变传统餐饮食材供给、餐饮供应、点餐、支付、餐饮后端运营等模式，甚至解放商家对店铺的依赖。互联网也改变了用户就餐习惯，餐饮团购、美食社交、地图导航等成为新的消费行为。

（七）"互联网＋"创业与消费

2019 年以来，中国居民消费保持了平稳较快增长态势，消费对经济发展的基础性作用进一步增强，为保持经济平稳运行发挥了"压舱石"的重要作用。2021 年，社会消费品零售总额达到 440823 亿元，增长 12.5%。

消费新业态新模式发展势头迅猛。线上线下加速融合，"互联网＋"与更多传统消费领域加速渗透融合，网上购物、网上订餐等新兴消费业态发展势头强劲。2021 年全国实物商品网上零售额 108042 亿元，增长 12.0%，占社会消费品零售总额的比重达到 24.5%；全国快递服务企业业务量累计完成 1083 亿件，增长 29.9%。

电商推动农村消费规模稳步扩大。物流、电信、交通等农村消费基础设施进一步完善，电子商务不断向广大农村地区延伸覆盖，促进农村居民消费潜力持续释放。2021 年，乡村社会消费品零售总额 59265 亿元，增长 12.1%，占社会消费品零售总额的比重达到 13.4%。

视野之外的购买力

随着拼多多、抖音等新流量源的迅速崛起，原本处于行业外的人群，通过优秀的模式转化，瞬间释放出巨大的消费能力。这种现象在2018年几乎重新定义了"目标用户"这个词。

在过去，无论是投资机构，还是从业者本身，都没有将所谓的"低端用户"当作目标群体，基于之前公司的成功模式，行业内理所当然地认为只有一线城市，只有高端人群才是优质客户。虽然名义上各方都在提用户下沉这件事，但真正在这件事上下功夫的人凤毛麟角。而2018年几大新流量源的爆发，让中国互联网圈视野之外的购买力浮出水面……

近十年来我国农村居民人均收入水平持续快速增长，2010年开始增速持续高于城镇居民。2021年农村居民人均可支配收入达18931元，较2017年增长了271%。而十年前恰恰是中国互联网产业的黄金发展阶段，所以当下普遍被认为是"低价值用户"的群体，理论上已经是十年前大家争抢的优质用户了。

近年来，我国大力推动农村互联网建设，目前已初步建成融合、泛在、安全、绿色的宽带网络环境，基本实现"城市光纤到楼入户，农村宽带进乡入村"。

据中国互联网络信息中心发布的第49次《中国互联网络发展状况统计报告》显示，截至2021年底，我国农村地区网民数量已达2.84亿，占网民整体的27.6%，农村地区互联网普及率进一步提升至57.6%。用户规模的不断增长，为网络电商在农村地区的发展打下坚实基础。

我国农村电商发展迅速，交易规模不断创新高，随着我国农村移动网络覆盖和基础设施建设的广泛普及，农村电商在国家三农发展方略的指引下实现了迅猛发展。

据商务部发布数据显示，2015年以来，我国农村网络零售额增长迅速，2021年，全国农村网络零售额达到2.05万亿元，比上年增长11.3%，增速加快2.4个百分点。"数商兴农"深入推进，农村电商"新基建"不断完善。

在机遇与风险并存的信息爆炸新时代，移动互联网浪潮席卷而至，并日益深入到每个人的工作、生活中。移动互联网未来不仅仅是一个行业，更是一种方法、一种手段，将渗透到各个行业。如何使自己在纷繁复杂的各种行业、项目中做出正确的选择，使自己赢在起点并且赢得未来，是每一个有志创业的大学生不得不思考的问题。

一、大学生互联网创业的主客观优势

（一）大学生创业氛围浓厚，社会广泛认可

党的十八大报告提出，要实施创新驱动发展战略，要鼓励青年成长，支持青年创业。大学生创业工作已引起了国家的高度重视，各省、市、自治区也积极响应国家号召，广泛宣传国家鼓励大学生自主创业的政策，创建大学生创业孵化器基地（创业园），鼓励和吸引大学生积极参与创业，为大学生创业营造良好的舆论氛围，部分城市更是提出全民助推创业的发展战略，创业者得到广泛的尊重与支持。国家加大了创业的宣传和支持力度，一批小微企业、中小企业发展迅猛，在社会创业大氛围的影响和带动下，大学生创业氛围越来越浓厚，大学生创业得到了社会和家长的广泛认可与支持。

（二）大学生自主学习能力强，思维活跃，具有极强的创新思维

高等教育的重要任务，一方面是为大学生传授更多的专业知识、技能，另一方面也是更重要的，就是培养大学生的自主学习能力。大学生具有极强的领悟能力和知识迁移能力，自主学习知识的能力也较强，善于接受和利用新事物，有一定的批判思维，能将所学的知识内化为能力，外化为创造，进而对事物加以改进创新。而且，大学生运用 IT 技术的能力强，能够通过互联网发现和获得更多信息，能更快地适应互联网发展潮流，掌握更先进的互联网技术，也能够推动互联网技术的变革与创新。同时，互联网创业可以涵盖所有学历层次的大学生，竞争机会均等。据统计，目前，在大学生互联网创业群体中，高职、大专层次学校学生占到 62.23%，本科院校学生占到 31.48%，研究生也占到了 1.45%。而且，大学生自主创业获得成功的典型中，很大一部分学生以互联网作为创业方向的。

（三）互联网创业门槛低，风险小

互联网创业不受时间、地点、条件的限制，前期投入较少，有的项目只需要一台或几台能上网的电脑就可以开展经营。特别是电子商务迅猛发展，人们的消费观念也发生了很大的变化，极大地满足了消费者个性化的需求，具有传统消费渠道不可比拟的优势。基于电子商务平台的网络创业处于微型创业，创业启动资金要求不高，投入不大。

（四）互联网是全球性的大市场，发展前景巨大，创业机会多

互联网是全球一体的，不受时间、地点、区域的限制，应用十分广泛，国内、国外市场连成一体。而且随着互联网技术的高速发展，时间、空间观念不断被改变，在互联网的两端，人们不需要任何中介，就能将产品和服务信息传送至全球任何一个角落的顾客。同时，随着互联网技术的不断发展，物联网、云计算、云服务等网络技术被广泛应用，依托互联网技术的开发、服务、项目等方面还有很大的市场空间和发展前景，所带来的市场在不断迅速地扩大和增长。

二、大学生互联网创业的发展对策

（一）在大学生中广泛普及创业基础知识和计算机基础知识

根据教育部《普通本科学校创业教育教学基本要求（试行）》的要求和部署，高等学校应创造条件，面向全体学生单独开设"创业基础"必修课，重点是要教授创业知识、培养创业精神、激发创业激情和锻炼创业能力，将创新创业教育理念融入人才培养全过程。同时，随着网络时代的到来，计算机已如同语言一样，成为人们生活中必不可少的工具，在大学生中普及计算机基础知识，一方面能提高大学生运用、操作计算机的能力，适应未来职业发展的需要，另一方面能使大学生熟悉计算机基础知识和发展趋势，将计算机与专业学习结合起来，与日常生活结合起来，运用创新创业知识和理念，在学习、生活中发现互联网创业机会，开展创新创业实践与体验，激发大学生互联网创业潜能，实现互联网创业。

（二）整合和利用资源，为大学生开展互联网创业实践提供平台

随着现在高校办学条件的不断改善，高校可利用的资源越来越多，实验室、工程训练中心、计算机机房等都可以作为大学生参与创业实践体验的平台。各高校要进一步整合现有资源，让学生进实验室、进项目、进课题，在第二课堂的学习中，掌握更

多的专业前沿知识,提高大学生发现问题、分析问题、解决问题的能力,进而提高大学生创新创业能力。同时,各高校要结合大学生创业体验的实际,建立校、院两级创业实践基地,鼓励和引导大学生创业团队入驻基地,要有重点和有针对性地扶持门槛低、风险小的互联网创业项目入驻,形成群体效应、资源共享,为学生开展互联网创业提供良好的环境保障。

(三)加强师资队伍建设,提升教师创业指导能力和水平

开展创业教育和大学生创业工作,师资队伍是保障。各高校一方面要建设一支专兼职相结合的创业教育教师队伍,有针对性地在大学生中开展创业基础知识的教育,激发大学生的创业激情,另一方也要从各大企业中聘请有一定创业经验和成就的成功人士,作为学校开展大学生自主创业指导的创业导师队伍,提高大学生自主创业的成功率。同时,国家相关职能部门也应出台政策,一方面鼓励创业教育教师(工作人员)到民营企业、中小企业中挂职锻炼,开阔创业教育教师的视野,提升创业教育教师的创业指导能力,另一方面加大培训力度,不断提高创业教育师资队伍的能力、素质和水平。

(四)大力培育和宣传互联网创业典型,在校园内营造良好的氛围

典型的创业精神和创业经历对大学生投身创业是一种激励,有助于让创业深入学生心中。在大学生中培育和宣传创业典型,一方面是对创业大学生本身的肯定与帮扶,坚定创业者的信心和决心;另一方面是激发更多大学生的创业激情与意识,让大学生发现更多的互联网创业机会,吸引更多大学生参与到互联网创业中来。各高校可以通过校园网、校报、学校广播台宣传互联网创业成功人士的创业事迹、邀请到校专题讲座、开展互联网创业沙龙等活动,以及组织大学生赴互联网创业企业(基地)参观、见习、实习等形式,为在校学生互联网创业树立学习的榜样和目标。同时,各高校要结合大学生互联网创业工作的特点,对于已经在创业基地开展项目实践或已经自主创业的大学生,积极总结他们创业的成绩和收获,通过创业成果展和创业经验交流会等方式,在大学生中广泛分享和宣传,主动培育和挖掘深受学生欢迎和喜爱的项目(团队),在学生中树立"身边的创业典型",让广大学生看得见、学得来,不断激发学生的创业热情和创业潜能,引导更多的学生勇于创业、乐于创业、善于创业,最终实现成功创业。

三、大学生互联网创业的起步选择

互联网创业的第一步很难迈，从自己的痛点、兴趣爱好、专业做起，这三个点是最容易起步的互联网创业点。

人们都早已成为互联网上的一分子，与互联网早已密不可分，不同的是，多数人没有依靠提供互联网产品或服务来生存或盈利。

（一）从自己的痛点做起

互联网创业，从何处起步？从自己的痛点做起。用户的痛点，就是创业的最好出发点。结合互联网的技术手段，寻找有相同痛点的人，通过互联网来解决痛点，就是极佳的互联网创业出发点。

 案例 8-1

> 邢帅，读不起大学是他曾经的痛点，于是他决定办一所学校，让所有人能够花最少的钱学一门技术。2008 年，邢帅网络学院成立，提供以就业为目标的技能、考证培训。2009 年，YY 网络语音聊天室开始火热，邢帅借助 YY 加入互联网教学行列。邢帅网络学院以老师在线直播讲课为主，辅之以录制视频教学，开设科目达几十种。目前，全职兼职辅导老师和员工团队近 600 人，在院学生超过10 万。2013 年 7 月，邢帅获得了 1500 万人民币的 A 轮融资。
>
> **点评**
>
> 很多创业项目都是创业者在生活工作的时候偶然发现的，我们要善于收集信息，从生活中发现灵感，寻找创意。

（二）从自己的兴趣爱好做起

有这样一句话：业余时间决定你未来的职业生涯。上学、上班做的事常常不是一个人所爱的，但是业余时间痴迷的事却是自己掏钱也愿意做的事。个人爱好的吸引力如此之大，是否存在有相同爱好的人呢？你可以将个人爱好与互联网社区或互联网产品相结合，做一个网站来聚集所有与你有相似爱好的人。

 案例 8-2

农村姑娘用兴趣编织梦想

王惠若是山东的一个乡村姑娘，虽然她从小有一手编织毛衣的好手艺，但是织毛衣毕竟不能当饭吃。于是 2006 年，22 岁的王惠若来到了北京的一家公司打工，勤奋聪明的她在车间里只干了半年，就当上了生产线领班。哪怕是这样子，王惠若对织毛衣的兴趣依然有增无减，闲时总要买回一些毛线织些东西过过瘾。

时间就这样一天天过去，虽然她也拥有了一份还算不错的收入，但她总希望能够开创一份属于自己的事业。那份事业既要自己喜欢，又是别人没有涉及的行业，只有这样才能在市场上立足。想到自己喜欢的事情，王惠若不由得想到了织毛衣，可是在北京这种地方，手工钩织的毛衣有谁会穿？就算是给自己织一件穿，也一定被人笑成是老土。想到这，王惠若十分沮丧。

一个周末，王惠若和朋友们一起去博物馆参观，看着一件件古味浓厚的器具，王惠若动了心，以前钩编的东西都是平面的，如果能够钩编出这样的立体物件，一定很新奇，反响也肯定非常大！这样一想，王惠若决定用最原始、最古朴、最回归自然的材料和方式，勾编这些最古老的艺术品。

王惠若很快开始尝试，她在业余时间设计出了青铜鼎、古瓷瓶等物件的钩编方法。在材料的选用上，她也跳出了毛线的范围，根据不同物件的性质而采用不同材质的线绳，毛线、棉线、麻绳等，不一而足。用了大约两个月的业余时间，她终于钩编出了许多惟妙惟肖的"青铜鼎""古瓷瓶"。随后，她把编织好的作品拿到附近的一条小街的夜市上销售，这些让人耳目一新的手工艺品很快吸引了人们的目光，大家纷纷掏钱购买。只用了一个晚上，王惠若就把那些"青铜鼎"和"古瓷瓶"卖了个精光。

初步的成功让王惠若看到了这个行业的前景，也令她更加坚定地要做自己喜欢的事。王惠若很快辞职离开了工厂，用所有积蓄，在步行街上开设了一家名为"798 艺术"的小店，她钩编了许多风铃、手袋、背包以及插满玫瑰的花瓶，并将它们放在门口。另外，她还设计出了更多的绳艺钩制法，不仅有陶瓷、青铜器、玩偶、花卉、手机链、钥匙，还有各式玩偶，例如小兔子、小狗、老虎、小乌龟以及玫瑰、菊花，向日葵、仙人掌等，应有尽有。她把所有的编织法记录在一个小册子里，然后送到乡下，以"供料加工"的模式包给了乡下一些有编织手艺而又无所事事的妇女和老人，很快，一批批的产品就出来了。

王惠若把这些充满古韵、古朴典雅的工艺品高低有序地陈列在店里后，顾客便像潮水一样涌向她那间不足20平方米的小店，一时的"突发奇想"，竟然奇迹般打开了一扇市场之门，当月，王惠若就净赚了2万元。

经过三年的努力，如今的王惠若已经拥有了十名编织设计师组成的团队，而她的"798艺术"也已经成了一家拥有5家分店的连锁公司，月入数万元。

从一个乡村姑娘到一位企业主，王惠若实现了人生的大跳跃。确实，兴趣是最好的志向，兴趣能保持最长久的激情，是最大的推动力，在自己最有兴趣的方向开创自己的事业，是一种最朴实的智慧。

（三）从自己的专业做起

把你的专业放到互联网上去，让所有人参与。无论你过去从事什么工作，都可以试着想一想如何将曾经的专业与互联网结合，服务大众，同时让大众能广泛参与进来。互联网创业的特点是连接性，它可以连接用户和创业者，以及和他们有相同背景的人。

拓展资料
"互联网＋"让碎片化需求成为创业方向

日前，国务院印发《中国制造2025》，部署全面推进实施制造强国战略。这是我国实施制造强国战略第一个十年的行动纲领，明确了9项战略任务重点，其中第2项就是推进信息化与工业化深度融合。

作为眼下最热门的词语，"互联网＋"被纳入国家政策的顶层设计后，仿佛一夜之间出现在大家面前。互联网不是一个新兴事物，其对于经济发展的影响也是近年来才开始显现。随着通讯传输、大数据和智能手机等技术的发展，互联网开始渗透到人们经济生活的方方面面，不仅改变着传统产业，更是创造着新的发展业态。"互联网＋"通过技术手段整合消费者的碎片化需求，让众多创业者发现了商机，也让小众市场能够做大做强。

"互联网＋"对于经济社会发展的作用不亚于货币的出现。货币的出现打破了以物易物的局限，扫清了商品流通的障碍。"互联网＋"不仅打破了地域和时间上的限制，更为重要的是其能够让碎片化的需求形成小众市场。

在经济学中有这样一句话：有需求就有市场。市场中的每一个自然人的需求各不相同，在传统市场中，由于受限于销售渠道等客观原因，商品和服务提供商只能够满足大多数人的需求，对少数人的个性化需求难以顾及。而"互联网+"则将市场供需两方点对点地连接在一起，让个性化需求能够直接传递到供给方，而且这种传递是不受地域限制的，供给方可以通过技术将具有相同需求的人集合在一起，通过现代物流业将产品分发到每一个客户手中，以此形成一个小众市场。可以说，"互联网+"将把市场在资源配置中的决定性作用发挥到了极致。

"互联网+"整合碎片化需求，不仅降低了整合成本，而且能够借助互联网技术构建服务渠道，这就使得满足碎片化需求成为当前全民创业的热潮。"今日头条"的成功就是利用技术手段分析每一个用户的阅读习惯，以此为基础向每一个用户推荐不同的稿件，满足每一个个体的阅读需求；将客户手中的闲置车辆纳入租车平台的凹凸租车通过将客户车辆的闲置时间"收集"起来，然后通过平台出租给需要用车的人，这样既能让闲置车辆产生价值，也满足了那些需要租车人的需求，达到双赢的效果……

在"全民创业，万众创新"浪潮下，只要创业者有想法，能发现那些还没有被满足的碎片化需求，那么"互联网+"就能够帮助你实现创业的梦想。但"互联网+"也不是万能的，就如市场也有失灵的时候一样，"互联网+"只是提供了一个平台，管理、运营和成本等还是要创业者自己把握。

四、大学生互联网创业的商业模式

(一) 软件开发设计类商业模式

大学生经营的软件开发设计类商业模式，是指以客户需求为驱动，提供定制的软件开发服务，并围绕其产品提供完整的周边产品开发及后续维护服务的一类经营模式。随着"互联网+"的普及，软件开发设计行业市场前景广阔，且前期投入成本较低，运营模式较为简单，可以成为拥有计算机软件技术人员未来发展的道路之一。

相较于大型软件开发公司，大学生创业公司往往针对某一细分市场，如物流系统、教学教务系统等来提供个性化服务，在产品个性化和成本价格上都具有一定优势。其产品生产方式主要分为两类，一类基于企业级软件开发平台，根据用户需求设计行业解决方案，研发软件产品，提供系统集成和服务；另一类则是直接针对已经较为完善的企业系统或产品，根据客户具体要求，对其功能、细节做出优化。总体上来说，其产品均带有"定制"性特点。在盈利模式上，初创软件公司主要使用的是"定制项目"模式，即软件公司与客户签订合同，开发客户需求的项目，根据项目完成情况收取报酬与后期维护费用。个性化产品虽然是大学生创业公司的竞争力，但产品价值未能得到充分利用，因此在满足资金和技术条件的情况下，通用型产品开发是公司的未来发展方向。

大学生软件开发设计公司的目标客户主要集中于中小型企业及个人，其需要的产品技术难度较低，合作门槛低，需求量小但基数大，是初创型企业赖以生存的客户群体。在产品宣传推广上，口碑宣传和互联网推广是两种主要方式：前者指依靠老客户关系链得到"熟人"项目，后者是通过在互联网上投放广告链接到自己公司网站而获取点击率。与此同时，产品的推广面临另一问题，许多新客户对其缺乏信任，认为其生存时间短，风险大，无法保障软件、系统后期管理维护服务，因此部分大学生创业公司选择搬离高校创业园，或挂靠其他企业，以摆脱初期创业者形象。

（二）电子商务类商业模式

电子商务是依托于信息网络技术，通过网络平台等媒介进行的商务交易活动，也是时下大学生创业过程中的主要使用方式。当下电子商务平台提供的商品与服务种类繁多，在各个环节都创造了盈利机制，下面按照产品来源将其分为三类分别介绍。

1. 网上售卖实体物品

网上售卖实体物品是最热门的网络创业方式，要强调的是，这里的实体物品并不是经由自主开发设计而成，店家只是扮演中间商的角色。其中，网上开店是首选，这是一种成本低、风险小、传播广的经营模式，且对技术要求较低。其次，利用社交媒体平台也是近几年兴起的方式，这种方式提高了传播经营效率。不过，此类"依托型"经营平台自主性弱，其总体局限性在于实体物品大都由厂家或零售商提供，经营者依靠赚取差价的方式盈利，形式比较单一。

2. 网络自主开发经营产品

自主开发经营的核心在于自主生产，通过多种网络售卖方式，打通上游生产链和下游营销链，成本低廉、自主性强是其优势。在此基础上，"网络众筹"成为新的盈利模式，通过网络平台连接发起者与支持者，公司获得众筹资金后生产产品，极大减小前期产品资金投入和后期营销压力。信息化网络时代，互联网充分发挥资源整合功能，并渗透到产业链的各个环节。只有把握更长产业链才会拥有核心竞争力，这是未来发展的主要趋势之一。

3. 通过网络平台进行其他自由创业

该类别指通过传统电子商务平台进行自由创造活动，如网络代销、网络撰稿人等，是一种新型电子商务模式。对于时间精力有限的大学生群体，网上自由职业适应性强，灵活性高，同时也可以为下一步自主创业打下基础。

电子商务经由网络平台运营，主要使用电子媒介宣传。由于许多大学生电子商务创业团体会以学生的需求为出发点进行运营设计，考虑到当代大学生网络媒体社交平台使用度较高，因此在实际网络宣传过程中，社交媒介成为重要的信息扩散地，这也是大学生创业宣传的特点，它与大公司企业在电视、网页、视频网站等处投放广告进行宣传不同。在人才需求上，电子商务中最基本的网上售卖技术性要求较低，其经营建立在完善的网络交易平台之上，只需掌握基本的操作，技术准入门槛低，适合普通大学生创业。但在未来发展中，仍然需要技术型人才完善维护网络经营中介平台，以提供更好的购物体验。

（三）媒体设计类商业模式

媒体设计类公司的内涵很广，包括广告公司、宣传公司、多媒体开发公司、市场营销策划公司及影视、画册策划公司等，主要是通过互联网技术和平台为第三人打造互联网产品，或者推广第三人产品的产业，这类公司的产品也都源于自主创造。随着"定制化"潮流的出现，类似于专业拍摄毕业画册、个人写真，承接社团、晚会等视频制作的大学生创业团队增多，已经发展成一种趋势。同时，相较于传统的媒体设计类的产品投放渠道，如电视、广告牌、视频网站等，新兴的公司大多把投放渠道定位于网络。这类公司通常采取团队合作运营模式，团队成员优势互补，且对有创意或者有技术的人才需求量很大，技术员工尤其属于稀缺状态。

"互联网+"给媒体设计类公司带来了生产方式上的转变，网络文化的兴起对一些从事广告、营销等相关需要随着市场潮流设计方案的公司提出了更高的要求，它们需要有敏锐的眼光发现热点、制造热点，因此这类公司的员工大多是网络平台的活跃分子，以适应快节奏下产品文案的周期短且无固定发布时间的特点。从公司自身的营销上来说，传统的媒体设计类公司通常采取的是口碑营销、熟人营销的策略，随着互联网的普及，越来越多的媒体设计类公司乐于把自己的产品公布到网上，年轻活跃的网民和产品直接投放区域的部分网民群体是主要受众，这种免费的宣传平台往往也取得了不错的效果。

这种商业模式有很多种盈利模式，但最常见的是受客户委托，用自己的产成品换取利润。在互联网环境下，产生了更多的收益计算方式，比如客户可以与公司约定以转发、点赞或者浏览量计算报酬，互联网的发展似乎给出了一种更科学的计酬方式，减小了客户的风险。

(四) 互联网平台类商业模式

企业通过建立互联网技术＋平台进行创业营收，这种方式具有方便快捷高效、有助于产品推广、不受时空限制等优势，受到越来越多创业者的青睐。这类公司往往通过建立网站或微信公众号来进行网络创业。互联网平台的多样性使得创业方式有了更多选择，消费者也不再只是一个单纯的服务和产品接受者，也开始更多地参与到价值创造中来。

利用互联网平台创业的公司更多的是通过销售网络产品服务（开发服务性微信号、App 等或者收取客户服务费用、会员费用等）来盈利的。大学生创新创业团队对于新事物有着较高敏感度，在盈利模式上有一定的创造与发展，利用互联网思维，大大提升营收效率。在推广营销上，这类公司则将产品搬到网络上，主要是依靠大众媒体尤其是社交媒体，通过落地式活动推广与网络病毒式营销相结合，让用户和消费者都成为潜在的传播伙伴，为企业提供了一个可在很大程度上实现规模化的营销模式。例如通过利用比赛、投票、抽奖、分享等来让用户广泛传播。

由于互联网平台类的开发是互联网技术与个人创作的有机结合，平台系统的质量保证体系是团队整体运营成为可控制过程的基础，也是用户和用户进行交流的基础和依据，因此需要不断地充实技术团队，需要大量的互联网人才来保证运营的可持续性。通过互联网平台为用户提供产品与服务体验前景可期，但是也面临一些挑战，比如在货币支付、信息保密性等方面的法律法规还不完善，难以吸引用户等。在社会化网络时代，成熟的开放平台应当是包含了身份认证、通信能力、安全体系等一系列基础服务的系统，只有将多种业务进行有效的优化整合，互联网平台的意义才能真正显现，才会改造传统企业，创造出全新的消费市场。

综上所述，"互联网＋"指向着经济发展的新模式、新业态、新亮点，该背景下的创新创业商业模式也更多地以互联网为媒介，整合传统商业类型进行运作。"互联网＋"推动了移动互联网、云计算、大数据、物联网等新一代互联网技术与各行各业结合，促进电子商务、互联网平台、软件设计、媒体设计等商业模式的新突破，为其带来了新的机遇，提供了广阔发展空间。对于"互联网＋"的创新创业者而言，创业本身是一个极具社会化的过程，因此受到诸如政府政策、市场行情等外在环境因素波动的影响十分强烈，创业者首先应该着眼于时代背景，更新自己的观念，对行业发展有一定的见解与预判，以便更好地根据市场与国家政策的变动调整产品模式；其次需要不断地学习相关专业知识与法律法规，充分利用网络、微信、微博等的新媒体传播途径，正确评估创业项目价值，多方探索发展渠道。总之，"互联网+"背景下的创新创业者面临着巨大的机遇与挑战，只有着眼行业现实和时代背景，选择适合自己的商业模式并不断创新，才能真正体现创业价值。

任务三　后疫情时代的"互联网+"创业

2020年伊始，一场突如其来的新冠肺炎疫情席卷全球，持续至今势头不减。为应对疫情，各国家各地区纷纷出台严防严控政策，以减少病毒扩散。受疫情影响，经济发展缓慢甚至停滞。我国投入巨大的人力物力，付出了巨大的牺牲，使疫情处于可控状态。结合国际形势，未来一段时期内，我国疫情防控将处于常态化。常态化意味着持久战，持久战给社会经济发展和人民生活方式带来很多影响和变化。如何从这些变化中发现机遇并接受挑战，是大学生创业者面临的新课题。

一、新市场需求

纵观历史，每一次类似事件，在对旧有经济体系产生巨大冲击的同时，也会带来新的需求和商机，这也正是我们布局和思考未来的最佳时机。当然，机会只提供给那些有准备的人。如今我们遭遇的这场疫情，在一些公司经历巨大危机甚至可能关门倒闭的同时，也会因为应对危机而催化用户对于新生模式的认同和选择，会有另一些有准备的"幸运儿"成为"未来领袖"。

 案例 8-3

这些创业团队穿越疫情化茧成蝶

一支平均年龄23岁，起步于武汉工商学院内的校园创业团队，在后疫情时代从重重困境中冲出，抓住短视频直播带货的创业风口，10个月累计销售额超过5000万元，净利润达450万元。

交出这份创业成绩单的是该校广告专业毕业生李义凡。

2020年年初，那场突如其来的新冠肺炎疫情，对武汉很多刚刚走出校园的大学生创业者而言几乎是灭顶之灾，但一些年轻创业者在重大的挫折中及时抓住新经济风口，在过去的一年转变营销策略，用智慧头脑练好技术"内功"，实现了创业成就。一批像李义凡一样的大学生创业新秀抓住机遇，相继崛起。

1. 踩准"风口"，轻资产运营

李义凡大二开始就与同学合伙，为互联网公司张贴校园海报，在校园QQ群、贴吧等线上社区投放广告，同时开展线下活动落地执行，两年多时间累计营收达60万元。

新冠肺炎疫情暴发后，武汉市各大高校开学推迟，校园业务全面停滞，李义凡开始在京东数科华中总部营销策划岗实习。熟悉校园推广的他，短短4个月就将公司一款定位校园社区的App的推广纳新的业绩做到了全国前列。与各大互联网公司频繁接触中，李义凡发现疫情刺激了"宅经济"的迅猛发展。各大电商平台纷纷抢占直播带货市场，短视频的关注度迅速增加。

李义凡嗅到了机会：大量的直播带货集中在大型电商平台，刚刚上线的小店无法引起太多人的注意，如何才能迅速崛起？

之前很少关注短视频的李义凡迅速召集了6人创业班底，其中95后团队成员陈诗涵毕业于西南科技大学工商管理专业，在海外从事过3年奢侈品销售，带过60多人的团队，还在字节跳动旗下营销服务平台巨量引擎工作多年。

团队对短视频达人带货的曝光量、成交单、营业额等进行数据分析发现，随着短视频创作者越来越多，视频内容更加细分。一个拥有巨量粉丝的短视频达人，通常只专注一个细分领域，因为这样更容易赢得信赖。"有时候并非粉丝数越高，带货效果就越好。好的带货效果需要短视频内容质量、产品性价比、货源供应等多个维度的综合匹配才能达成。"李义凡说。

经过头脑风暴和资源匹配，团队最终选定主推售价不超过199元且市面上稀奇少见的家用百货商品，比如"手机屏幕放大器""厨房防油烟面罩""防窥手机壳""智能电压力锅"等。他们遴选出100多种货品，上架至抖音小店。团队每人拿出两万元筹集了启动资金，租了几台电脑，在学校创业基地申请到工位。6人分工负责运营、商务、财务、厂家供应链。最熟悉抖音运营机制的陈诗涵担任公司总经理，李义凡负责业务运营。大家一边奔赴浙江义务考察货源质量，与供货商当面洽谈合作，一边在平台寻找短视频达人。得知他们是大学生团队，最初很少有达人愿意与他们合作，"我们就一个个打电话、发微信，终于有几个达人答应合作。"

2020年8月15日上午10点，筹备数月后，李义凡团队开始了第一次短视频达人直播带货，到晚上零点，最终成交量达1200单，营业额近10万元。这一成就夯实了团队的信心。团队相继谈下70多位短视频达人的合作事宜，还注册了"凡事优品"商标，同时不断整合"货、厂、人"的供应链体系。

当然，这支站在"风口"上的团队，也交过很多"学费"。2020年12月，他们卖的一款儿童椅，由于厂家失误漏发了一种配件，5000单全部被消费者投诉退回，"小店被封掉，一天损失了30万元"。直到今年2月，团队才逐步走上正轨。最高峰时，公司开通网络店铺28家，销售额达到5000万元，单日成交量最高达2.7万单。目前团队成员已增加至34人。

在李义凡看来，业务量的快速增长得益于踩准了带货的"风口"，组建了一支经验丰富的团队，并且在初创阶段实现了轻资产运营，降低了创业风险。

随着短视频平台小店入驻者越来越多，李义凡越发感觉到市场竞争的激烈。他开始调整战略，公司旗下的抖音小店缩减至3家，上架的产品从最高峰时的100多款缩减至5款。团队也开始了第二条业务线路：为中小企业主做抖音电商培训，帮助他们做电商转型。

2. 顺势改变营销策略

在李义凡瞄准线上直播带货"风口"时，85后创业者王冠杰则关注到了线下"智慧工地"的发展契机。

这位毕业于华北水利水电大学的大学生，曾在某央企工作过6年，3年前辞职与人合伙在武汉创业，创立了武汉风潮物联有限公司，专注于为智慧工地建设提供软硬件服务，先后与一些大型央企和重点高校开展合作。疫情之下，传统的运营模式崩断，公司瞬间陷入困境。

危中寻机，王冠杰注意到，新冠肺炎疫情暴发导致的无接触式智能化管理被更多传统工地客户所接受，疫情期间火神山、雷神山医院的快速搭建就得益于房建项目上的信息化能力。他迅速调整思路，大力展开线上推广活动，并启动远程线上办公。此外，团队先后在各大媒体平台开设了公司自媒体账号，安排居家员工专门拍摄短视频进行行业宣传。

这一举措让公司的曝光量迅增，线上的客户咨询猛增了几千条信息。武汉解封后，带着新的可视化推广材料，王冠杰带头外出跑客户，公司2020年的经营业绩快速增长，从2019年的100万元猛增至1000万元。

乘势崛起的还有武汉软件工程职业学院创业者熊泉浪。这位 28 岁的大学毕业生此前带领团队，运用大数据帮助各类零售业中小企业客户实现精准营销，公司获得武汉市科技"小巨人"企业认定，入库国家科技型中小企业。

新冠肺炎疫情暴发后，原本准备年后续费的几个大型集团客户，因为线下业务收缩无法抽回资金，续费意愿降低，熊泉浪团队曾一度损失业务达 200 多万元。但这支刚刚走出校园的创业团队抓住疫情刺激的线上消费大趋势，适时改变营销策略：对大客户赠送半年维护服务，留住大客户；主动降低收费标准，将以往中小企业客户的标配服务收费标准下调，加大线上营销力度，吸引更多中小客户。在武汉市解封以后，团队先后登门拜访了 20 多家客户和 3 家代理商。这一套组合营销策略的推出，一举为公司增加了 100 多家中小企业客户。"疫情后的一年，业绩涨了 300 万元。"

后疫情时代，湖北省和武汉市大力支持"数字经济"发展的蓬勃势头。2020年 6 月，湖北省政府办公厅印发《加快发展数字经济培育新的经济增长点的若干措施》，推出 13 条政策聚焦数字经济发展，促进疫后重振。武汉市也开始大力发展以大数据、云计算、物联网、区块链、人工智能、5G 通信、新零售、新制造为代表的"数字经济"，以求实现弯道超车。

湖北省创业研究会会长、武汉科技大学创新创业研究所所长贺尊教授表示，2020 年被称为"数字经济"的元年，疫情刺激了线上消费，包括网络授课、直播带货等都属于"数字经济"的范畴。"疫情带来了一系列变化，商机都是在变化中产生的。"在他看来，疫情迫使大学生创业者在风口捕捉、技术研发、营销策略等上面作出的变革，本质上是激发了他们的创新精神。

3. 练好"内功"才能逆势崛起

对于大学生创业者而言，逆势崛起不仅仅需要抓住"风口"转变思路，更要用有知识的头脑练好"内功"。

英国谢菲尔德大学数字建筑设计专业硕士毕业的 90 后创业者雷赫，在武汉带领团队打造智能家装平台，团队研发的"自由绘"App，成为国内首个在移动端突破了实时云渲染技术的家装软件，用户可以像在三维游戏里一样，按照喜欢的风格进行家居设计。

去年新冠肺炎疫情期间，这款软件正处于紧张的研发阶段，雷赫在招人过程中看中了一位工程师，此人曾先后在国际通信公司工作多年，担任过上市公司的总工程师。由于疫情阻隔，双方不能线下见面，相关保密协议无法签订。雷赫果断决定简化入职手续，一边引人一边补流程。

此人果然为团队带来了技术研发的突破性进展，而且抢在了同行业的前面。去年8月，在武汉光谷的线下产品测试中，该平台设计方案中的家居组合一次性就卖出20多套。去年年底，雷赫的公司营收从零直接突破1000万元，今年6月获得深圳一家投资机构的千万元融资，还在深圳设立了研发中心。

硕士毕业于武汉大学、从事健康科普的85后创业者傅泉，2018年从上海一家大型保险公司离职回到武汉，创立了南方健康全媒体平台。新冠肺炎疫情暴发时，傅泉带领运营团队紧急号召了旗下300余位科普创作者，联动人民网、人民健康、央视频、学习强国等权威央媒以及抖音、快手、搜狐视频等主流社交媒体平台，拍摄了1万余条公益短视频，分享正确权威的防疫知识，帮助民众摆脱疫情阴霾。

"看似只是公益之举，却帮助公司磨合了业务流程，锻炼团队协作，还助力扩大了平台的影响力。"傅泉没想到自己的决定收获了一举多得的效果。如今，团队构建了健康领域的全媒体矩阵，覆盖27个主流新媒体平台，签约医生、国家运动员、营养师等健康达人800多位，全网粉丝达到1.5亿，全网播放量突破300亿次。通过品牌广告、付费授课等模式盈利，疫情暴发之前，公司2019年营收只有800万元，2020年营收超过2000万元，"今年预计会突破4000万元"。

教育部普通高校就业创业指导委员会委员、武汉软件工程职业学院创业学院教师高泽金说，疫情必然、也正在引领产业结构的转变。大学生创业者对市场的变化敏感度高，也一定会作出相应的调整。他们在线上办公、线上服务、线上交易等领域如鱼得水，这是新时代创业者具有较强的数字思维和综合素质的表现，也是时代赋予年轻创业者的机会和担当。

（资料来源：中国青年报，2021年08月31日，07版）

二、新业务机会

对于创业者和创业企业来说，无论当下的伤害如何，最正确的心态一定是从应激反应的冲击波中清醒过来，不只看到短期内的疫情、不再过度思考疫情带来的影响，更多地去关注大环境带来的压力和紧迫感，并在其中寻找到自己可能的生存机会，去参与产业的升级变革。

与困难相伴而生的必定是机遇。幸运的是，我们已经看到了很多创业企业在危机之下孕育出的一些创新的尝试，比如在线办公和协作、在线教育、基于到家场景的生鲜和药品配送、远程医疗等。很多人也开始频繁使用生鲜电商购买蔬菜等生活必需品。

拓展阅读

疫情之下，被"激活"的在线办公升级之路

早在20世纪80年代，移动办公就已经在硅谷流行，国外更是普遍，在中国却一直不温不火，渗透率较低，仅限于媒体、销售等个别行业。近些年，随着互联网在各个领域的广泛运用及电脑等办公设备在家庭中的普及，在线办公成为越来越多的人尝试并认可的一种工作方式。

2020年，新冠肺炎疫情把在线办公推上新的高峰，使之成为各方势力必争的竞争之地，而它的内涵与形式也在发生变化。疫情的困扰也使得在线办公市场开始升温，其好处显而易见。相对于现有地域依赖型办公场景，在线办公最大的优势是帮助企业人员摆脱时间和空间的束缚，打破传统办公的限制，提高工作效率，加强远程协作，让组织连接更紧密、协作功能更丰富，从而使得资源利用最大化，利于员工轻松处理常规办公模式下难以解决的紧急事务，打破传统低效协同框架，团队效率提升必然水到渠成。

互联网高速发展的背景下，工作和生活的界限变得越来越模糊，移动化办公大获服务型企业的青睐。它将新兴技术、软件应用平台与成熟的业务内容完美融合，是未来公司办公模式发展的主要趋势。

在线办公是指基于云计算技术和平台，以互联网和移动终端等为载体，向企业用户提供在线办公SaaS应用，并通过PaaS平台集成第三方开发者，以扩大产品功能覆盖的在线办公软件。用户使用的办公类应用的计算和储存功能，不由安装在客户端本地的软件提供，而是由位于网络上的应用服务予以交付，用户只通过本地设备实现与应用的交互功能，核心实现方式是SaaS模式。

在线办公将软件和服务融为一体，为政府、企业和个人提供方便实用的在线应用服务，能够帮助其更加轻松高效地实现内部人员和合作伙伴间的连接，以及与企业相关的各种办公业务之间的连接。

在线办公平台由功能独立的在线办公 SaaS 发展而来，具有不受办公时间和空间限制的特点，聚合了企业通讯、客户关系管理、人力资源管理等多种办公产品的能力。它提供的服务几乎包含所有的办公协作工具，如综合协作、视频会议、文档协作、协同管理、云传输、任务管理等，用户也可以根据自己的个性需求，定制化添加各种应用组件。

自"互联网+"时代的到来，各行各业各领域都在加速与互联网间的相互融合，传统互联网向 5G+ 时代迈进。在线办公行业发展历程大致分为三个阶段：在线办公 1.0 时期，从传统办公管理软件走向移动无纸化办公。随着移动互联网时代的加深，企业对业务移动化的需求愈发强烈，为紧跟用户需求纷纷推出移动应用云平台，在线办公进入 2.0 时代。随着互联网时代的不断更新，在线办公市场越来越受到企业用户的青睐，应用产品以高频在线办公需求为基础，越来越多的企业服务商陆续推出适应当下时代的个性化、定制化解决方案，以及引入第三方服务商丰富产品功能，随之也开启了在线办公 3.0 时代。

三、新技术应用

回望历史，产业升级的需求从来没有像今天这么迫切，所有被"复工难"影响的行业，对数字化的管理和体系升级都提出了新的需求。比如一些劳动密集型行业开始讨论无人化、自动化，以减轻对人工的依赖。

在诸多创业企业穿越寒冬的坚守与突围中，"ABC"是最值得关注的一个创新方向（"A"是 AI，人工智能；"B"是 Big Data，大数据；"C"是 Cloud，云计算）。未来，"ABC"在人们生活中的运用，比如在生物、医疗健康、人工智能、在线培训等领域的运用，从技术层面说，是一个很重要的增长点。

四、新战略机会

随着我国 5G 网络的普及，加上疫情影响下人们线上交流的需求，"互联网+"领域更适于开拓新的领域、抓住新的战略机会。比如一些传统商家通过直播、拼团等方式，以新的线上流量入口推动销售。

⊗ 案例 8-4

抱团转型，直播带货，迎风起舞

这两天，MCN 机构无锡热度的负责人沈晓樱和她旗下的网络主播们正在搬家，换了近 1000 平方米的大场地。"以往娱乐内容的直播，聊天唱歌互动，一台电脑一个手机就可以，但带货直播就不一样了。"沈晓樱说，从 2 月初开始，每天都有十几个商家来商务洽谈，"这是市场逼着我们转型"。

经营者为自己的产品吆喝、门店营业员当起了网红主播……这段时间，"直播带货"频繁出现在市民生活的各个场景中。而网红主播背后的机构——MCN 也是备受关注。无锡网络直播企业目前以怎样的状态存在？他们将如何抓住当下发展的风口？

转变一：实体门店布局电商平台

"要不是这次疫情，可能我们和线下企业没法那么快达成合作。"每场直播持续三个半小时，平均每场观看人数 12 万，每场直播出货近万单。几场直播下来，主播"小丹"在快手平台为五六家知名品牌和实体店铺解决了春节假期积攒的大量库存。

受疫情影响，超市、商场等线下门店受到冲击，人们的消费场景加速向线上转移，消费者从在实体店里"挑挑选选"变为在手机上"划划点点"。直播为消费带来了更为丰富的电商场景，越来越多商家号入驻快手、抖音、腾讯等平台，向更多细分领域渗透，来满足人们多场景的消费需求。

童装品牌巴拉巴拉的区域负责人郑女士在线下门店复工前尝试了一次抖音直播，"原本也就图个热闹，主播就是门店店员，没什么准备，一台手机装个软件就匆匆上线了"。郑女士告诉记者，做直播是总部的要求，但也让他们初尝甜头。随着线下门店陆续恢复营业，导购进入了门店销售和柜台直播相结合的阶段。"线下门店的布局也会相应调整，功能更多向体验式转型。"郑女士认为，直播不仅是疫情期间的无奈之举，也为线下零售企业提供了新思路，未来导购直播会常态化、规模化。

转换二：主播带货助推网红经济

"必须尽快调整战略方向，才能抓住风口。"沈晓樱说，市场"逼着"MCN 机构转换经营思路。其实早在几年前，她就尝试过直播卖水蜜桃，但是那时根本"卖不动"。随着网络技术的发展，短视频和直播这种适应移动互联网的娱乐形式将网红经济推入新阶段。视频的兴起让网红和粉丝的互动性大大提高，电商、物流的进一步发展使得带货变现逐步成为和广告一样的主流模式。数据显示，2019年中国网红产业已经达到了 2534 亿元，而 2022 年有可能达到 5253 亿元。

位于站前商贸园的 MCN 机构班沙客在 2019 年成为规上文化企业，也因此列入了《无锡市文化产业高质量发展若干政策》拟扶持名单中。运营总监蒋威最近一刻不得闲，四处奔波对接业务，"受疫情影响，很多业务都只是做了简单的沟通，现在都忙着对接落地。"在他看来，今年虽不是带货直播元年，但是发展重要的窗口期，业务量起码有两成的增长。

转换三：串联产业链迎发展机遇

"疫情带来了机遇，但也让主播们觉察到了危机。"位于摩天 360 的星元素负责人陈伟告诉记者。

陈伟说，要实现从娱乐主播向带货主播的转型，需要更专业的知识储备。1998 年出生的小莫从老家来到无锡做网络直播，这两年的年收入成倍增长。但是，尝试了一次直播带货后，她却发现自己无法胜任，"必须深入了解产品，直播的节奏也比以前更快。"所以，陈伟尝试聘用专业柜员或是营业员，进行主播培训。

"转型要解决的不仅是主播人才培养、提升直播模式，主要痛点还是在产业链上。"沈晓樱说，货品寄送颇费时间，对于习惯了网购的现代人而言，收发货周期会影响购买行为。供货企业会集聚在头部主播的周围，直播就成为串联产业链的关键环节，在杭州、深圳等地，越来越多的直播间设在工厂周边，这头是仓库，那头就在直播。

"我们以无锡为圆心服务周边城市，但目前来看，很难规模化运行。"陈伟告诉记者，地方企业为直播这一产业带来更多商机，当以带货直播为主的 MCN 产业形成规模，又能带动更多有需求的企业集聚，从而形成产业发展的相互促进。

五、新政策支持

疫情影响下，经济走势低迷。为了做好防控的同时复工复产、恢复经济繁荣，中央和各地政府都推出了相应的利好政策，包括宏观的宽松政策、疫情后复工的优惠政策等。每个创业者都要想办法跟税务、人社、财政等部门沟通，争取能够尽快得到政策的支持和帮助。

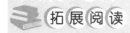 拓展阅读

深圳市自主创业人员补贴

一、初创企业补贴

补贴条件：

1. 自主创业人员在其初创企业连续正常缴纳社会保险费 6 个月以上（本市普通高校、职业学校、技工院校在校学生除外）。

2. 自主创业人员在其初创企业当前参保状态正常。

补贴对象：符合条件的自主创业人员。

补贴标准：每人 10000 元。属于合伙创办企业的，合计补贴金额不超过 10 万元。

补贴期限：一次性。

二、社保补贴

补贴条件：

1. 自主创业人员在其初创企业连续正常缴纳社会保险费满 3 个月的。

2. 自主创业人员在其初创企业当前参保状态正常。

补贴对象：符合条件的自主创业人员。

补贴标准：每月按本市社会保险费最低缴纳标准单位承担部分的 100% 给予社会保险费补贴，实际缴纳部分低于最低缴纳标准的据实给予补贴。

补贴期限：最长不超过 36 个月（未正常缴纳社会保险费的月份须相应扣减）。

三、场租补贴

补贴条件：

1. 自主创业人员在其初创企业连续正常缴纳社会保险费满 3 个月。

2. 自主创业人员实际缴纳场租满 3 个月，且在其初创企业当前参保状态正常。

3. 初创企业租赁场地用于经营（租赁地址与注册登记地一致），相关场地非法定代表人或经营者自有物业。

补贴对象：符合条件的自主创业人员。

补贴标准：

1. 自主创业人员入驻市、区政府部门主办的创业孵化载体（以下简称主办载体）创办初创企业，按照第一年不低于 80%、第二年不低于 50%、第三年不低于 20% 的

比例减免租金。主办载体对自主创业人员创办初创企业已有租金减免或优惠，但低于上述规定比例的，按上述比例予以减免或优惠；已有租金减免或优惠高于上述规定比例的，不再享受本项租金减免。

2. 自主创业人员在经市直部门及各区政府（新区管委会）认定或备案的创业孵化基地、科技企业孵化载体、留学生创业园等（以下简称认定载体）内创办初创企业，按照第一年每月1200元、第二年每月1000元、第三年每月700元的标准给予租金补贴；实际租金低于补贴标准的，按实际租金给予补贴。

3. 自主创业人员在上述主办载体以及认定载体外租用经营场地创办初创企业的，按每月最高不超过500元（每年最高不超过6000元）的标准，给予最长不超过3年的租金补贴；实际租金低于补贴标准的，按实际租金给予补贴。

4. 属复员转业退役军人、高校毕业生的，补贴标准在第2、3点的基础上提高30%。

补贴期限：最长不超过36个月（未正常缴纳社会保险费的月份须相应扣减）。

四、创业带动就业补贴

补贴条件：

1. 自主创业人员创办初创企业吸纳劳动者就业，并按规定签订1年以上期限劳动合同。

2. 初创企业为招用人员连续正常缴纳6个月以上社会保险费的，且招用人员当前参保状态正常。

补贴对象：符合条件的自主创业人员。

补贴标准：招用3人以下的按每人2000元给予补贴；招用4人以上的每增加1人给予3000元补贴，总额最高不超过3万元。不同初创企业吸纳同一劳动者就业的不能再次申领补贴。

五、创业孵化补贴

补贴条件：

1. 区级以上人力资源部门认定的创业孵化基地为以下创业者提供1年以上的创业孵化服务并孵化成功（入孵团队在孵化期内登记注册），且协助创业者完成自主创业人员身份核实：

（1）本市普通高校、职业学校、技工院校在校学生；

（2）毕业5年内的高校毕业生；

（3）毕业5年内留学回国人员；

（4）法定劳动年龄内港澳台居民；

（5）具有本市户籍的登记失业人员、复员转业退役军人、随军家属、残疾人。

2.入孵创业实体的营业执照地址在基地地址范围内，申请时未被市场监管部门列入"经营异常名录"。

3.同一创业者有多家创业实体入驻创业孵化基地的，只有一家企业符合补贴条件。

补贴对象：符合条件的创业孵化基地运营主体或主办单位。

补贴标准：按每年每户3000元标准给予补贴。

补贴期限：从登记注册之日起算，最长不超过2年。

（资料来源：深圳市人力资源和社会保障局，《深圳市就业创业补贴申请办理清单》，2021-09-17）

实践练习

网络公司创业实地调查

在进入网络公司之前，可以先找个不用投资的项目开始练练技术，然后再根据自己的专业和兴趣等情况，物色好项目进行尝试，前提是你必须有一定的计算机知识，如果没有，可先自行学习或进入相关领域如网络公司进行实践。

广角视点

疫情、5G、产业互联网、去全球化……对创业者是致命陷阱还是创新机遇？

疫情加速了生活和工作方式的改变，也使很多新领域加速发展。技术的发展，特别是5G时代加速来临，带来了很多创新应用的可能性。去全球化趋势虽然让全球化供应链面临断裂的风险，但也带来了国产化替代的机会。

疫情、去全球化趋势、裁员、产业互联网，这些热词在2020年上半年被频繁提及，面对频出的黑天鹅事件，巨大的不确定性，企业家和创业者该如何应对？

6月21日，在《中国企业》杂志社主办的2020（第二十届）中国企业未来之星年会暨中国企业家生态大会上，来自各行业的企业家和投资人对此进行了深入讨论。

"疫情在加速生活和工作方式的改变，催生很多新领域的加速发展。其次，技术的发展，特别是5G时代加速来临，带来了很多创新应用的可能性。疫情也让全世界意识到，除了效率与成本，供应链的安全保障也是至关重要的。加上日益微妙的全球地缘政治关系，这些都带来了去全球化的势头。"IDG资本合伙人余进表示。

在这样复杂的大环境下，机遇与挑战并存。

5G时代的到来，让云游戏、4K视频成为可能，疫情虽然让企业经营遭遇了巨大不确定性，但同时也加速了零售行业数字化落地，让无人驾驶技术深入社区，同时也使得创业公司有机会吸收来自海外的优秀人才。去全球化趋势虽然让全球化供应链面临断裂的风险，但也带来了国产化替代的机会。

疫情下的种子

说到疫情对于数字化转型的影响，多点Dmall总裁张峰感触颇深。据他观察，零售行业对数字化转型的热情非常高，疫情期间用户的习惯也在加速迁移。

张峰分享了多点为应对疫情做出的三方面部署。第一，多点在北京的合作伙伴物美的绝大部分生鲜商品来自产地直采，多点配合物美把供应链夯实，保证商品准时送到店铺；第二，多点配合物美在北京搭建整体及时配送网络，提升拣货效率，优化物流；第三，抗疫期间，多点配合物美在北京开了4000多个提货站，提升用户体验和整个超市的效率。

张峰预测，以后用户到家的需求会快速增长，增长速度可能达到40%~50%，因此在他看来，数字化是以后企业的发展方向。但实体零售企业的数字化能力偏低，缺乏比较好的数据支持，多点通过一些手段，把实体零售人货场的场景做了数字化重构。

作为小马智行联合创始人、CEO，彭军在无人驾驶领域深耕多年，他认为疫情让无人驾驶变得更有需求，并加快了整个行业的发展。在疫情期间，小马智行无人驾驶车队也投入到抗疫过程中，在中美两地把货物、包裹送到用户家里。

"疫情让最后一公里变得更有可能了。其实从仓送到小区的城市干道上的自动驾驶相对比较容易，最难的是从小区门口到每栋楼，应该说最后一公里中最难的是最后100米。"在彭军看来，最后一公里的送货需求让自动驾驶能够更快落地。

不过，疫情不仅带来了机会，也带来了挑战。无论是国际大型企业还是尚未盈利的创业公司，都经历了或正在经历裁员风波。

疫情期间，扩张速度快的创业企业如果需要裁员来回血，如何进行危急时刻的人力资源管理？彭军称其唯一且最为重要的经验是，节流千万不要一片一片切，一定要一刀痛快下去，这样才能稳下来。

坚果激光电视创始人、CEO 胡震宇则从最近的企业裁员风波中看到了机会。"对一些中小企业，尤其是创业型企业来讲，这意味着可能招到一些原本不可能招聘到的优秀人才，这正是进行人才升级的比较好的时间点。"胡震宇称，今年公司计划进行 10%~20% 的人才升级，引入一些大企业的相关人才。

5G 新机遇

坚果成立于 2015 年 1 月份，一直让胡震宇感到遗憾的是，受限于带宽，真正的 4K 视频还未来得及普及，而 5G 的到来将使得在家在线看 4K 视频成为了可能。

在内容层面，5G 的到来将会让云游戏成为流行。"以前我们的游戏是基于 PC 端的游戏，显示器通过 HDMI 线连接到主机。如果 5G 的网速超过 HDMI 的速度，就意味着所有的游戏都可以直接安装在云端服务器上，而我们需要的是一个大屏的显示，因此我认为未来坚果投影跟激光电视会是将来云游戏非常好的载体。"胡震宇说。

同样受益于 5G 的还有极智嘉。极智嘉是一家专注在物流领域的 AI 机器人公司。公司创始人、CEO 郑勇表示，5G 技术的发展，能让机器人对于边缘端的依赖更少，依靠 5G 的大带宽通信能力，可以把大量现场数据存到后端，在后端去做计算、判断、决策。

通常，在仓库中负责搬运的机器人是几十台、几百台同时运作，机器人之间包括跟云端之间存在大量通信，5G 对于通信的实时性提高也让整个系统效率得到进一步提升。

蓝箭航天创始人、CEO 张昌武对 5G 很大程度上解决了带宽问题表示认同，不过在他看来，从更长远的角度看，未来基础设施建设要在完整性等方面取得新突破，建立一个立足于全球的覆盖性网络，而卫星几乎是唯一一个解决方案。

张昌武表示，不断提高运载火箭的可靠性，降低成本，提升发射频次，最重要的目标就是快速把低轨卫星互联网系统组建起来。"作为太空基础设施，低轨的卫星互联网系统在未来会通过跟地面系统融合，最大化实现我们在连接、互联、通信上的全球一体化，让应用场景从量变到质变。"

应对去全球化挑战

中美关系紧张，疫情带来的全球供应链问题让去全球化趋势成为当前热议的话题。

IDG 资本合伙人余进认为，过去全球化趋势主要是追求效率和成本优先，这也带来了全球贸易的繁荣，科技行业的集中度得到了显著提升。但是目前受疫情和政治因素的影响，去全球化的趋势越来越明显。如何在被欧美国家卡脖子的情况下，实现技术领域的创新突破是当下必须思考的问题。

自动驾驶所处的汽车行业在过去已经形成了全球化产业链供给，一辆车造出来的几万个零件在全球各地都有生产。疫情期间，供应链断裂导致很多工厂的汽车停产。小马智行的产品既有软件也有硬件，其供应链也是全球化的。

彭军认为，去全球化并不全是坏事。在去全球化的大趋势下，国产替代将迎来很大机会。"日本、韩国在半导体和汽车行业等高科技行业发展迅速，从他们的经验可以看出，大的政治趋势对本地产业链的发展和技术提升是有帮助的。因此一方面要寻找合作伙伴，做好可转化替代，另一方面也要考虑在产业链上做一些布局，这样才能够减少去全球化所带来的影响。"彭军说。

作为一个经历过全球供应链问题的过来人，湖北新蓝天新材料股份有限公司CEO邹泓分享了自身的经验。邹泓在硅材料行业深耕21年，其所创办的湖北新蓝天新材料是最早将硅材料工业化的企业。

邹泓认为，后疫情时代全球经济的显著特点是产业供应链的阻断，国际间封锁限制、互不信任的加剧。"我们从刚开始发展就碰到了这种情况，一直都被国外卡脖子。硅产业在中国只有短短30多年的历史，我们通过对基础技术的整合和研究，已经打通了整个硅产业链，在自循环上形成了一套体系。"

邹泓表示，目前国内民营企业已逐步取代国外的有机硅公司，后者退出的时候留下大批有机硅的应用人才，填补了前者在新应用领域的一些空白。

此外对企业来说，在担忧去全球化问题的同时，也需要考虑更加积极地进入全球市场。

据悉，目前极智嘉超过50%的业务都是来自海外。郑勇表示，拓展海外市场最重要的是在专利知识产权上有相应积累，做到产品的本地化适配，建立本地化团队，同时要有长期发展规划和有长期服务客户的能力。

如何做好产业互联网

在数字化趋势下，线上企业和线下企业走向融合，产业互联网就是线上线下融合的产物。在邹泓看来，产业互联网所带来的价值超过60万亿元，但是目前国内产业互联网仍然处于摸索阶段。不过他也指出，产业互联网谈了这么多年，始终没能真正落地。

对于如何做好产业互联网，邹泓总结了经验："首先，一定不能用消费互联网的思维去构建，因为消费互联网思维是要去颠覆（原有格局）的，组织架构是扁平的，但产业互联网已经形成了共融的体系。其次，做产业互联网的企业必须要提高产业链、供应链的效率，目前来说，传统企业的产业链、供应链虽然已经融合得很好，但效率上肯定没有目前互联网的效率高。"

产业互联网追求的终极目标是达到产业链、供应链、价值链、信息链的有机结合，而要达到这个目标，不仅需要懂产业发展规律的人用互联网工具等去创新，同时也要吸引互联网

邹泓建议资本多关注产业互联网或产业平台化的搭建。"我觉得产业互联网（的估值）不是被估高了，而是目前被估低了。"邹泓说。

附录一　创业计划书参考模板

模板一　商业式计划书

创业项目	
地址	
邮政编码	
联系人及职务	
电话	
传真	
网址/电子邮箱	
第一部分　摘　要	
（整个计划的概括）	
一、简述	
二、宗旨和目标	
三、股权结构	
四、已投入的资金及用途	
五、主要产品或服务	
六、市场概况和营销策略	
七、主要业务部门及业绩	
八、核心经营团队	
九、优势说明	
十、为实现目标的增资需求：原因、数量、方式、用途、偿还	
十一、融资方案	
十二、财务分析	
1. 财务历史数据（前3~5年销售汇总、利润、成长）	
2. 财务预计（后3~5年）	
3. 资产负债情况	

第二部分 综 述
第一章 公司介绍
一、宗旨
二、简介
三、各部门职能和经营目标
四、公司管理
1. 董事会
2. 经营团队
3. 外部支持
第二章 技术与产品
一、技术描述及技术持有
二、产品状况
1. 主要产品目录
2. 产品特性
3. 正在开发 / 待开发产品简介
4. 研发计划及时间表
5. 知识产权策略
6. 无形资产（商标 / 知识产权 / 专利等）
三、产品生产
1. 资源及原材料供应
2. 生产条件和生产能力
3. 扩建设施、要求及成本，扩建后生产能力
4. 原有主要设备及需添置设备
5. 产品标准、质检和生产成本控制
6. 包装与储运
第三章 市场分析
一、市场规模、市场结构与划分
二、目标市场的设定

三、产品消费群体、消费方式、消费习惯及影响市场的主要因素分析

四、公司产品市场状况

五、市场趋势预测和市场机会

六、行业政策

第四章　竞争分析

一、行业垄断分析

二、从市场细分看竞争者市场份额

三、主要竞争对手情况：公司实力、产品情况

四、潜在竞争对手情况和市场变化分析

五、公司产品竞争优势

第五章　市场营销

一、概述营销计划（区域、方式、渠道、预估目标、份额）

二、销售政策的制定（以往、目前、计划）

三、销售渠道、方式、行销环节和售后服务

四、主要业务关系状况，各级资格认定标准、政策

五、销售队伍情况及销售福利分配政策

六、促销和市场渗透（方式及安排、预算）

　1. 主要促销方式

　2. 广告/公关策略、媒体评估

七、销售资料统计和销售纪录

八、市场开发规划，销售目标、预估销售额、占有率及计算依据

第六章　投资说明

一、资金需求说明（用量、期限）

二、资金使用计划及进度

三、投资形式（贷款/利率/利率支付条件/转股——普通股、优先股、任股权/对应价格等）

四、资本结构

五、回报/偿还计划

六、资本原负债结构说明（每笔债务的时间、条件、抵押、利息等）

七、投资抵押（是否有抵押、抵押品价值及定价依据/定价凭证）

八、投资担保（是否有抵押、担保者财务报告）

九、吸纳投资后股权结构

十、股权成本

十一、投资者介入公司管理程度说明

十二、报告（定期向投资者提供的报告和资金支出预算）

十三、杂费支付（是否支付中介人手续费）

第七章　投资报酬与退出

一、股票上市

二、股权转让

三、股权回购

四、股利

第八章　风险分析

一、资源（原材料/供应商）风险

二、市场不确定性风险

三、研发风险

四、生产不确定性风险

五、成本控制风险

六、竞争风险

七、政策风险

八、财务风险（应收账款/坏账）

九、管理风险（含人事/人员流动/关键雇员依赖）

十、破产风险

第九章　管理

一、公司组织结构

二、管理制度及劳动合同

三、人事计划（配备、招聘、培训、考核）

四、薪资、福利方案

五、股权分配和认股计划

第十章 经营预测

增资后3~5年公司销售数量、销售额、毛利率、成长率、投资报酬率预估及计算依据

第十一章 财务分析

一、财务分析说明

二、财务数据预测

1. 销售收入明细表

2. 成本费用明细表

3. 薪金水平明细表

4. 固定资产明细表

5. 资产负债表

6. 利润及利润分配明细表

7. 现金流量表

8. 财务指标分析

（1）反映财务盈利能力的指标

①财务内部收益率（FIRR）

②投资回收期（Pt）

③财务净现值（FNPV）

④投资利润率

⑤投资利税率

⑥资本金利润率

⑦不确定性分析：盈亏平衡分析、敏感性分析、概率分析

（2）反映项目清偿能力的指标

①资产负债率

②流动比率

③速动比率

④固定资产投资借款偿还期

第三部分 附 录
一、附件
1. 营业执照影本
2. 董事会名单及简历
3. 主要经营团队名单及简历
4. 专业术语说明
5. 专利证书 / 生产许可证 / 鉴定证书等
6. 注册商标
7. 企业形象设计 / 宣传资料
8. 简报及报道
9. 场地租用证明
10. 工艺流程图
11. 产品市场成长预测图
二、附表
1. 主要产品目录
2. 主要客户名单
3. 主要供货商及经销商名单
4. 主要设备清单
5. 市场调查表
6. 预估分析表
7. 各种财务报表及财务预估表

模板二　调查问卷式计划书

一、公司摘要
1. 请选择资金需求数额（　　　万元）
2. 联系人情况
姓名
职务
联系电话
传真
E-Mail
3. 公司成立基本情况
公司名称
公司注册日期
地址
邮编
4. 公司性质
（　）国有企业　（　）有限责任公司　（　）合伙人制　（　）个人独资　（　）外资企业
5. 寻找第几轮资金
（　）种子资本　（　）第一轮（　）第二轮
6. 公司主营的产业
（　）通信与网络　（　）软件　（　）信息服务　（　）硬件　（　）医药　（　）半导体 （　）新材料　（　）电子商务　（　）ICP（　）ISP　其他_____
二、公司业务描述
宗旨
主要目标
项目描述
三、产品与服务
介绍公司的产品和服务有什么独到之处

四、收入
介绍公司收入来源
怎么达到收入增长

五、市场营销
介绍公司所针对的市场
营销战略及竞争环境
有什么竞争优势

六、管理及人员配置
公司的重要人物，包括公司创建人、董事会成员、主要管理人、重要雇员顾问等（按重要程度次序排列）
重要人物一
姓名
角色（请选中所有适合的项目）
（　）创建人　　（　）董事长成员　　（　）顾问　　（　）全职职员　　（　）兼职职员
·相关专业职称
·他/她的职务
·在公司所从事任务
·专长
·工作经历（公司、名称、职位、时间）
·教育（两个最主要学位）
注：此表相同，如有多个重要人物，此表可复制。
公司有多少全职员工？（请填数字）
公司有多少兼职职工？（没有兼职员工请填0）
有哪些关键职位尚未找到合适人员？

七、财务预测
到盈亏平衡所需资本投入
从现在起需要多少个月能达到盈亏平衡
当前月收入
当前月支出

从今往后的五年收入预测（单位：万元）：				
第一年　　　　第二年　　　　第三年　　　　第四年　　　　第五年				
运营成本				
净收入				
实际投资				
资本支出				
年终现金余额				
雇员				
开户行				
风险投资的退出策略				
如何和什么时候投资者能够得到回报				
八、资本结构				
迄今为止有多少资金投入了你公司				
目前公司正在筹集多少资金				
成功筹集资金后，公司能够经营多久（以月计）				
下一轮投资你们打算筹集多少				
前后共需筹集多少资金来达到盈亏平衡				
说明公司在寻求怎样的投资者				
公司能够提供（选择所有合适项目）				
（　　）股权　　（　　）可转换债券　　（　　）普通债券　　（　　）不知道				
公司负债状况（包括借贷、发行债券等）				
九、其他				
能够成功的主要原因				
列出其他需要介绍的地方				

模板三 创业计划书模块之创新篇

可以将一份创业计划书分为三部分：创业描述块、财务块和营销块。这样既方便，思路又清晰。

一、创业描述块

1. 描述你打算制造或出售的产品，或提供的服务
2. 详细说明企业场所的具体情况
3. 为什么你会认为你（或创业伙伴）有这方面的相关的经验、能力和承诺，能获得创业成功
请附上一份简历，或者，提供以下内容：
a. 教育和资格
b. 任何过去的工作经验（详细说明）
c. 培训
d. 任何其他相关的信息
e. 爱好和兴趣
注：这部分内容应当包含所有参与创业的人员
4. 请说明你是如何进行市场研究的，市场研究的结果是什么
桌面研究。例如，查阅统计资料、调查资料、目录及现有信息的其他来源
实地研究。例如，使用问卷调查潜在顾客，采访、观察竞争对手的活动等
5. 如何战胜竞争对手？请详细说明能够提供的任何特色产品或服务
顾客为什么会购买你的产品或服务，而不去买竞争对手的

二、财务块

财物块可以通过以下表格形式反映出来（以现金流量预测表为例）。

现金流量预测： 12 个月 企业名称：

月份	上个会计期	1	2	3	4	5	6	7	8	9	10	11	12	总计
现金流入														
·顾客支付的现金														
·创业支持津贴														
·任何其他业务收入														
·其他														
现金流入总计														
现金流出														
·材料														
·库存														
·工资														
·租金/租赁费														
·取暖/照明														
·广告														
·电话/传真														
·邮资/文具														
·保险														
·维修/维护														
·运输/旅行														
·固定资产投资														
·向中国青年创业国际计划偿还贷款														
·向其他机构还贷														
·咨询费														
·其他														
现金流出总计														
净现金流量														
期初余额/（亏损）														
期末余额/（亏损）														

三、营销块

我的市场：＿＿＿＿＿＿＿＿＿

1. 市场基本情况

（1）哪些人是我的顾客？

＿＿＿＿＿＿＿＿＿＿＿＿＿＿＿＿＿＿＿＿＿＿＿＿＿＿＿＿＿＿

＿＿＿＿＿＿＿＿＿＿＿＿＿＿＿＿＿＿＿＿＿＿＿＿＿＿＿＿＿＿

＿＿＿＿＿＿＿＿＿＿＿＿＿＿＿＿＿＿＿＿＿＿＿＿＿＿＿＿＿＿

（2）市场研究的具体情况（需要有证据）。

＿＿＿＿＿＿＿＿＿＿＿＿＿＿＿＿＿＿＿＿＿＿＿＿＿＿＿＿＿＿

＿＿＿＿＿＿＿＿＿＿＿＿＿＿＿＿＿＿＿＿＿＿＿＿＿＿＿＿＿＿

＿＿＿＿＿＿＿＿＿＿＿＿＿＿＿＿＿＿＿＿＿＿＿＿＿＿＿＿＿＿

2. 为什么我会认为我能够在这一市场中取得成功？

＿＿＿＿＿＿＿＿＿＿＿＿＿＿＿＿＿＿＿＿＿＿＿＿＿＿＿＿＿＿

＿＿＿＿＿＿＿＿＿＿＿＿＿＿＿＿＿＿＿＿＿＿＿＿＿＿＿＿＿＿

＿＿＿＿＿＿＿＿＿＿＿＿＿＿＿＿＿＿＿＿＿＿＿＿＿＿＿＿＿＿

3. 说明我的主要竞争对手的详细情况，他们的优势和劣势在哪里。

＿＿＿＿＿＿＿＿＿＿＿＿＿＿＿＿＿＿＿＿＿＿＿＿＿＿＿＿＿＿

＿＿＿＿＿＿＿＿＿＿＿＿＿＿＿＿＿＿＿＿＿＿＿＿＿＿＿＿＿＿

＿＿＿＿＿＿＿＿＿＿＿＿＿＿＿＿＿＿＿＿＿＿＿＿＿＿＿＿＿＿

4. 营销策略

（1）我打算在哪里，以什么方式出售产品/服务？

零售店

市场上的货摊

团体计划

电话营销

电话销售

移动销售

销售或回收等

（2）顾客将如何了解我的企业：

广告

海报／传单

商店橱窗

口头介绍

邮寄宣传资料

刊物

在车辆上画标志等

5. 收支安排

（1）解释我的价格策略。

_____

_____

_____

（2）解释我是如何计算出每月需要将多少销售收入用于现金流量的。

_____

_____

_____

附录二　SYB创业培训和KAB创业教育项目

SYB 创业培训

一、SYB项目简介

SYB（Start Your Business 的缩写，意为"创办你的企业"）培训是 SIYB（Start and Improve Your Business 的缩写，意为"创办和改善你的企业"）体系中的一个模块，SIYB 体系是国际劳工组织和中国人力资源和社会保障部积极倡导的专门为创业者、中小企业量身定做的社会化创业全程扶持指导体系，目的是以创业促进就业。

SYB 创业培训吸纳世界 80 多个国家有关专家学者的智慧和实践经验的结晶，同时也是专家们 30 余年时间集体智慧的浓缩。在国际劳工组织亚太地区就业促进项目与中国劳动和社会保障部（现人力资源和社会保障部）合作下，SYB 被引入中国，并在近百个城市成功推行了 SYB 项目培训。

SYB 培训面向那些有创办企业的想法并确实打算创办一个新企业的人。它向参加培训的人介绍开办企业的各个步骤，以及怎样完成自己开办企业的各项可行性调查研究。培训项目的目的就是让有创业意愿的人自己来演练、实施开办企业的各个步骤，完成自己的创业计划书，并提供后续支持服务，帮助他们创建自己的企业并实现有效经营。接受 SYB 培训的学员顺利结业后可获得由中国人力资源和社会保障部与国际劳工组织统一登记颁发的创业培训合格证书，部分学员经过有关部门评估可享受国家创业贷款方面的相关优惠和创业跟踪服务。

二、SYB培训方式

1. SYB 创业训练实行小班教学（国际标准 U 型教室 20~25 人 / 期）。
2. 课堂训练采用高度创新的参与性互动培训方法。
3. 完全模拟创业实际过程。
4. 学员在不断丰富和完善自己的创业计划书的同时演绎自己的创业计划。
5. 学员强烈感受未来创业的真实世界。
6. 学员结业后即可按照自己的创业计划书进行成功创业。
7. SYB 培训机构必须获得国际劳工组织与中国人力资源和社会保障部的资格认定。

三、SYB课程内容

SYB拥有一套简明、通俗、易懂、实用的创业培训教材，到目前为止，SYB培训教材已被翻译成40多种语言，在全球80多个国家广泛推行和使用。SYB的培训课程总共分为两大部分，共十步。第一部分是创业意识培训，共两步；第二部分是创业计划培训，共八步。

第一步 将你作为创业者来评价（即创业适应性分析）。

第二步 为自己建立一个好的企业构思（即创业项目构思和选择创业项目）。

第三步 评估你的市场（即产品、客户及竞争对手分析）。

第四步 企业的人员组织（即经营上的人员安排）。

第五步 选择一种企业法律形态（即申办何种经营许可）。

第六步 法律环境和你的责任（即创业方面的法律法规，创业对你意味着何种法律风险和法律责任）。

第七步 预测启动资金需求。

第八步 制订利润计划（包括成本效益分析）。

第九步 判断你的企业能否生存（包括你的创业项目的可行性分析，草拟创业计划书）。

第十步 开办企业（介绍开办企业的实际程序和步骤）。

四、SYB培训对象

1. 应、往届毕业大学生和社会有志青年（大学生KAB创业教育项目主要针对高校在校生）。

2. 已经创业或经历多次创业的人士。

3. 拥有创业想法的在职人员。

4. 部队转业有创业想法者。

5. 海外归国欲创业者。

6. 参加职业技能培训后的各类人员。

7. 失业和下岗职工。

8. 失地农民。

9. 退休离职并想创业者。

五、SYB课程目标

（一）创业素质得到整体的提高：

1. 通过培训来正确认识自我，创业意识得到增强。

2. 形成一个相对完善、实际的企业构想。

3. 对企业即将面临的市场环境有理性的认识，且能够正确对市场进行评估。

4. 学会科学的企业管理方法。

5. 掌握开办企业所需启动资金的计算方法，以及一些科学、实用的纳税技巧。

6. 学会如何有效地制订企业的利润计划。

7. 学会撰写创业计划书。

8. 塑造创业者成功心态，培养决策思维模式，建立高效的管理体系、战略经营方案，提高自身创业的综合素质和领导力。

9. 创业的能力同计算机、外语一样是个人发展所必须拥有的重要能力，是个人就业、创业的必要能力。是否具有创业能力也是未来企业聘用员工的衡量标准之一。SYB可以为每个人提高创业能力、增加创业知识提供创业服务。

（二）创业指导专家团将为SYB培训后的创业者提供强大的后续支持服务，协助获得创业培训合格证书的学员申请免息创业贷款，同时协助学员申请工商、税收等方面的优惠和扶持。创业指导专家还将提供后续的一对一跟踪服务，以减少学员创业投资的盲目性，帮助他们大大提高创业成功率。

（三）SYB培训提供创业者免费参加创业者联盟活动的机会，包括创业专题讲座、创业项目说明会、创业经验信息交流、创业典范扶持。

KAB创业教育项目

一、项目背景

大学生就业问题日益成为全社会面临的共同问题，也是对和谐社会的严峻挑战。由于高校招生规模急剧扩大，高校毕业生人数增长迅猛，从2001年的117万人激增到2011年的660万人。近几年，高校毕业生人数都保持在700万以上。就业成为大学毕业生面对的最具体、最现实和最紧迫的问题。

就业岗位有限，创业便成为解决青年就业问题的重要途径。全球创业观察（由美国百森商学院、英国伦敦商学院和多家知名学术机构共同完成，调查覆盖全球35个国家，其经济总量占全球经济总量的92%）显示，无论是在发达国家还是在发展中国家，青年是最具创业活力和创业潜力的群体。

大学生是青年人当中具有高知识、高素质的群体，他们对创业有极大的需求。据北京高校毕业生就业指导中心的调查问卷显示，80% 以上的毕业生有创业的想法，70% 以上的毕业生需要创业培训。但目前各高校创业培训指导教师的人数远远不能满足高校学生的需求。

为解决大学生就业岗位严重不足的现状及大学生对创业知识的需求，北京高校毕业生就业指导中心、大学生实习网于 2007 年 7 月起在北京开展大学生 KAB 创业教育项目。这是北京高校毕业生就业指导中心为推进中国创业教育发展的一项尝试，旨在在吸收借鉴国际经验的基础上，探索出一条具有中国特色的创业教育之路。

二、KAB项目简介

KAB，英文全称 Know About Business，意思是"了解企业"。大学生 KAB 创业教育项目是共青团中央、中华全国青年联合会和国际劳工组织为培养大学生的创业意识和创业能力而专门开发的课程体系，与已经在各国广泛实施的 SIYB 项目共同构成一个完整的创业培训体系，目前已在全球 20 多个国家开展。该项目通过教授有关企业和创业的基本知识，帮助学生对创业树立全面认识，切实提高其创业意识和创业能力。项目一般以选修课的形式在大学开展，学生通过选修该课程获得相应的学分。KAB 课程一个很大的特点，就是先让学员去体验，体验之后再回来讨论，而不是先学习若干理论知识。

该课程自 2005 年启动，在清华大学、中国青年政治学院、北京航空航天大学、北京青年政治学院、黑龙江大学和天津工业大学等高校完成试点。据试点院校反馈，选课学生人数通常为课容量的 10 倍以上，课程内容和授课方法受到学生的热烈欢迎。

为满足大学生接受创业教育的需求，该项目已在全国各高校推广。

参 考 文 献

[1] 德鲁克 . 创新与创业精神 [M]. 张炜，译 . 上海：上海人民出版社，2002.

[2] 法雷尔 . 创业时代：唤醒个人、企业和国家的创业精神 [M]. 李政，杨晓菲，译 . 北京：清华大学出版社，2006.

[3] 波特 . 竞争优势 [M]. 陈小悦，译 . 北京：华夏出版社，2005.

[4] 马若堤 . 青年创业指南：建立和经营自己的企业 [M]. 北京：经济日报出版社，2004.

[5] 哈珀 . 白手起家：成功创业的 11 堂必修课 [M]. 周晔，张丹，等译 . 北京：中国水利水电出版社，2005.

[6] 希斯 . 危机管理 [M]. 王成，宋炳辉，金瑛，译 . 北京：中信出版社，2003.

[7] 泰普林，孙威 . 创业其实并不难：创业人员心理和技术辅导 [M]. 张祥荣，译 . 北京：科学出版社，2008.

[8] 白长虹，范秀成 . 市场学 [M]. 3 版 . 天津：南开大学出版社，2007.

[9] 包昌火，谢新洲 . 竞争对手分析 [M]. 北京：华夏出版社，2003.

[10] 姜彦福，张炜 . 创业管理学 [M]. 北京：清华大学出版社，2005.

[11] 雷家骕，冯婉玲 . 高新技术创业管理 [M]. 北京：机械工业出版社，2001.

[12] 李国强，苗杰 . 市场调查与市场分析 [M]. 北京：中国人民大学出版社，2005.

[13] 李良智，查伟晨，钟运动 . 创业管理学 [M]. 北京：中国社会科学出版社，2007.

[14] 李时椿，常建坤，杨怡 . 大学生创业与高等院校创业教育 [M]. 北京：国防工业出版社，2004.

[15] 李蔚，牛永革 . 创业市场营销 [M]. 北京：清华大学出版社，2005.

[16] 刘常勇 . 创业管理的 12 堂课 [M]. 北京：中信出版社，2002.

[17] 刘穿石 . 创业能力心理学 [M]. 西安：陕西师范大学出版社，2004.

[18] 陆新之 . 做马云的下一个对手 [M]. 成都：西南财经大学出版社，2014.

[19] 许谨良 . 风险管理 [M]. 3 版 . 北京：中国金融出版社，2006.

[20] 张玉利 . 创业管理 [M]. 北京：机械工业出版社，2008.

[21] 李峥 . 关于建筑企业竞争优势构建途径的探讨 [J]. 山西建筑，2008，34（5）：223-224.

[22] 林嵩，姜彦福，张炜 . 创业机会识别：概念、过程、影响因素和分析架构 [J]. 科学学与科学技术管理，2005，26（6）：128-132.

[23] 刘凤军 . 市场营销战略及策略：企业营销成功的保证 [J]. 商业研究，1997，（6）：3-6.

[24] 刘英基 . 管理新思路：中小企业赢得竞争优势之路 [J]. 当代经理人，2006，（11）：176-177.

版权声明

根据《中华人民共和国著作权法》的有关规定，特发布如下声明：

1.本出版物刊登的所有内容（包括但不限于文字、二维码、版式设计等），未经本出版物作者书面授权，任何单位和个人不得以任何形式或任何手段使用。

2.本出版物在编写过程中引用了相关资料与网络资源，在此向原著作权人表示衷心的感谢！由于诸多因素没能一一联系到原作者，如涉及版权等问题，恳请相关权利人及时与我们联系，以便支付稿酬。（联系电话：010-60206144；邮箱：2033489814@qq.com）